JN270802

自閉症スペクトラム児・者の理解と支援

―― 医療・教育・福祉・心理・アセスメントの基礎知識 ――

日本自閉症スペクトラム学会 編

発刊にあたって

　本書は，何らかの形で自閉症と関わりをもっている方に自閉症の全貌を知っていただくために編集されたものである。

　自閉症というのは現在，「広汎性発達障害」というカテゴリーに位置づけられた医学的病態なので，かなり詳しく書かれた医学書も多い。しかし，それで自閉症のすべてがわかるわけではないし，社会的取り組みの記述は不十分である。専門家というと特定の領域について詳しく知っており，その領域での解決に取り組んでいるが，専門以外の領域は疎いことが少なくない。しかし，世間の人は専門家だから何でも知っているものと思うし，自閉症の人や家族もそれを期待している。自閉症に関わる人は，専門以外の周辺領域についても知っていなければならない。ではその勉強をと思っても，適当なテキストがない。そこで，日本自閉症スペクトラム学会が企画したのが本書である。

　ところで，「自閉症スペクトラム」という，やや聞きなれない用語が使われている。広汎性発達障害の中にいくつかの病型があげられているが，症状に共通したものが多いし，療育の経過の中で別の病型に移行することもある。こうしたことから，これらの病態は一連のものであるとしてとらえたのが，「自閉症スペクトラム」という呼称である。

　現代社会では生活様式が多様で，専門家の助言を必要としている。でも誰に相談したらよいかがわからないし，本当に専門家として知識や技量があるかがわからない。そのために，それぞれの専門学会が会員向けの研修コースを設定して，一定レベルの実力を保証するのが，学会認定の専門家資格である。

　日本自閉症スペクトラム学会も，「自閉症スペクトラム支援士」という資格認定制度をもっている。資格認定のためには，この領域でのスタンダードな知識を習得する必要がある。本書もそのテキストとして採用することになっている。自閉症スペクトラム支援士をめざして研修を受けようとする人はもちろん，すでに支援士の認定を受けた会員の復習の勉強用にも役立ててほしい。また，上級資格をもっている会員の参考文献にもなるはずである。

　そして，自閉症について多少とも関心のある方にも，自閉症についてのアップデイトな情報として，ぜひ一読されることをお勧めしたい。

2005年秋

日本自閉症スペクトラム学会会長　中根　晃

はしがき

　本書はもともと,「自閉症スペクトラム支援士」の資格認定講座の基礎テキストとして企画されたものであるが,できあがってみるとそれだけに終わらせるのはもったいないという気がしてきた。
　自閉症スペクトラムの理解を広めるための一般向け啓蒙書としてはもとより,支援に携わる関係者がその専門性に一層の磨きをかけるための座右の書としても,本書は十分にその任にたえうるだけの内容をそなえていると自負するからである。そのようなわけで,一般向けの単行本として教育出版より刊行し,あえて世に問うことにした次第である。
　自閉症スペクトラムの支援においては,医学,教育,福祉などの連携による包括的なネットワークのもとに,それぞれのライフステージに応じて必要な支援を生涯にわたって継続する体制が必要である。目指すところは地域生活における自立と共生であり,物心両面にわたる社会のバリアフリー化である。
　これを受けて本書はまず,医療,教育,福祉,心理,アセスメント,そして関連の6領域を章立ての柱にした。認定講座の講師陣すなわち,各領域においてわが国の自閉症スペクトラム支援をリードしておられる四十有余人の先生方に執筆をお願いし,それぞれにおける最新の情報や動向を簡潔にまとめていただいた。
　知的障害を伴わない自閉症スペクトラムの人々についての関心が非常に高まっている。彼らにとって,この世の中を生きていくということはどういうことなのか。その心に映し出される哀歓と光と影について,私たちはこれまで無知でありすぎた。その反省から,彼らの心に届く支援をというのが,今,大きなうねりとなりつつある。
　これに関連していま一つのうねりは,彼らの心に優しいバリアフリーな社会をつくるべく,私たちの方からも歩み寄っていかなければいけないという視点である。
　本書は,全編にわたって,以上のような観点を踏まえながらの真摯な論考に支えられている。単なる参考書であることを超えて,自閉症スペクトラムの理解と支援についての積極的な提言として広く世に問うこととなったゆえんである。
　末筆ながら教育出版の阪口建吾氏には一方ならぬお世話になった。記して感謝する次第である。

　　2005年秋

　　　　　　　　　　　　　日本自閉症スペクトラム学会資格認定委員会委員長　野村東助

自閉症スペクトラム児・者の理解と支援

［目　　次］

発刊にあたって

はしがき

Ⅰ 医　療

1 **自閉症概論**——発達障害と関連して——————————2
　(1) 発達障害の定義　2
　(2) 広汎性発達障害の診断と診断基準　3
　(3) PDD の分類　4
　(4) 自閉症スペクトラムの有病率と遺伝学　6
　(5) 家族のサポート　6
　(6) 学童期の経過と就学　6
　(7) 自閉症スペクトラムの社会的予後　7
2 **神経生物学的研究の現状**——自閉症スペクトラムに関してわかっていること——8
　(1) はじめに　8
　(2) 遺伝子研究　9
　(3) 脳の特定部位における機能障害　10
　(4) 神経心理学的研究　12
　(5) その他の神経生物学的諸問題　14
　(6) おわりに　15
3 **早期発見・早期治療**——————————————16
　(1) 早期療育の効果　16
　(2) 早期療育がなぜ有効なのか——医療モデルから生活モデルへ　18
　(3) 障害受容と愛着の形成　20
　(4) 早期療育の原則　21
　(5) 今後の課題——乳幼児健診のパラダイム変化　24
4 **併発しやすい精神医学的疾患**——————————25
　(1) 合併しやすい身体医学的状態　26
　(2) てんかん　26
　(3) 発達障害と関連して　27
　(4) 精神医学的状態（狭義）　28
　(5) 診断が特定できない行動傷害　31

5 自閉症スペクトラムの検査 ―― 31
- (1) 臨床的評価　32
- (2) 医学的検査　34

6 自閉症治療概論 ―― 37
- (1) 精神・心因性を重視した治療論　38
- (2) 精神療法／精神分析的治療　38
- (3) 行動療法　40
- (4) 神経心理学の観点からの治療／教育　41

7 自閉症と薬物治療 ―― 44
- (1) はじめに　44
- (2) 自閉症の薬物治療の現状　44
- (3) おわりに　50

Ⅱ 教　育

1 自閉症教育の概要 ―― 54
- (1) 我が国の教育制度と自閉症の教育　54
- (2) 自閉症教育史概要　55
- (3) 特別支援教育における自閉症児の教育　58
- (4) 自閉症の児童生徒の就学について　58
- (5) 早期からの教育相談と就学　59
- (6) 卒業後(時)の進路　59

2 自閉症の特性に応じた指導の基本 ―― 60
- (1) 自閉症とその周辺との関連　60
- (2) 行動の理解と指導の考え方　60
- (3) 学習の特性と指導における配慮　62
- (4) 自閉症児の教育の具備しなければならない条件のポイント　62

3 自閉症児への指導の実際（生活・運動・余暇） ―― 64
- (1) 生　活　65
- (2) 運　動　67
- (3) 余　暇　68

4 自閉症児への指導の実際（教科学習・言語） ―― 70
- (1) 教科学習のつまずきへの対応　70

(2) 認知の学習（通級指導教室）の実際　73
   (3) 特異な言語発達の理解　74
   (4) 言語指導の実際　75
5　通常の学級・通級指導教室における指導―――77
   (1) 通常の学級の学級経営　77
   (2) 通常の学級の集団活動における配慮　78
   (3) 通級指導教室の指導　79
6　特殊学級・養護学校における指導―――85
   (1) 特殊学級における教育　85
   (2) 学習指導要領に示す特殊学級の教育課程　85
   (3) 特殊学級の教育課程編成と配慮　86
   (4) 自閉症児の生活指導　88
   (5) 養護学校における自閉症児教育　89
   (6) 学習指導要領における養護学校の教育課程の示し方　89
   (7) 知的障害養護学校における教育課程　91
   (8) 高等部教育と職業教育　92
   (9) 職業教育と産業現場における実習（現場学習）　92
   (10) 養護学校における集団編成と個に応じた指導　92
   (11) 養護学校における自閉症の児童生徒に対する様々な配慮　93
   (12) 交流教育　95
7　個別の教育支援計画・個別の指導計画―――96
   (1) 様々な支援計画や指導計画の定義と関連　96
   (2) 個別の教育支援計画の内容　98
   (3) 個別の指導計画の作成と実際　99
8　移行期における指導と個別移行支援計画―――102
   (1) 進路指導とは　102
   (2) 学校における進路指導計画　102
   (3) 個別移行支援計画　103
   (4) 自閉症の生徒の卒業後の進路と課題　104
   (5) 現場実習と就労　104
   (6) 実習から就労へ　106
   (7) 社会生活の支援　106
   (8) 最近の動向　106

9 就学相談・校内体制・研修 ——————————————————— 108
　(1) 児童生徒の就学　108
　(2) 就学相談　109
　(3) 就学指導基準　111
　(4) 校内体制　113
　(5) 研　修　115
10 今後の特別支援教育について ——————————————— 117
　(1) 中央教育審議会における今後の特別支援教育の検討　117
　(2) 特別支援教育の理念と基本的な考え方　118
　(3) 中間報告における自閉症等の記述　120
　(4) 小・中学校におけるLD(学習障害)，ADHD(注意欠陥／多動性障害)，高機能自閉症の児童生徒への教育支援体制の整備のためのガイドライン(試案)　122

Ⅲ　福　祉

1 障害者や自閉症児・者の福祉制度概論 ——————————————— 126
　(1) 福祉の2つの立場　126
　(2) 障害者福祉の考え方　126
　(3) 我が国の障害者福祉制度の概要　129
　(4) 自閉症スペクトラムの福祉制度　131
　(5) 自閉症スペクトラム児・者に利用できる福祉制度　132
　(6) 発達障害支援法　133
2 自閉症児・者のトータルケアプランと地域の人たちとの支え合い ——— 134
　(1) 自閉症児・者へのトータルケアプラン　134
　(2) 自閉症児・者の援助基盤となる考え　135
　(3) 自閉症児・者の地域生活と家族支援　138
3 幼児期の福祉制度 ——————————————————————— 142
　(1) 療育支援の場と事業制度　143
　(2) その他　146
4 学齢期の福祉制度 ——————————————————————— 147
　(1) 学齢期の障害児　147
　(2) 学齢期障害児が対象となる主な制度　147
　(3) 放課後の地域での生活　151

(4) 今後の課題　152
　5　成人期の住居・入所施設の現状と課題────────────────153
　　(1) 成人期自閉症者と福祉制度　153
　　(2) 福祉施設における自閉症者の利用の現状　153
　　(3) 教育から福祉への移行　154
　　(4) 入所施設における行動障害の実態と対応　155
　　(5) 医療と福祉の連携　156
　　(6) 自閉症者と地域生活　157
　　(7) これからの福祉と自閉症　157
　6　就労の実情，就労支援サービスの現状と課題────────────158
　　(1) 就労の実態　158
　　(2) 就労支援サービスの現状　159
　　(3) 就労支援の課題　161
　7　日中生活の場・地域福祉サービスの現状と課題────────────163
　　(1) はじめに　163
　　(2) 日中生活の場　163
　　(3) 地域福祉サービス　166
　　(4) おわりに　168
　8　地域生活支援のためのセーフティーネット・人権擁護──────────169
　　(1) はじめに　169
　　(2) 被害事例　170
　　(3) 刑事事件における事例　172
　　(4) 地域生活におけるセーフティーネット構築　172
　　(5) 具体的取り組みの紹介　173
　　(6) まとめ　174
　9　高機能自閉症やアスペルガー障害の人たちのための福祉の現状と課題───175
　　(1) 現　状　175
　　(2) 今後の課題　179
　10　保護者・兄弟など家族への支援──────────────────180
　　(1) 「治療の対象としての親」から「療育に参加する人」へ　180
　　(2) 家族支援の3つの視点　180
　　(3) 障害の気づきから告知と受容への支援　181
　　(4) 父親・夫婦の協力・祖父母への支援　183
　　(5) 障害児の兄弟への支援　183

(6) 療育への参加　184
　(7) 社会資源，自助グループ，余暇活動などの支援　184
　(8) 親なき後への支援　185
　(9) 家族支援の留意点　185

Ⅳ　心　理

1　自閉症の心理学 ―――――――――――――――――――――188
　(1) 自閉症の心理学とは　188
　(2) いわゆる自閉症状の形成　190
　(3)「心の理論」の心理学　191
2　自閉症スペクトラムの発達臨床心理学 ――――――――192
　(1) 子どもの発達　192
　(2) 自閉症スペクトラム児の発達　192
　(3) 乳児期　193
　(4) 幼児期前期　194
　(5) 幼児期後期　195
　(6) 学童期　197
　(7) 中学校・高校　197
　(8) まとめ　197
3　認知・学習障害の教育心理学 ―――――――――――――199
　(1) 社会性の発達　199
　(2) 社会的認知能力　200
　(3) 社会性を育む　202
　(4) まとめ　203
4　基本的生活スキルの形成から社会的自立スキルの確立 ――204
　(1) 基本的生活スキル　204
　(2) 学齢期のグループ参加　205
　(3) 青年期以降の社会参加　207
5　不適応行動のコントロールと自己マネジメントの確立 ――209
　(1) 自閉症と不適応行動　209
　(2) 不適応行動のアセスメント　209
　(3) 不適応行動の機能　211

xi

(4) 不適応行動の介入計画　212
　　(5) 自己マネジメントと巨視的アプローチ　213
6 コミュニケーション・対人関係 ─────────────────── 214
　　(1) コミュニケーション指導の歴史的経過　214
　　(2) コミュニケーション行動と言語機能　215
　　(3) コミュニケーションの手段　216
　　(4) コミュニケーションの指導技法　216
　　(5) 生活場面で使用できる応用的指導技法　217
　　(6)「心の理論」の指導法　219

V　アセスメント

1 アセスメント基礎論──効果的支援のために ────────────── 222
　　(1) 支援とアセスメント　222
　　(2) アセスメントの基本的視点　223
　　(3) アセスメントの理論的基礎 ①──WHO の障害概念　224
　　(4) アセスメントの理論的基礎 ②──発達と発達障害　225
　　(5) アセスメントの理論的基礎 ③──システムアプローチ　226
　　(6) 自閉症のアセスメントの実際　228
　　(7) アセスメントに求められる配慮と倫理　229
2 スクリーニング質問紙を中心に ───────────────────── 231
　　(1) スクリーニング質問紙とは　231
　　(2) なぜスクリーニングが必要か　231
　　(3) 自閉症スペクトラムのスクリーニング質問紙　234
　　(4) スクリーニング，アセスメントから適切な支援へ　236
3 行動観察法・面接法を中心に ────────────────────── 237
　　(1) 行動観察法・面接法　237
　　(2) 初回面接（インテーク面接）における行動観察・面接　239
　　(3) 支援過程における行動観察と面接　241
4 心理検査を中心に ─────────────────────────── 243
　　(1) 心理検査の種類　243
　　(2) 心理検査の利用　245

5 指導・支援とアセスメント―――――――――――――――――――246
    (1) TEACCH プログラムにおけるアセスメント　246
    (2) 就労支援におけるアセスメント（Situational Assessment）　250

Ⅵ　関　連

1 障害児・者の栄養管理―――――――――――――――――――254
    (1) 栄養と食の意義・目的　254
    (2) 障害者の栄養管理の実際　254
    (3) おわりに　260
2 医療機関の有効活用をめざして―――――――――――――――260
    (1) 口の病気や異常が及ぼす影響　260
    (2) 医療機関とうまく連携するためには　262
    (3) 上手に医療機関を受診できるようにするためには　264
    (4) 最後に　268
3 非言語性能力と自閉症の認知特性――――――――――――――268
    (1) 非言語性能力　268
    (2) 自閉症児・者の非言語性能力と教育的対応　270
    (3) 自閉症児に対する音楽治療教育の適用　271
    (4) 自閉症児・者の描画能力　272

「自閉症スペクトラム支援士」の資格をとる人のために――――――――277

【用語について】

　本書中で，以下の用語については，一部の例外を除き，原則として統一した用い方をしている。

「アスペルガー障害」……一般に「アスペルガー症候群」という表記がなされることもあるが，本書ではDSM－Ⅳ（米国精神医学会による「精神疾患の分類と診断の手引」）の広汎性発達障害（PDD）の分類に従い，「アスペルガー障害」（Asperger's Disorder）の表記を採用した。

「AD/HD」……「ADHD」と表記される場合もあるが，これもDSM－Ⅳの表記にならい，「AD/HD」と表記することとした。

　なお，用語に関しては，日本自閉症スペクトラム学会では，『自閉症スペクトラム用語集』（仮題。2007年秋，教育出版より刊行予定）の出版を計画中であるので，そちらもあわせて参照されることをおすすめしたい。

I
医　療

1 自閉症概論──発達障害と関連して

(1) 発達障害の定義

　自閉症スペクトラム(autistic spectrum disorder)は発達障害の一つとされている。発達障害は精神遅滞（知的障害）よりも新しい概念である。WHOの国際疾患分類第10版（ICD-10）では心理的発達の障害の章の中に特異的発達障害と広汎性発達障害を採録し，以下を共通の特徴としている。
(a) 発症は常に乳幼児期，あるいは小児期であること
(b) 中枢神経系の生物学的成熟に深く関係した機能発達の障害あるいは遅滞であること
(c) 他の精神障害の多くを特徴づける寛解や再発が見られない安定した経過であること

　発達障害というのは名称であって，かつては発達性言語障害といった術語として使われていた。これは以前，微細脳機能障害といわれて注意欠陥多動性障害（AD/HD）の子どもにしばしば見られる学習能力の障害（Learning Disabilities：LD）の一つに相当するものである。他方，自閉症は1970年になって英国のラター（Rutter, M.）が，心因障害でも統合失調症のような内因性障害でもない，精神遅滞（知的障害）の一型でもない，一番考えられるのは脳器質的障害だが，その徴候もないので発達性言語障害に類比して発達障害に位置づけたことからこの見方が定着し，米国精神医学会（APA）の「診断と統計のための手引き第3版」（DSM-Ⅲ：1980）に広汎性発達障害（PDD）のカテゴリー名で掲載された。ICD-10（1992）の特異的発達障害の項目には言語発達の特異的障害，学力の発達の特異的障害，運動発達の特異的障害（協調運動障害），その他，が掲載されている。APAではDSM-Ⅳ（1994）になって特異的発達障害の名称がなくなり，コミュニケーション障害と学習障害の2つの項目に変更している。

　知的障害を発達障害に含めるかどうかは微妙な問題としかいえない。日本では軽度発達障害という概念があり，LD，AD/HD，アスペルガー（Asperger）障害を含む高機能自閉症が指定されている。また，発達障害支援法では自閉症，LD，AD/HDが対象となっている。最近では発達障害の研究が進んで，脳のどの部位に障害があるかがわかってきていること，症状が起こるメカニズムも明らかになってきていて，特に自閉症スペクトラムではTEACCHをはじめとする効果的な療育方式が確立されてきている。

(2) 広汎性発達障害の診断と診断基準

研究も治療も科学であり，科学であれば自分のしている研究や治療は他の研究者と同じ自閉症だということを示す必要がある。そのために，ICD-10（小児自閉症）とかDSM-Ⅳ（自閉性障害，表Ⅰ-1参照）のような国際的に認められている診断基準で診断する。自閉性障害の診断基準は，① 対人的相互作用，② 意思伝達（コミュニケーション），③ 行動，興味及び活動の限局され反復的で常同的な様式，の3領域にそれぞれ4症状ずつが掲載され，該当する症状項目が指定された数以上存在することと決められている。

表Ⅰ-1　自閉性障害の診断基準（DSM-Ⅳ-TR）

A. 1），2），3）から合計6つ（またはそれ以上），うち少なくとも1）から2つ，2），3）から1項目ずつを含む。
　1）社会的相互反応における質的な障害で，以下の少なくとも2項目によって明らかになる：
　　a）まなざしを合わせたり，顔の表情，身体の姿勢や，身振りなど，対人的相互反応を調節するような，多彩な非言語的行動の著しい減弱。
　　b）発達の水準に相応した仲間関係をつくることの失敗。
　　c）楽しさ，興味，成し遂げたものを他人と共有すること（例えば，他の人たちに興味のあるものを見せる，持って来る，指をさす）を自分から求めることの欠如。
　　d）対人的または情緒的相互性の欠如。
　2）以下の少なくとも1項目によって示されるコミュニケーションの質的な障害：
　　a）話し言葉の発達の遅れまたは完全な欠如（身振りや物まねのような替りの伝達の仕方で補うという努力を伴わない）。
　　b）十分会話のある者では，他人と会話を始めたり続けたりする能力の著明な減弱。
　　c）常同的で反復的な言語の使用または独特な言語。
　　d）発達水準に相応した，変化に富んだ自発的ごっこ遊びや社会性をもった物まね遊びの欠如。
　3）行動，興味及び活動が限局され，反復的で常同的な様式で，以下の少なくとも1項目あることで明らかになる：
　　a）強度の点で，もしくはその対象が異常なほど常同的で限定されたパターンでもって，一つまたはいくつかの興味だけに熱中すること。
　　b）特定の，機能的でない手順や儀式にかたくなにこだわって見える。
　　c）常同的で反復的な癖のような運動（例えば，手や指をぱたぱたさせたり，ねじまげたり，もっと複雑な全身の動き）。
　　d）物体の一部に持続的に集中する。

> B. 3歳以前に始まる，以下の領域の少なくとも一つにおける機能の遅れまたは異常：
> 　1) 対人的相互反応
> 　2) 対人的意思伝達に用いられる言語
> 　3) 象徴的または想像的遊び
> C. この障害はレット障害または小児期崩壊性精神病のためとはいえない。

　診断を確定することによって，その病態に関する様々な知識・情報が得られ，治療や教育に役立てることができる。一番してはならないのは自閉的な印象の有無によって診断することで，特に家族からの発達経過の中に自閉症を思わす行動がなかったかどうかの確認が必要である。
　医学診断では診断の根拠の提示と同時に治療法，対処法の提案をするのが通例である。家族の疑問点について，セカンドオピニオンを積極的に求めさせる。

(3) PDD の分類

　DSM-Ⅳ-TR (2002) では広汎性発達障害 (Pervasive Developmental Disorders) の項で以下の疾患名が掲載されている。
　①自閉性障害（Autistic Disorder）
　②レット障害（Rett's Disorder）
　③小児期崩壊性障害（Childhood Disintegrative Disorder）
　④アスペルガー障害（Asperger's Disorder）
　⑤特定不能の広汎性発達障害（Pervasive Developmental Disorder Not Other Specified）

1) 小児期崩壊性障害は正常発達を遂げていた幼児が2〜5歳までの間に有意味語消失を中心とした退行が生じ，対人的相互反応に著しい障害をもたらすPDDで，発症は3歳から5歳（平均3.36歳）で，9歳という遅い発症も記載されている。

2) レット障害は生後7〜24カ月に発症する女児だけにみられるもので，常同的な手もみ運動が特徴で，正常に近い発達の後，それまでに獲得していた手先のスキルや言葉の一部ないし全部が消失する。

3) アスペルガー障害は，英国のウィング (Wing, L.) が高機能自閉症の経過を示すケースを中心にアスペルガー障害と命名してから世界的に知られるようになったが，日本では昭和36 (1961) 年にアスペルガー自身が来日したこともあって，一時，アスペルガータイプの自閉症として扱われていた。その後，アスペルガー障害への関心が高まり，高機能自閉症との異同が論じられるようになった。アスペルガー障害はしばしば能弁で対人関係も豊かに見えるが，相手を無視した言動や状況から逸脱した行動などに大きな問題がある。
　アスペルガー障害と高機能自閉症は病像の上からは両者はほぼ同一とされる。両者の差異についての最近の研究

は診断基準に従って両群を区別し，知能指数などをマッチさせての調査が行われている。両群の既往と現在の所見の解析では，アスペルガー障害でも43％に言語遅滞が認められるが重度の遅れではなく，89％に言語発達の偏りがあり，自閉症群よりは少ないが反響言語や一方的で単調な話し方，語句を字句通りに使ったり，奇を衒ったような発言などが多いとされる。青年期になる両者には差が無くなり，きわめて類似してくるとされる。アスペルガー障害では不器用さが目立つとされ，微細運動のスキルが悪く，粗大運動の障害は普遍的にみられるが，両者の間には有意差はないとされることが多い。

DSM-Ⅳにおけるアスペルガー障害の診断基準は，

ア．自閉性障害の3領域のうち，対人的相互作用の項目から2症状，行動，興味及び活動の，限局され反復的で常同的な様式の項目から1症状が該当すること

イ．その障害のために社会的，職業的，またはその他の領域における機能に臨床的に著しい障害をひき起こしていること

ウ．臨床的に著しい言語の遅れのないこと（例えば，2歳までに単語を用い，3歳までに意思伝達的な句を用いる）

エ．認知の発達，年齢に相応した自己管理能力，（対人関係以外の）適応行動，及び小児期における環境への好奇心などについて臨床的に明らかな遅れがないこと

オ．他の特定の広汎性発達障害または統合失調症の基準を満たさないこと

となっている。

4）高機能自閉症の診断基準は掲載されていない。この一群は様々な意味で独自の経過をとるということで高機能自閉症の概念が生まれた経過はあるが，ある程度の言語活動があり，知的障害がないということが前提になっている。IQ≧70とするのが一般で，自閉性障害の診断基準を満たすものをいう。もし経過がよくて診断基準を満たさなくなれば特定不能の広汎性発達障害 PDD-NOS という診断になる。

アスペルガー障害の問題点は，1歳半健診をパスしてしまい，早期療育のルートからはずれていることであろう。幼稚園で気づいて自閉症ではないかということで医療機関，相談機関につながる場合が多いが，ここでも，人との関係が悪くない，自閉的な印象がないということで，何ともないと診断されてしまうことがある。しかし，経過をみると文字に興味があって何度も確認していたなど，それらしい特徴がある。自閉症の診断にはそれまでの発達歴，既往歴の確認が大切である。

これら PDD の各診断群は別々の障害ではなく，連続体ととらえるのが自閉症スペクトラム（autistic spectrum disorder）という考え方で，世界的にこの名称が採用されてきている。

(4) 自閉症スペクトラムの有病率と遺伝学

① 自閉症の有病率には古くから学童人口1万について4.5人とされていたが，その後，日本での調査では名古屋市での調査で13.0，横浜市の最近の調査では16.3，そのうちIQ≧70の高機能の子どもは25.3％と報告されている。外国の調査でも8.6（アイスランド），10.17（スウェーデン）と高くなっている。アスペルガー障害は36/10,000（スウェーデン）とされている。

② PDDは家系的集積の強い疾患である。一卵性双生児の一致率は認知上の問題や社会性の問題を伴ったものを含めると82～95％となり，二卵性双生児では0～22％，同胞内の一致度は5.9～8.6％と低いが，一般人口での有病率より高い。親が次の出産を控える傾向が大きいからのようで，患者より後の出生児では35％となる。遺伝率は有病率を1万当たり20～30とすると，発端者の後に次子以降の再発率は4％（男子で7％，女子で1％）で，これは一般人口での出現率の20倍の高さである（福嶋による）。しかし，自閉症は遺伝子異常をはじめとする様々な要因による中枢神経系の形成途上に起こった構造的異常が原因なのであって，自閉症そのものが遺伝するのではない。

(5) 家族のサポート

自閉症スペクトラムの子どもは幼児早期から定型的な発達を示さない。家族，特に母親は自分の育児に誤りがあるのではないかという不安をもっている。こうした心配を払拭して，適切な療育機関を紹介するとともに，家庭での養育の仕方を助言する。TEACCHでは親も共同治療者という考えを強調している。医療機関・相談機関で行われている小グループでのケアでは家族のグループカウンセリングを並行していることが多い。行動異常を含む様々な問題に対して助言するとともに，同じ問題をもつ他の親から自分たちの経験などの情報を手にすることができ，気心が知れた者同士の雑談ができるのも大切である。

(6) 学童期の経過と就学

自閉症スペクトラムでは3～4歳頃までは典型的な自閉症症状がみられるが，その後は年齢とともに子どもの集団にいるようになり，大人に対しては人なつっこく，子どもからの働きかけに応じるなど，対人関係をもとうとし，コミュニケーションもとろうとする。しかし，その手段の習得が困難である。それを教えるのが障害児保育といえる。そうした中では自分のできることなら指示に従うが，状況が把握できないと自分の考えで行動し，その場にいて退屈すると常同行動が始ま

り，わからないとかんしゃくを起こす。

学齢を迎える年齢になると就学に関する目安が必要となる。知的機能でIQ＜70の場合でも，他人との関わりをもとうとし，自分のできる課題ならば好んで取り組む。学力が不足し，机上学習ではなく生活の中での学習から始める必要があり，社会的スキルも生活習慣も不十分なことが少なくない。他方，IQ＞100の場合は言語能力，学習能力とも正常またはそれ以上で，しばしば目立とうとして背伸びした言動がみられ，高学年になってくると，他人と関わろうとして言葉をかけるが，相手の考えや気持ちを配慮しない，社会的に逸脱したものになってしまうなど，社会的マナーの習得が不十分である。この両者の中間の領域では何らかの形での自閉症教育が必要となる。

就学にあたっては地域の教育委員会がもつ就学指導委員会が適正な助言を行うが，実際の就学状況となると別ものである。それは保護者が統合教育と早期の自閉症教育の間を揺れるからであるが，統合教育は目標であって治療手段ではない。こうした事態は就学指導が判定と学校見学に終始するからで，正しい評価のもとにその生徒にふさわしい教育の場でモデル教育を受けさせて本人がそれに喜んで取り組む姿を保護者が目にするようなシステムがあるのが好ましい。

自閉症教育にあたっては，自閉症は発達障害であるといっても発達全体に遅れがあるわけではないこと，評価した能力と認知パターンの特異性を十分配慮する必要があること，自閉症の人も年齢とともに精神的に成長することは忘れてはならない。高学年になると易しすぎる課題は退屈を招く。思春期以後は本人のプライドに十分配慮した対応が望まれる。アスペルガー障害は学童期を過ぎてもそれと判断されないでいることも少なくない。診断されたら自閉症独自の認知様式に配慮した対応が望まれる。

(7) 自閉症スペクトラムの社会的予後

かつては，自閉症は社会的予後不良で成長後は家庭内で全面的に保護されているか，施設に収容されているとされていた。しかし，近年の障害児保育，障害児教育の進歩によって自閉症の病像が大きく変化し，教科書に記載されているような典型的な病像がみられなくなってきている。加えて，障害者福祉への努力の積み重ねによって何らかの形で雇用されている者が多くなってきている。

自閉症スペクトラムの予後は知的障害のあるケースとIQ＞100の正常知能のケースとで社会的予後が異なることが知られている。前者の場合は早期から自閉症教育のもとで社会的自立を図る必要があり，義務教育卒業後には職業指導を中心とした教育プログラムが望まれる。高機能自閉症あるいはアスペルガー障害と診断されていても境界線知能の場合には適正な自閉症教育，自閉症療育を受けていないことが多いこともあって，就労を

含む社会的予後は必ずしも好ましくないとされ，今後，解決が急がれる。

他方，知能指数の高いアスペルガー障害やPDD-NOSでは大学卒業後，学者や技術者として社会生活を果たしていることが少なくない。こうした職業は知的探求心が求められるが高度な社会性を必要としない。欠如しがちな社会性に対する配慮や援助は欠くことができないにせよ，対人関係の改善だけを中心としがちな自閉症教育を多少とも修正して，学力の促進にも比重をかけることが求められるのが，この領域の自閉症スペクトラムであろう。

〈参考文献〉

APA (1980) Diagnostic and Statistic Manual of Mental Disorders, Third Edition. DSM-Ⅲ, Washington. DC

APA (2000) Diagnostic and Statistic Manual of Mental Disorders, Forth Edition Text-Revision. DSM-Ⅳ-TR, Washington. DC

APA (2000) Diagnostic Criteria from DSM-Ⅳ-TR, Wasington. 高橋三郎・大野裕・染谷俊幸訳 (2001)『DSM-Ⅳ-TR 精神疾患の分類と診断の手引』医学書院,

福嶋義光 (2004)「発達障害と遺伝カウンセリング」『小児の精神と神経』44

本田秀夫・清水康夫 (2000)「高機能自閉症の疫学」『臨床精神医学』29(5)

佐々木正美編 (2002)『自閉症のTEACCH実践』岩崎学術出版社

WHO (1992) ICD-10 Classification of Mental and Behavioural Disorders: Clinical description and diagnostic guidelines. Geneva. 融道男・中根允文・小見山実監訳 (1993)『ICD-10 精神および行動の障害 臨床的記述と診断ガイドライン』医学書院

WHO (1993) The ICD-10 Classification of Mental and Behavioural Disorders: Diagnostic criteria for research, Geneva. 中根允文・岡崎祐士・藤原妙子訳 (1994)『ICD-10 精神および行動の障害 DCR：研究用診断基準』医学書院

2 神経生物学的研究の現状——自閉症スペクトラムに関してわかっていること

(1) はじめに

1943年，カナー (Kanner,L.) が「情緒的接触の自閉的障害」を発表してから既に60年の歳月が流れた。この間に多くの研究がなされ，カナーの古典的な記載からアスペルガー障害まで多様な病像が連続的にみられることが明らかとなり，自閉症スペクトラム（自閉症連続体）という，より広義の概念が使われるようになってきた。これは広汎性発達障害とほぼ同義語的に便宜的に用いられることが多い。

膨大な研究的努力にもかかわらず，未だに自閉症スペクトラムの神経生物学的

原因は確定されていない。現在では，「自閉症スペクトラムは，中枢神経系の成熟障害または機能障害を基盤とし，そのために生ずるアンバランスな発達障害に，周囲の人々との心理社会的相互作用の諸問題が加わり，それぞれの年齢段階における特有な自閉症状を形成していくもの」と考えられている。

自閉症スペクトラムの神経生物学的研究は，① 神経内分泌系の調節障害，② 神経伝達物質の代謝障害，③ 脳の特定の部位の障害，④ 遺伝子異常，⑤ 環境ホルモンとの関連など，様々な領域における膨大な成果を蓄積してきた。一方，神経心理学的研究では，「心の理論」の障害が注目され，情報処理機構の障害としてとらえると，刺激入力，長期記憶と短期記憶との比較照合，反応出力，フィードバックのかかり方などに問題があり，実行機能の障害，中枢性統合機能障害などが明らかにされてきた。高機能自閉症スペクトラム者の手記には，タイムスリップのような過去の記憶の断片の想起，身体的接触やコミュニケーションの特有な困難さ，自己刺激行動やパニックの生起の仕方など，彼らの内的世界が生き生きと描き出されており，これまでの研究成果を裏付けるものである。

(2) 遺伝子研究

カナーは，1943年の最初の論文で，「自閉症児は生来的といってよいほど早幼児期から極端な孤立と外界に対する無反応を示す」と記載した。

自閉症スペクトラムに遺伝子レベルの原因が存在していることは，研究者の間ではほぼ合意に達している。その最も大きな根拠は，双生児研究である。自閉症スペクトラムの一卵性双生児の一致率は60～95％といわれ，二卵性双生児の一致率は20％程度といわれている。この一致率の乖離は，他の精神神経疾患と比較しても際立っている。また，自閉症スペクトラム児の一部の家族や血縁者には，単独行動を好む，友人が少ない，頑固である，こだわりが強く変化を嫌がるなどの行動特徴がみられることが経験的に知られていた。最近，ピヴンら (Piven, J. et al. 1997) は，それを広義自閉症表現型（broader autism phenotype）と呼んだ。この広義自閉症表現型を有する人々は，広汎性発達障害の診断基準には合致しないが，それはその社会的障害が結婚・就職・キャリアを阻害するほど重いものではないためと考えられている。一方，バロン＝コーエンら (Baron-Cohen, S. et al. 1998) は，自閉症スペクトラム児の家族や血縁者の中に，特徴的な長所が受け継がれている人がおり，エンジニア，物理学者，数学者などであることが多いと述べている。

このように自閉症スペクトラムとその関連領域には，遺伝学的な連続性の存在が示唆されているが，単一遺伝子疾患であるとする根拠は乏しく，少なくとも3～4個の遺伝子が互いに作用しあって自閉症スペクトラムの症状を形成するも

のと考えられている。

発達的アンバランスと行動障害によって診断される自閉症スペクトラムの遺伝子研究は，より客観的で精密な診断評価法の開発，言語発達・同一性保持・知的障害の程度の差異や人種差などの要因を含めた層別解析が必要であろう。

① 連鎖解析

連鎖解析は，ある疾患または体質が，特定の染色体のどの部位とどの程度密接に連鎖しているのかを知る有効な手段である。単一遺伝子疾患とは考えられない場合でも，関係する遺伝子の位置を推測するのに有効であるために，遺伝傾向のある疾患について用いられている。自閉症スペクトラムでも，連鎖解析を用いた研究がなされており，可能性のあるいくつかの部位が報告されている。最近，7番染色体または15番染色体の長腕の領域が有望視されている。

② 候補遺伝子の検討

1）単一遺伝子疾患

自閉症状を有するいくつかの遺伝性疾患が知られている。これまでも，脆弱X症候群，レット（Rett）障害，神経線維腫症，結節性硬化症などの原因遺伝子が注目されたが，自閉症スペクトラムとの関連は明らかにされていない。

2）セロトニン関連遺伝子

自閉症スペクトラムでは，血中セロトニン濃度の高いものが多いと報告されており，同一性保持への強い執着に新しいタイプの抗うつ薬（セロトニン再取り込み阻害薬，SSRI）のフルオキセチン（fluoxetin）が有効であるとする報告が多数あることから，セロトニン関連遺伝子を候補遺伝子とする研究が多い。そのほとんどがセロトニン・トランスポーター（5-HTT）のプロモーター領域の多型に関するものであるが，今のところ一致した結果はない。最近，常同行動と5-HT1D受容体の関連が報告されており，行動関連遺伝子としてセロトニン受容体の検討が進む可能性がある。

3）インプリンティング（ゲノム刷り込み現象）

自閉症スペクトラムの原因遺伝子としてインプリンティング領域にある遺伝子が注目されている。インプリンティングは，父親と母親由来の対立遺伝子が異なる発現形式を示す現象であり，この現象が関与する疾患としては15番染色体の長腕領域の欠損によるプラダー＝ウィリ（Prader-Willi）症候群とアンジェルマン（Angelman）症候群が代表的である。

(3) 脳の特定部位における機能障害

自閉症スペクトラムの脳の特定部位における機能障害に関する研究は，近年，飛躍的に進歩している。この領域の研究は，主にコンピュータ断層撮影（CT），核磁気共鳴画像法（MRI），単光子放出コンピュータ断層撮影法（SPECT），ポジトロン放出断層撮影法（PET）などによる脳の形態学的研究と機能的脳イメージングによっている。

① 側頭葉

自閉症スペクトラムの人々の死後脳組織の研究から，扁桃体，海馬などを含む大脳辺縁系と内側側頭葉内のニューロンで，サイズと密度に異常が認められている。さらに，機能的MRI及びSPECTによる側頭葉の機能不全所見も認められている。

大脳辺縁系－側頭葉は，社会的－情動的機能を司っており，さらに側頭葉は相貌認識と感情認識に関与している。自閉症スペクトラムでしばしばみられる相貌認識の困難さは発達的にかなり早い時期からみられ，そのことが自閉症スペクトラム幼児の親に対する関心欠如の原因である可能性がある。

② 扁桃体

扁桃体は小さなアーモンド状の形をしており，内側側頭葉に位置し，前頭前野皮質や前頭葉皮質などとの間の複雑な神経回路を有している。ここ十数年の研究で，扁桃体は情動喚起や，環境刺激への行動の意味づけ，さらには刺激に対する感情価の付与に重要な役割を果たしていることがわかってきた。扁桃体－側頭皮質系は，社会的－情動的機能と密接に関連し，自閉症スペクトラムの発症の一次的基盤とも考えられている。

興味ある知見が，自閉症スペクトラムの動物モデルにおける実験で得られた。バシュヴァリエ（Bachevalier, J. 1994）は，サルの子どもの両半球の扁桃体，海馬，隣接する皮質を実験的に損傷した。このサルは，成長とともに視線を合わせず，社会的状況から引きこもり，無表情で，常同行動を示すようになった。さらに興味のあることは，生後間もない時期に扁桃体に損傷を与えても自閉症スペクトラムに類似したこれらの徴候を示さなかったということである。すなわち，実験的に作成された動物モデル（サル）は，時間的経過に伴って自閉症スペクトラムに類似した状態を示すようになっていくということである。3〜4歳で自閉症スペクトラムと診断された子どもの乳児期のホームビデオの記録を継時的に検討すると，愛着行動の表出の乏しさ，無表情，孤立，無関心，固執などの様々な行動が生後3カ月頃から断片的にみられるが，それが波打つように揺れながら次第に顕著に観察されるようになり，やがて自閉的行動に結実されていく経過を裏付けるものである。

③ 前頭葉

前頭葉は，1）中心溝のすぐ前にある運動野，2）認知や実行機能（後述）に特異的な役割をもつ前頭前野皮質，3）社会的－情動的機能に密接に関連している眼窩－前頭前野などの機能系を有している。

1978年，ダマシオとモーラー（Damasio, A.R. & Maurer, R.G.）は，自閉症スペクトラムの神経学的モデルを提案した。彼らは，内側前頭葉－中脳辺縁系皮質－基底核の機能不全によって自閉症スペクトラムが発症すると考えた。最近，SPECTによる研究で，自閉症スペクトラムの人々の前頭葉の血流量減少を示唆

する所見が得られており，PETで内側前頭野のドーパミン活性が有意に低下していることがわかった。「心の理論」パラダイムを行った時のPETによる側頭葉と前頭葉の機能的活性についての研究もなされているが，確定的な所見は未だ得られていない。

④ 小脳

1988年，クールシェヌ（Courchesne, E.）らが，自閉症スペクトラムで，新小脳に相当する虫部のⅥ・Ⅶの低形成が認められることを報告した。さらに小脳全体では発達の早期に過形成が認められることや，小脳が認知機能にも関与することが明らかになるとともに自閉症スペクトラムと小脳との関係が一躍注目されるようになった。また，最近では，自閉症スペクトラムの人々の探索行動の少なさと常同行動の多さが，小脳虫部Ⅵ・Ⅶの低形成の程度に関連しているという報告もある。

また，自閉症スペクトラム児でしばしば巨頭症や頭囲の増大が認められることは以前から報告されていた。しかし，後頭葉，頭頂葉，側頭葉の選択的な拡大が認められているが，前頭葉の拡大は認められていない。大脳や小脳の過形成は自閉症スペクトラム児の発達の早期に起こっているもので，脳の大きな容量は10歳前後を過ぎると目立たなくなるという報告が多い。これは自閉症スペクトラムにおける乳幼児期の脳の過形成と，それに引き続いて起こる発達障害との関連を示唆するものである。

最近，ルナら（Luna, B. et al. 2002）は，機能的MRIで，空間的作業メモリー施行時に前頭前野及び後帯状回の低賦活を報告し，アレンとクールシェヌ（Allen, G. & Courchesne, E. 2003）は，自閉症スペクトラムの人々で，運動タスクではより小脳の活動が高く，注意タスクではより活動が低いという結果を得て，自閉症スペクトラムと小脳の機能異常の関連に着目している。

(4) 神経心理学的研究

自閉症スペクトラムにおける高次神経心理機能の特徴を明確に説明し得る脳の特定部位の構造及び機能上の異常は，明らかにされてはいない。いくつかの研究で，辺縁系及び小脳の細胞構築上の特徴が自閉症スペクトラムの原因と結び付けられているが，他の部位を重視する研究もあり，結論を得るにはさらなる研究が必要である。

① 実行機能障害

新しい課題，あるいはゴールをめざす困難な課題に直面したときに動員される認知過程の総体を，実行機能と呼んでいる。従来は，この機能が主として前頭葉に局在すると考えられていたので「前頭葉機能」といわれていた。実行機能には，1）行動・反応の抑制，遅延，2）計画，3）作業メモリー，4）注意集中，5）短期記憶，6）内的表象に基づく行動の制御などが含まれている。

この実行機能を司る脳神経回路には，

様々な脳の部位が関与していると考えられている。最近は，前頭前野から扁桃体を介して小脳に至る経路が注目されているが，各機能と脳の部位との関連を整理すると，以下のようになる。すなわち，1）強迫的傾向：基底核，2）注意：帯状回前方部，3）記憶：海馬（＋扁桃体）＋前頭前野，4）情動：扁桃体－辺縁系，5）馴化と学習：扁桃体，6）対人反応性：扁桃体，7）行動の制御：前頭前野，などである。

　自閉症スペクトラムの中核症状の一つに強迫的同一性への固執，興味活動の限局性があるが，これらの症状が実行機能障害として理解されるようになった。すなわち，自閉症スペクトラムの人々に「ウィスコンシン・カード分類テスト」（Wisconsin Card Sorting Test），「ハノイの塔」（Tower of Hanoi）などの課題を与えたときに，コントロール群に比して有意に解決が困難であるという所見が認められるようになった。このことは自閉症スペクトラムの人々が，判断・行為の保続，課題解決において行為の開始前に頭の中で計画を練ったり，より効果的な方策を考えるために一瞬立ち止まるなどのことが困難であることを示している。さらに，自閉症スペクトラムの人々が課題に対してある解決を得たとしても，そこですぐに終了しないでもう一度その答えでよいのか，もし間違っていると感じたならば再度はじめから課題をよく吟味して検討し直すということが困難であることも示されている。また，作業メモリーの障害の一つである記憶内容の時間的順序に関する障害も，自閉症スペクトラムの人々にしばしばみられる現象である。その他，常同反復行動，同一性への固執，強迫性，柔軟性に欠ける硬い態度も，この実行機能障害のあらわれとして理解されている。

　しかし，実行機能障害は，近年，注意欠陥／多動性障害（AD/HD）及び統合失調症でもいわれており，実行機能障害が自閉症スペクトラムに特異的なものではないという意見が多い。

② **中枢性統合機能障害**

　自閉症スペクトラムの人々がもつ困難性のうち，外界から入力される多彩な情報を統合してそれを実際に生かす能力の低さに焦点を当て，これを中枢性統合機能障害としてまとめたのがフリスとハッペ（Frith, U. & Happé, F. 1994）である。彼らは，自閉症スペクトラム児が知能検査の積木課題で健常児よりも高い得点を取ることを見出した。その理由として，普通ならば提示された絵を子どもが見た場合，子どもはまず絵全体を見渡し，その後に細部を見てその絵が何を意味しているのかを理解しようとするが，自閉症スペクトラム児は，細部に含まれる単純な四角や丸という形の認知で済ませようとし，全体の意味を十分に理解していないのである。この独特な認知様式が，単純要素から全体を構成する作業を確実にしたり，時間を早くしたりするのである。そして，この認知・認識の様式を，脳の入力，中枢統合，出力関係になぞらえて

解釈しようとしたのである．しかし，現在の段階では脳のどの部分のモジュールがこの中枢統合に最も関係しているのか，確証は得られていない．

自閉症スペクトラムの人々の神経心理学的機能の弱点が，この中枢性統合機能障害によって説明できることは事実である．記憶に関していえば，単語記憶はよいのに，全体としてある意味をもつ文章の中で与えられる単語の記憶は悪い．機械的記憶は優れているのに，それを状況に合うように（社会的文脈のなかで）使用することができない．ある単純化された場面で生起していることがやっと理解できるので，場面構造が重層化されている日常生活状況の中では，そこで生起していることを適切に理解することは非常に困難となる．これを敷衍すれば，自閉症スペクトラムの人々は知能検査を検査室で受ける場合にはよい成績を示すのに，現実の社会場面では，まわりで起こっていることの理解がほとんどできないということになる．確かに，高機能自閉症スペクトラムの人々ではこのようなことが日常的にみられる．これらの諸問題を解決することが，自閉症スペクトラムの人々への日常生活における支援のあり方を考える際のヒントとなる．

(5) その他の神経生物学的諸問題

自閉症スペクトラムのその他の原因として，周産期障害，風疹ウイルスや単純疱疹ウイルスの感染，自己免疫反応の異常，甲状腺ホルモンの分泌障害，環境ホルモンによる汚染，さらには水銀化合物チメロサールの摂取などが話題となっている．

① 水銀化合物チメロサール

水銀化合物チメロサールの問題は，2001年3月，米国テキサス州の地方裁判所でも審議された．生後18カ月以内に接種されるワクチンに防腐剤として水銀化合物の「チメロサール」が含まれており，これが自閉症スペクトラムの原因であるという訴えであった．この問題の発端は，ウェイクフィールドら（Wakefield, A.J. et al. 1998）が，医学誌『ランセット』（Lancet）に，過敏性腸症候群に似た胃腸障害をもつ発達障害の子ども12人（9人が自閉症スペクトラム）を調べて，麻疹・流行性耳下腺炎・風疹ワクチンが自閉症の原因と関連すると発表したことである．この研究は他の研究者による疫学的調査でほぼ否定されたが，米国医学研究所の予防接種安全検討委員会は，ワクチンに添加されているチメロサールが自閉症スペクトラムの増加の原因である可能性を示唆した．

子どもでは，有機水銀が脳内に入ると無機水銀に変わって血液脳関門を戻らなくなり，鉛がエチル水銀の毒性を高めるなどの報告がある．しかし，自閉症スペクトラムの病像はきわめて多様であり，その発症には，前述した様々な神経生物学的要因が関与している可能性が高い．その後，『ランセット』は，水銀化合物との原因論的関連は明確ではなかったと

してウェイクフィールドらの論文を削除した。異例のことであった。

② 頭蓋骨早期癒合症（狭頭症）と軽度三角頭蓋

頭蓋骨はいくつかの扁平な骨が集まってできており、乳幼児期にはその縫合が広い隙間となっていて、脳の増大に伴って頭蓋も拡大し、加齢とともに縫合は固く結合し、成人期に完全に閉塞する。頭蓋骨早期癒合症（狭頭症）は、縫合が異常に早い時期に閉鎖することによって頭蓋が拡大できにくくなる先天異常である。三角頭蓋は狭頭症の一種で、前頭骨の縫合が早期に癒合し、結果的に前頭部が尖った形になるものをいう。重度の狭頭症の場合、頭蓋の拡大が制限されて脳の成長が阻害され、四肢の運動麻痺や知的障害などが生じる可能性がある。

最近、狭頭症または軽度三角頭蓋が、発達障害、特に自閉症スペクトラムと関連があるとする報告があり、いくつかの医療機関で外科的手術が試みられている。しかし、軽度三角頭蓋と自閉症スペクトラムとの関連については、いくつかの疑問点がある。1）軽度三角頭蓋であっても自閉症スペクトラムの症状を示さない子どもが多い、2）軽度三角頭蓋と自閉症スペクトラムがある場合、軽度三角頭蓋が原因なのか、遺伝的要因を基盤として偶然に合併したものなのか不明である、3）自閉症スペクトラム児のうち、軽度三角頭蓋のある子どもは少ない、などである。現時点では、軽度三角頭蓋と自閉症スペクトラムとの間に明確な関連性があるとする科学的根拠はきわめて乏しい。

(6) おわりに

科学的な発見が、ささいな臨床的経験や事実から芽生えることが多いことは歴史的によく知られている。環境汚染が進むなかで、子どもたちの健康な成長を阻む危険性のある多くの物質が知られるようになってきている。自閉症スペクトラムの神経生物学的原因について、今後の研究に俟たねばならないことは多い。

〈参考文献〉
山崎晃資・白瀧貞昭・松本英夫・橋本大彦（2003）「自閉症はどこまでわかったか」『最新精神医学』8
Klin, A. & Volkmar, F.R. & Sparrow, S.S.(Eds.) (2000) Asperger Syndrome. Guilford Press.（訳出中、明石書店）

3 早期発見・早期治療

(1) 早期療育の効果

　我が国は世界に冠たる乳幼児健診システムを構築しており，障害児の早期発見と早期療育に優れた成果を上げてきた。特に昭和52 (1977) 年に始まった1歳6カ月児健診は，障害児療育のあり方を変えた。この健診によって2歳という早期に，療育的な介入が可能となった。このような早期介入は世界的にも例がなく，障害児の自然経過に影響を与えたと考えられるいくつかの資料がある。杉山登志郎が行った研究を紹介する。

　杉山は，折れ線発症群に絞って1歳6カ月児健診以前と最近とを比較してみた。名古屋大学医学部附属病院精神科児童外来を受診した自閉症児のうち，昭和47 (1972) 年から昭和51 (1976) 年までの5年間に受診した児童（A群）と，平成元 (1989) 年から平成5 (1993) 年までの5年間に受診した児童（B群）について調べた。

　折れ線発症は従来から，言語の消失，模倣や指さし行動の消失，愛着行動の消失などが示されているが，判定に曖昧な部分があるものは取り上げないこととし，有意味語の消失にのみ絞った。また小児期崩壊性障害の混入を避けるために後年の折れ線発症は除外した。定義としては「2歳未満にマンマをのぞく名詞2語以上の自発語が数カ月以上みられ，2歳6カ月未満にそれらの有意味語の消失をみた症例」とした。

　定義に合致する児童はそれぞれ，A群27名（男児23名，女児4名），B群28名（男児21名，女児7名）であった。始語開始年齢と折れ線年齢は両群で差はないが，療育開始年齢はA群平均3歳7カ月に対しB群平均2歳8カ月と約1年の有意差が認められた（表I-2）。

　また，A群ではほぼ保育園への入園によって療育が開始されたのに対して，B群ではほぼ全例が母子通園施設への通園によって療育が開始されていた。

　B群ではさらに2歳6カ月以前に療育

表I-2　始語開始，言語消失，療育開始の時期

	始語開始（月）	言語消失（月）	療育開始（月）
A群 1972-1976	13.3 ± 2.8	22.1 ± 3.5	43.7 ± 9.8
B群 1989-1993	14.3 ± 2.8	21.9 ± 3.7	32.5 ± 6.2
統　計	有意差なし	有意差なし	$t=3.76$　$p<0.01$

が開始された例が13例（46%）あり，折れ線の途中から治療的な介入が行われた症例も少なくないことが示された。

言葉の消失の後の言語獲得の状況を比較してみると，3歳ではA群3名（11%）に対しB群28名中14名（50%），さらに4歳ではA群6名（22%）に対しB群20名（71%）と，高い有為差が認められた（表Ⅰ-3）。

表Ⅰ-3 折れ線後の有意味語獲得

	3歳	4歳
A群	3（11%）	6（22%）
B群	14（50%）	20（71%）*

＊$p<0.01$, $\chi^2(df=1)=11.5$

A群の調査時点での状況をみると，平均年齢24.7歳における現状を確認できたのは21名で，そのうち企業への就労2名，作業所及び授産所通所11名，施設入所6名，在宅のまま社会的な参加が絶たれている症例2名であった。

言語能力は会話が可能となったもの4名，二語文程度2名，単語のみ5名で，有意味語のないものが10名であった。

一方，B群は現在平均6.7歳で，言語能力では会話が可能なもの6名，二語文程度9名，単語のみ10名で，現在有意味語のないものは3名のみで，既にA群の3分の1以下であった（表Ⅰ-4）。

しかしB群においてもパニックの頻発3名，過敏性や強い自己刺激6名，てんかん発作2名など，非折れ線型に比べるとやはり重症である傾向がみられた。

次いで杉山らは，高機能広汎性発達障

表Ⅰ-4 その後の言語に関する状況

言語能	A群	B群
会話可能	4（15%）	6（21%）
二語文	2（ 7%）	9（32%）
単語のみ	5（19%）	10（36%）
言語なし	10（37%）	3（11%）
不明	6（22%）	
調査時点の年齢(歳)	24.7±2.0	6.7±1.8

害の児童に絞って調査を行ってみた。

正常知能の広汎性発達障害の場合，早期から障害児療育を受けた児童もみられる一方，特に言語の発達の良好であった症例に関しては，早期からの治療的な介入を受けることなく，普通児に準じた教育を受けてきた児童も少なくない。

広汎性発達障害の児童・青年のうち，7歳以上でかつIQ70以上の症例61名（男児50名，女児11名）を対象とした。平均年齢12.0±4.4歳であり学童期から青年期に至る症例である。

対象の教育状況をみると，中退者や卒業者まで含めると61名中53名（86.9%）は，通常教育を受けていた。DSM-Ⅳの診断基準に合致する精神科的障害を示した者は61名中15名（24.6%）であった。しかしながら，診断基準に合致しない者に問題がないわけではなく，孤立，集団行動困難，いじめ，パニックの頻発，ルールや約束違反，喧嘩の頻発，こだわり行動に基づくトラブルなど，社会適応上の問題が明らかと判定せざるを得ない症例が，34名（全体の55.7%）に認められ，調査時点で適応上での大きな問題がない

者は12名（19.7%）に過ぎなかった。
診断年齢，療育開始年齢，IQ，GAF得点に関してピアソン（Pearson）の積率相関計数を算出した（表Ⅰ-5）。

表Ⅰ-5 高機能PDD（n=61）；早期診断と現在の状況

	療育開始	IQ	適応（GAF得点）
診断年齢（平均5.7歳）	0.51 (p<0.001)	0.07 (n.s.)	-0.38 (p<0.01)
療育開始（平均3.2歳）		-0.12 (n.s.)	-0.27 (p<0.05)
IQ（平均88.3）			-0.18 (n.s.)

　診断年齢及び療育開始年齢と知能は相関せず，また知能とGAF得点とも相関しないが，診断年齢が低いほど療育開始が早く，診断年齢及び療育開始年齢が低いほどGAF得点すなわち後年の適応はよいということが示された。

　早期療育を受けることで，何が改善するのであろうか。母子通園療育と普通保育との決定的な差ということを考えてみると，母子通園においては1対1対応であるという点である。加配保母が配置されていても，保育園療育において1対1は望むべくもない。

　さらに注意を喚起したいのは，このような成果が，なんら特別な訓練を行ったことによってもたらされたものではないということである。母子通園は，普通の保育士が，母親を通して通常の遊びと日常生活の練習を中心としたカリキュラムを指導する場である。この普通の保育士の働きが，障害児の軽症化といういかなる専門家にもなし得なかった難事を実現させているのである。

(2) 早期療育がなぜ有効なのか
――医療モデルから生活モデルへ

　新生児の脳の重量は平均350gで，体重の10分の1に達する。これが成人の平均重量である1300gまで増加するのであるが，2歳から3歳にかけて既に1000gを超えてしまう。新生児から3歳までの急激な重量の増加は，神経細胞が増えるわけではない。神経と神経をつなぐネットワークが網の目状に張り巡らされていく。そしてこのネットワークは5歳にして既に完成してしまう。それから後は，今度は神経の剪定と呼ばれる現象が起きるようになる。つまり，使用される経路は残り，使用されない経路は消えていく。この神経の剪定が終了するのは10歳前後である。この神経の剪定に伴って，軸索の髄鞘化が進み，神経間の伝達速度は飛躍的に早くなり，同時に，興奮が漏れない構造となるのである。

　つまり幼児の脳は，一つの神経細胞が

挫滅しても，すぐにバイパスが形成可能というダメージに対する高い代償性をもっている。この代償性に支えられて，幼児の脳では，成人では起こり得ないことがしばしば生じる。

例えば，言語中枢が大きなダメージを受けても，幼児期には言語の復活が可能であり，さらに言語性知能が低下しないこともある。

しかし同時に，幼児の脳は一つの細胞の興奮が周囲に漏れやすい構造となっている。幼児においては発熱に伴うけいれんが生じやすいのは周知のことである。

このような高い代償性は5歳を過ぎると失われるが，それでも前思春期までは成人より高い代償能力が保たれる。しかし10歳を過ぎると成人との差がなくなる。この10歳という年齢は，一つの臨界点であり，これまでに身についた言語や非言語的なジェスチャーが一生の間の基本となることが知られている。

発達障害の臨床でいえば，この年齢までに基本的な身辺自立の課題を了えておかないと，それ以後に習得するのは困難となることが知られている。

これらの事実は，このような脳の発達を背景としているのである。

このことから，発達障害療育全体の治療指針が既に明らかとなる。

大多数の発達障害児とは，母親のお腹の中で交通事故にあったようなもので，生まれてから後はリハビリテーションに他ならない。このリハビリテーションが，幼児期からなされた場合には，幼児の高い代償性に支えられて，障害からの大きな回復や，障害の軽症化が可能であるが，年齢が大きくなればなるほどバイパス作りは困難となる。

障害児の治療とは，治療的教育すなわち療育に他ならず，最悪の対応とは「放置」である。

さらに，この事実を考えてみると，発達障害児を病院で治療していくことの限界が自ずから明らかとなる。

例えば，言葉の遅れのある児童に，2週間に1回，言語訓練を1時間行ったとしても有意義とは考えにくい。それ以外の13日間は何もしていないのである。有効な方法をもし組み立てるとしたら，その1時間がそれ以外の2週間の中に，普遍化する方法をつくるしかない。

脳性麻痺の一部などの運動神経系に限定した障害であれば事情は異なる可能性はあるが，自閉症や知的障害などの全般的な発達の遅れに対しては，密度の薄いこれらの病院中心に行われる治療は，いわばお稽古事と同じであり，治療にはなり得ないのである。

病院で専門家が発達障害への治療を行うという従来の治療モデルを医療モデルの治療と呼ぶことができる。それに対し，毎日の生活を中心として両親や保育士によって子どもの健康な生活をつくり上げ，その中で子どもの高い代償性が生きるように導くという障害児への療育を生活モデルの療育と呼ぶことができる。自閉症の早期療育に求められているのは，生活モデルに基づいた子どもの健康を保障す

るための指導なのである。

自閉症のような、体験世界そのものが通常の我々とは異なっている障害児においても、幼児期はそのような障害独自の問題に関してそれほど神経質になる必要はなく、子どもへの一般的な原則を守るだけで十分に成果が上がる。しかし学童期になると、自閉症はその独自の認知特性に沿った働きかけをしなくては、教育そのものが成り立たなくなる。

(3) 障害受容と愛着の形成

障害児を子どもにもつということの受容は、常に微妙な問題となる。告知された両親は当然ながら混乱し、障害の存在を認めなかったり、また遅れのある子どもに対して拒否的になったり、逆に自分の責任で障害児が生まれたと自責的になったりする。

この障害受容の過程は、キューブラ＝ロスが死の受容の過程で見出した5段階をそのまま適応できる。

最初は「否認」である。子どもの遅れを認めず、子どもが正常と言ってくれる人を探して、いろいろな医者を回ったりする。

その次の段階は、「怒り」である。障害があることがわかったとき、なぜ自分の子どもにだけ障害が生じるのかと怒り、また療育を担当する周囲の人に対して子どもの世話を十分にしてくれないと怒る。場合によっては、結婚の経緯まで遡って怒ることがあり、深刻な夫婦の対立を来たすことがある。

次は「取引」の段階である。子どもを必死に訓練などに通わせたり、高名な医者を訪ねて療育に邁進し、何とか普通児にならないかと努力をする段階である。場合によっては虐待スレスレに至ることがある。

このような段階を経て、なおかつ子どもの障害が避けられないことがわかった時に、今度は深い「抑うつ」の時期に入る。この段階で特に母親は、療育場面でも積極的なところがなくなってしまったようにみえる。

このような心の中の紆余曲折を経て、「受容」に至るのである。障害の有無にかかわらず、自分の愛しい子どもであることに気づき、障害児というラベルにとらわれず子どもの一つ一つの成長や発達を共に喜ぶことができるようになっていく。

これに絡む子どもの側の問題が、愛着の形成である。健常児においては2～3歳において完成する愛着の形成が、自閉症においては後年にずれることが一般的であり、療育や訓練に並行して、親子が互いを知り合い、愛着をつくり上げていくことが求められる。このような過程を円滑に進めるために、障害児の療育において、両親が子どもと向かい合う時期が必要だと考えられる。

このことからも、療育通園施設に始めから子どもだけ単独で通園をすることは勧められず、できれば母子による母子通園が好ましいのではないだろうか。互い

が互いをよく知るためには，時間をかけて付き合うことが最も早道である。

保育園に入る前の1～2年というわずかな時間を親子で障害に向かい合う経験は，豊かな成果をもたらす。加配（定員外）の保育士が付いていたとしても，数人の障害児を一度に世話をする状況が一般的である。それに対して，母子通園であれば1対1という最も密度の濃い療育が可能となる。またその中で，互いを知り，愛着をはぐくむ基盤づくりが可能となる。またこのような母子通園施設での療育を経験した両親は，小学校入学に際して，何が何でも通常学級に入学させたいといった無理を言い出すことがない。十分に付き合うことによって，子どもの実力を知っているからである。

さらに言えば，自閉症療育において単独集団教育をあまりに早く始めることには慎重でなくてはならないだろう。特に自閉症は3歳代で母子関係が深まるので，個人差があるとしても，また家庭の個別の事情はあるとしても，3歳児に単独通園を開始するよりも，この年齢においてはむしろ母子通園による濃密な関わりを行い，4歳児で単独通園を開始することがより好ましいと言えるのではないだろうか。近年，少子化傾向に伴って，保育園等における障害児の受け入れがよくなった。このこと自体は好ましい変化であるが，入園させているだけで放置されているのでは療育的な成果は期待できるはずもない。しかし，母子通園は母親に大きな負担がかかることもまた事実である。

とりわけ仕事をもつ母親の場合にどのような処遇をすればよいのかが，今後の大きな問題である。

(4) 早期療育の原則

以下に，療育の基本的指導内容をまとめた。①～⑥の順序はそのまま優先事項を表している。つまり健康な生活の確立は他の何よりも優先順位が高く，身辺の自立はコミュニケーションの確立よりも優先される。

① 健康な生活
② 養育者との信頼と愛着の形成
③ 遊びを通しての自己表現活動
④ 基本的な身辺自立
⑤ コミュニケーション能力の確立
⑥ 集団行動における基本的なルール

まず，健康な生活の基本は養生である。子どもの活発な代償性を高めるためにも，基本中の基本となる項目である。

古来のどのような養生訓を見ても，養生の基本は変わらない。早寝早起きを基本とした日内リズムの確立，適度な栄養，適度な運動である。毎日の生活が療育の基本であるので，睡眠不足の不機嫌な状態で生活を送ることは，治療に最も反する状況となる。

しかしながら，今日の子どもを取り巻く状況は，日内リズムが整えられていて，食事がしっかりとれ，しっかり運動ができること，このような基本的なことが実は最も困難な課題となっている。近年，インターネットの普及等により，多くの

知識を蓄えた両親も少なくないが，そのような場合に往々にして，この基本が疎かになっている例を経験する。

日内リズムの確立は，食事時間が一定していることと同じ課題である。特に朝食をとることが日内リズムの確立には重要である。また間食は子どもにとっては重要な栄養源であるので，食事に準じる形で，時間を決め，着席をさせ，お皿に取り分けて与えることが基本である。

日内リズムの確立に大きな妨げとなる問題は，父親が遅く帰宅する家庭が非常に多いことである。核家族においては，たとえ専業主婦の家庭であっても，父親の子育てへの参加が不可欠であるが，毎日10時過ぎに帰宅する父親をもつ家庭では，このようなことが不可能になってしまう。幼児期の子どもをもつ父親が子育てに参加できる勤務にすることは，障害児療育を超えた社会的な課題ではないかと思われる。

また，偏食の克服は年余の課題となることが多い。これも最悪の対応は放置であり，偏食に対して，子どもの食べるものしか出さないという対応は，当然ではあるが，偏食の強化につながる。しかし少しずつ，食事内容を広げる努力を続ければ，自閉症のようなこだわりをもつ子どもにおいても，小学校入学前に偏食の克服は可能である。

運動については，両親と体を使った遊びを行うことに尽きる。休みの日には近くの公園で一緒に遊ぶことや，園で学んだリズム遊びを一緒に行うことが勧められる。

この基本的な健康な生活の中で，昔の養生にはなく，今日において新たに持ち上がったものは，情報の制限という課題である。特に都会において，刺激のない静かな環境を得ることが著しく困難になった。夜になっても真っ暗になることはなく，町の騒音が絶えず流れ込んでいる。オーディオやテレビなどの情報が絶えず流れている。自閉症圏の幼児は，周囲の雑音の中から対人的な情報を絞り込むことが著しく不得手であり，このような環境に著しく脆弱である。親の出す情報が幼児にきちんと受け止められるために，ある程度の情報の制限は必要である。特に，テレビがつけたままになっているような状態はできるだけ避けたい。

養育者との信頼と愛着の形成についても少し補っておきたい。

幼児にとって一番必要なものは，障害の有無に関わりなく，安心の提供である。子どもが最も安心して過ごせる家庭環境とは何だろう。これは逆の場合，つまり安心して過ごせない環境が何かを考えてみれば答えは容易に得られる。親子関係の安定以前に，夫婦関係が安定していることが最も大きな要因となる。事実，多人数のサンプルによる調査からは，親子関係よりも夫婦関係の方が子どもの心の問題に大きな影響を与えることが示されている。

また，両親は完璧な親である必要は全くない。小児科医であり高名な精神分析家でもあったウィニコットは，よい母親

とは good enough（ほどほどによい）であることという有名な言葉を残している。子育てのような双方向の関わりの場合，完璧であることは，逆にしばしば重大な問題となることすらあるということは，子どもに関わる者であれば誰でも周知のことではないだろうか。

愛着の形成のためには，先に述べたように，時間をかけて付き合うことが第一であるが，特に自閉症圏の子どものように過敏性を抱える場合には，強すぎる刺激はできるだけ避け，人の声と人の肌での育児が基本となる。

③から⑥の課題は，一般的な発達の過程を小さなステップにしていくだけである。

遊びは子どもにとって生活の中心であり，また遊びを通して表象機能が発達し，対人関係が進んでいく。このために，遊びこそ子どもにとっては優先順位の最も高い課題となるのである。最も最初の段階は，自己刺激でしか遊べない状態であるが，そこから見立て遊びが可能となるまでの間に飛躍があり，その中間として，大人が遊び道具になってやれば遊べるという段階が存在する。つまり自己刺激で遊ぶ子どもに，大人が体を使った遊びを繰り返し接していく中で，徐々に見立て遊びのための準備が可能となるのである。このあたりの発達は，発達障害の幼児に多く接するうちに，子どもの目から世界がどのように見えているのかおぼろげながらわかるようになってくる。

身辺の課題は，トイレットトレーニングとスプーンの自立が最初の課題であり，それから服の着脱，清潔習慣に展開していく。これは大体は，繰り返し練習する中で身についていくものである。

コミュニケーションの課題としては，発語よりも，まずは言葉の理解が課題となる。その前提となるのは模倣の能力である。園での指遊びができる。あるいはリズム体操の模倣ができるなどといった能力は表象機能に直結している。特に後模倣と呼ばれる，その場で即時に模倣するのではなく，時間が経ってから想起しながら模倣が可能であればイメージをつくる能力が備わった指標となる。さらに，例えば園のスモックを見たら登園，買い物袋を見れば買い物の外出，タオルを見れば入浴とわかって次の行動ができるなど，状況判断ができることもまた，コミュニケーション能力の基盤となる。

このように，遊びや身辺の課題はすべて表象機能の前提となる課題であり，それであるからこそ，コミュニケーションの課題よりも優先順位としては上位に位置するのである。

一般的に始語の開始となるためには，理解語彙は30語から50語は必要である。単語が出始めてしばらくすると，オウム返しがみられるようになる。発達障害の臨床においては，オウム返しが出現すれば，それからコミュニケーション可能な発語まではあと一歩であり，一安心ということになる。さらに発語語彙が100語を超えたあたりで二語文が登場するようになり，言葉は急速な発達を見せるよう

になる。

障害児の臨床は、幼児期に言葉の遅れなどで受診する例が最も多い。このような場合は、診断をなるべく正直に、正確に告げ、その上で家族状況を考慮しながら両親として日常生活の中で何をしなくてはならないのかというガイドラインの説明を行うのがよいと考えられる。

特殊な訓練を勧めるのではなく、毎日の生活の中での対応方法である。なるべく抽象的な言い方は避け、具体的に指導を行うことが必要である。例えば「愛情をもって接しましょう」ではなく、「身辺自立の練習を開始しましょう」「トイレットトレーニングを行いましょう」「1時間おきにトイレに誘導をしてみましょう」とできるだけ具体的な提示を行う。

接し方の原則であるスモールステップの説明を最初に行うようにするとよい。つまり、できることの見定めをして、できるだけ小さな階段を昇らせるように目標を立て、本人にわかりやすい提示を行い、さらに初期抵抗が減るまでは粘る、といった大原則である。初期抵抗とは、新しい課題は最初は成果が上がらないだけでなく、スプーン練習で食事そのものを拒否するといったまわりを巻き込んだ混乱が生じる現象のことである。これには経験的な回数があり、14～15回の試行でこの抵抗が減ってくる。つまり、できることの見極めは重要であるが、最低でも2週間程度は粘ってみないと成果は上がらないことになる。

次いで、現在の療育目標のガイドラインを示すようにしているが、先に示した6つの領域で現在何が目標となるのかを考えると、具体的な目標が示しやすい。ただし1回に提示する課題は、3つぐらいが限度である。

(5) 今後の課題
──乳幼児健診のパラダイム変化

我が国の乳幼児健診のあり方は、近年変化してきた。健診の主体が市町村などの自治体に委ねられたことにより、健診制度を含めて地域による大きな差が生じるようになったこともあるが、それ以上に乳幼児健診の課題自体の変化である。

第一に、家庭の子育てのあり方が大きく変化したため、乳幼児健診の目的が「障害児」のマス・スクリーニングから、家庭における育児支援へと転換せざるを得なくなったことである。乳幼児健診の前の母親教室において、一貫して「赤ちゃんの産湯の入れ方」からスタートしていたが、まず「赤ちゃんの抱き方」さらに「何カ月から抱いてもよいのか」といった、より基本的な課題からスタートせざるを得なくなった。この10年あまり、子ども虐待の高リスク家族に早期に介入を行い虐待の発生を防ぐことは、大きな乳幼児健診の目的の一つとなった。

第二に、幼児健診のもう一つの新たなテーマが、軽度発達障害、特に高機能広汎性発達障害となってきたことである。従来の幼児健診は発達のマイルストーン

を指標としてチェックを行ってきたために，言葉の遅れが明確ではない軽度発達障害はなかなかスクリーニングに乗らず，見逃されることが多かった。軽度発達障害は著しく子育てに困難が生じるため，虐待の高リスクとなる。つまり，新たなテーマである，子ども虐待の予防と，軽度発達障害，とりわけ高機能広汎性発達障害の早期発見は，相互に関連している。

このように，乳幼児健診の目的は，障害児の選別から，子育ての協働へと変化した。そしてこの変化に伴い，何らかの指導が必要な母子の割合は，急激に増加するようになった。1歳6カ月児健診においてスタート直後には約5％の子どもがチェックをされていた。1980年代になると健診の精密化により約7％の子どもがチェックを受けるようになった。しかるに現在は地域差があるものの，丁寧な健診が行われている地域では実に約3割の親子が指導の対象となるのである。

虐待高リスク児と軽度発達障害児，なかでも高機能広汎性発達障害児をチェックし，家族支援を行うために何を指標とすればよいのだろうか。一見，無関係なこの両者には，実は共通項がある。それは愛着の発達と対人関係の発達である。つまり，幼児の愛着や対人関係に注目することによって，両者を共にチェックすることが可能となるのである。この両者を視野においた子育て協働療育に関しては，取り組みがやっと始まったばかりの段階である。

〈参考文献〉
杉山登志郎（1996）「乳幼児健診と早期療育」『乳幼児医学・心理学研究』5（1）
杉山登志郎（2001）「アスペルガー症候群および高機能広汎性発達障害をもつ子どもへの援助」『発達』22
杉山登志郎（2004）「子ども虐待とそだち」『そだちの科学』2
Sugiyama, T. & Ishii, T. (1999): Less severe cases of setback-type autism in Japan. Recent Progress in Child and Adolescent Psychiatry, 2, 23-31

4 併発しやすい精神医学的疾患

自閉症スペクトラム（ASD）または広汎性発達障害（PDD）では様々な合併症があるが，ASDとそれらの合併症との関連については明らかになっていない。ここではASDの臨床でしばしば遭遇し，精神医学的治療に意義の高いものを取り上げる。すなわち，まず合併しやすい身体医学的状態について簡単にふれ，次いでてんかんを含む精神医学的疾患及び診断が特定できない行動障害について述べる。ASDにおいて行動上の問題が経過の中で強まったり，新たに出現して

来たりしたときには，精神医学的疾患の合併に注意を払う必要がある。

ASDにおいては精神医学的合併症は同世代の一般人口にみられるより，相当高い割合で出現する。知的能力が低いと行動的に診断される精神医学的状態が多く，認知力が高くなるに従って，一般人口と同様に診断の際に内省を要する精神医学的状態が出現する。しかしながら，ASDに伴うコミュニケーションの困難さや認知能力の障害や自己洞察力の低さが加わって，一般人口でみられる場合に比べて精神医学的疾患の病態像は非定型になりやすいので診断の際には注意を払う必要がある。その診断を考慮した適切な向精神薬の処方や心理教育的対処が推奨される。

(1) 合併しやすい身体医学的状態

ASDになりやすい神経発達障害には，フェニールケトン尿症，結節性硬化症，脆弱X症候群などが知られている。また，それほど多くはないとはいえダウン症においても自閉症の合併が考慮される。これらの特定できる神経発達障害は自閉症のうちでは10％から20％に認められるといわれている。

(2) てんかん

てんかんはASDで最も合併率の高い障害である。一般には自閉症では知的障害が重い人に発作の頻度が高いが，知的に高い人においてもある程度の合併のリスクをもっている。好発年齢では幼児期と思春期以降で高くなる二峰性の分布がみられる。長期的な経過をみると，20歳代半ばを過ぎてもなお初発例をみることがある。典型的な自閉症をもつ個人においては，成人期前期にまでに約30％がてんかん発作を経験するとされている。なお，ASDの下位群であるレット障害，小児期崩壊性障害では，てんかんの合併率はきわめて高い。

発作型については，全身けいれんを伴う全般発作が多いが，単純部分発作や意識が減損する複雑部分発作に引き続く二次性全般化発作もかなりみられる。てんかん発作が起これば，基本的には抗てんかん薬の服用が必要となる。しかし，一回限りで終わる例も少なからずあることから，初回の発作時には，発作の型や発作の際にその個人に及ぼす危険性や脳波の所見などを参照して服薬するか否かを判断してもよい。また，成人期のいつになったら，どのような条件があれば，抗てんかん薬を中止できるかについては，未だ科学的に立証されたデータが不足しており，中止についての一般的な基準は適応できない。抗てんかん薬の服用を始めれば通常は相当長期に服用する必要がある。自閉症における抗てんかん薬の服用の中止についての実証的な研究が望まれる。

(3) 発達障害と関連して

① 精神遅滞（知的障害）

　精神遅滞はASDにおいては，最も合併頻度の高い障害として挙げられる。精神遅滞の定義は，知能が平均より有意に低く，適応行動のいくつかの領域で障害があり，かつ18歳までに発症したときに診断される認知症候群である。知能が平均より低いということは標準化された知能テストでIQが70以下であることをいう。高機能ASDとは，精神遅滞がないということでIQが70以上の場合をさすことが多い（知的に正常範囲としてIQ85以上をとる場合もある）。

　自閉症では70から80％に精神遅滞が認められ，半数が中度・重度の遅滞であるとされてきた。しかし，現在では，自閉症スペクトラムの概念が導入され，ASDの出現頻度は1000人に6〜7人以上で1％に近いとされている。そのうち，精神遅滞が合併する例は，おおよそ半数に満たないとされている。ASDの下位概念でみると，典型的な自閉症での精神遅滞の合併率は従来と比べて大きな変化はないと思われる。レット障害，小児期崩壊性障害ではほとんどが精神遅滞を合併し，逆にアスペルガー障害では高機能群が多くなっている。非定型自閉症では，診断基準の運用の仕方と関連するが，やはり，一般には高機能群が多いといわれている。

② 学習障害

　学習障害はICD-10では特異的発達障害に相当し，会話と言語，学力，運動機能，及び混合性障害に分かれている。自閉症では必ずしもこの診断基準にあてはまる学習障害が多いとはいえない。アスペルガー障害では，書字障害や計算障害の合併がある。

　また，認知的側面からみると，自閉症において意味的語用論的障害を示すことがある。アスペルガー障害は非言語性学習障害（NLD）に相応することが示唆されている。これらの認知的障害はICD-10やDSM-IVの診断基準にはない。

　さらには，アスペルガー障害を含め高機能群では運動機能の特異的発達障害（発達性協調運動障害あるいは不器用症候群）が合併することも多い。

③ 注意欠陥／多動性障害（AD/HD）

　AD/HDは注意障害と多動性と衝動性の3つの行動的症状で定義される行動症候群であり，7歳前より症状があることが条件とされている。DSM-IV-TRの診断基準ではASDがあれば，AD/HDよりASDの診断が優先される取り決めになっている。しかし，最近になり，高機能自閉症やアスペルガー障害が注目されるようになるとともに，ASDとAD/HDの診断を満たす例が少なからず認められるようになり，そのような例ではAD/HDの合併と考えるのが妥当であると考えられるようになってきている。経過とともにAD/HDの診断からアスペルガー障害の診断が可能になる例やその逆の例が

存在するので今後診断基準のあり方についての検討も必要になってこよう。

AD/HDにしばしば使用される中枢刺激薬であるメチルフェニデート（リタリン）の使用がAD/HDの症状を有するASDにも有効であり，安全性もあるとするデータが立証されてきている。しかし，重い知的障害をもち多動性が目立つ自閉症では，多動がひどくなったり，興奮したり，情緒的に不安定になるリスクが高いと考えられるのでメチルフェニデートの使用は控えた方がよい。

現段階では，AD/HDの合併の診断を考慮することは，治療的にも意義があると考えられる。なお，一般的に，青年期頃までにかなりの例で，多動性が減少し，かえって動きが少なくなり，無気力が問題となることがあるので注意したい。

④ トゥレット症候群

トゥレット症候群は，多様性の運動チックと一つ以上の音声チックが1年以上続くもので，18歳以前に発症する。その重症度は個々の人によって大きく異なる。

コプロラリア（汚言症）は20％前後に出現する。反響言語（エコラリア），反響動作（エコプラキシア）が出現することもある。合併症としては，強迫症状やAD/HDがある。

ASDではトゥレット症候群が合併すると攻撃行動，強迫行動などが増強したり，行動症状が全般的に重症化することがある。一般に，トゥレット症候群に伴う強迫行為は典型的な強迫性障害におけるものと若干内容的に異なり，洗浄強迫は少なく，対称性や位置に関する強迫が多くみられる。接触強迫も出現しやすく，自閉症では女性の膝に触るなどの行動が強まったり，新たに出現したりして，"異常な性的接近行動"と間違えられることもある。

ASDでは，トゥレット症候群の合併が数パーセントにみられ，一般出現率の0.1％に比べるとはるかに高い割合である。一般のトゥレット症候群の経過は6歳から7歳位で発症し，最悪の時期が10歳代である。20歳を過ぎると軽快することが多いが，症状を持ち越す場合は，往々にしてチック症状が激しいことが多い。その後も症状は持続し，自然の経過で増悪を繰り返すこともある。自閉症でもおそらくこのような経過をとることになろう。

抗精神病薬（ハロペリドール，リスペリドンなど）で比較的よくコントロールされる。

(4) 精神医学的状態（狭義）

① 気分障害

気分障害とは躁とうつで特徴づけられる"気分"の障害をいう。必ず躁状態があるわけではなく，うつ状態のみを示すことが多い。ASDのうつ状態・うつ病についての文献的に報告された症例では，初発年齢は必ずしも青年期，成人期の問題ではなく，少なからぬ例に児童期での発症がみられる。また，最近報告された，ASDにおける躁状態についての

研究があり，診断をめぐる問題があるものの平均初発年齢は4.9歳としている。双極性障害（いわゆる躁うつ病）もまれではなく，長期経過の報告があり，6症例の平均発症年齢は10歳9カ月となっていた。子どもにおける気分障害の診断基準の妥当性の問題もあろうが，ASDでは学齢以前から気分障害の発症の可能性をもっているといえよう。

一般には，気分障害の発症は10歳代から認められはじめ，おおよそ30歳中頃まで上昇し，それ以降減少に向かうとされている。ASDでの出現頻度は十分にわかっていないが，主観的症状の表現が困難であるので，うつ状態では不機嫌や焦燥感が伴うことを考慮して，異常行動が強くなったり，増強したりする場合にはうつ状態を疑うことも必要である。成人期後期から老人期にかけてうつ状態の出現頻度が高くなる可能性が予想される。とりわけ高機能ASD者では一般の成人と同様にうつ状態と関連した自殺についても考慮せねばならないだろう。

② 強迫症状と強迫性障害

ASD者ではコミュニケーションの問題や精神遅滞が伴うために自我異質性（ばかばかしいが，繰り返しやらざるを得なかったり，思わざるを得ない状態）を確認して強迫症状と確定するのは困難であるものの，類似した反復症状や儀式的行動が多い。同じ場所に物を置いたり，同じことを繰り返したりするこだわり行動と強迫行為とは，内的世界に踏み込んで鑑別診断をすることになるので，境を付けることが困難なことがしばしばある。しかし，高機能ASDでは，彼らの独特な訴え方ではあるが自我異質性を訴えることができるようになり，強迫性障害の診断が可能になる。

整理整頓，物集めなどの行為がASDに特徴的な"強迫症状"であるとされている。ASDとトゥレット症候群における強迫症状には，一般の強迫性障害とは異なり，禁じられているとはわかりつつも気になることを実際に言ってしまったり行ってしまったりするという共通点があり，衝動性の統制の問題が大きいように思われる。しかしながら，こだわり行動と強迫症状とは認知能力が低くなればなるほど区別が付けがたくなる。強迫症状や反復症状は思春期頃には徐々に強くなり，改善しにくい症状である。成人期前期を越えて，持続する場合が多い。

③ 適応障害または心因反応

ストレスに対する過剰な反応であり，比較的長期に続くものをさす。知的水準の低い自閉症者は環境の変化に敏感であることが多く，不安になったり当惑したり興奮したりすることがある。これらは広い意味で心因反応ということができる。高機能ASDをもつ人々では，独特な価値観があったり，対人関係が奇妙であったりして，相手に受け入れられなかったり，拒否されたり，いじめられたりする。そのために心因反応を起こしやすい。この傾向は，とりわけ思春期で目立ってくる。行動的には自傷や攻撃行動をおこしたり，精神運動興奮あるいは"パニック"

状態を呈したりする。

その裏には，不安的，抑うつ的，心気的，あるいは妄想的な状態があったりする。また，強迫様症状の増悪などで示されることがある。さらには，いじめられ体験は外傷後ストレス障害（PTSD）の要因となることもある。成人期後期において，ASD者が心因反応をより起こしやすいかはデータがないが，彼らの心性を考慮に入れると心因反応を起こす可能性が高いことについて留意しておく必要があろう。

❹ 統合失調症及び幻覚妄想状態など

かつては自閉症は統合失調症の早期発症型と考えられたこともあるが，現在ではASDにおける統合失調症の出現率は，チャンスレベル以上ではなく，両者は別な障害であると考えられている。アスペルガー障害や高機能自閉症では奇異な考えや論理展開などのために妄想様の症状を呈することがあったり，思考の飛躍やまとまりのなさを呈したりすることがある。このような症状を彼らのもともとの奇妙な自己中心的な思考の延長上にある優格観念で説明することもでき得るが，統合失調症やその関連の人格障害における思考障害，妄想などとの区別が問われるところである。

最近では，高機能ASDは，シゾイドパーソナリティ障害や失調症型パーソナリティ障害さらには統合失調症との境目を広げて診断される傾向があるようである。典型的な統合失調症とは違う印象を与える病態に対して，精神科医がアスペルガー障害（の反応）の診断をあっさりとつけがちではなかろうか。今後，検討せねばならない課題である。

❺ **カタトニア**

カタトニアとは，次第に行動が遅くなり，姿勢が行動の途中で固まってしまい，自発的意志を失ったかのようにみえる状態である。ウィング（Wing, L.）らは，ASDにおけるカタトニアを操作的に定義している。その定義によれば，必須症状としては，動作と言葉の緩慢化，活動を起こす際に身体的な援助をしなければならないことの増加，受動的でありかつ自発性が低下すること，行動を始めたり終えたりすることの困難性を挙げている。副症状としては動作が止まってしまうこと，目を上転させること，振せん，体を硬くすること，興奮の噴出，儀式的行動の増加，睡眠の昼夜逆転を挙げている。我々は，ある行動の途中で動作が止まってしまい，その動かなくなる状態が生活の障害をひき起こすほど長く続く場合をカタトニアと呼んだ方がよいと考えている。カタトニアは10歳頃から発症がみられ，15～19歳に発症頻度のピークとなり，その後徐々に減少していく。

カタトニアには突然起こる場合と徐々に起こる場合がある。また，強迫性障害，トゥレット症候群，気分障害（特に抑うつ状態）などの障害が合併する場合もあれば，ASDの思春期の症状として出現する場合もある。頻度は6％程度とされ，比較的高い。薬物療法としては様々な向精神薬が使われているが，抗精神病薬と

ブロマゼパムの併用がよいことがある。

(5) 診断が特定できない行動障害

　これらの行動障害には，年齢的な特徴がみられる。低年齢では，多動，感覚の異常，極端な偏食，睡眠障害などが目立つ。年長になると，"パニック"（かんしゃく発作），強迫様症状，自傷行為，他害が目立つ。"パニック"は，きっかけがよくわからないことも多いが，こだわりがまわりから破られたり，急激な予定の変更などがきっかけとなることが多い。突然，昔のいじめなどの不快な体験を思い出してパニックになることもある。このような現象はフラッシュバックと呼ばれている。

　ASDの人々では，自己の身体感覚に敏感であったり，鈍感であったりすることはよく知られている。自分の内界を語れるようになったASDの人々では，自分の身体の些細な異常に過度にこだわり，心気的になったり，心気妄想的になったりすることもある。

　またASDでは，いじめられたり，だまされたりする被害者となることが多い。高機能自閉症，とりわけアスペルガー障害の個人では反社会的行動が少なからずみられるが，深刻になることは少ない。

　これらの行動障害に対しては薬物による衝動性のコントロール，認知行動療法や社会的技能訓練など多元的な働きかけがよい効果を発揮することがある。

〈参考文献〉

日本自閉症協会（2004）『自閉症ガイドブック　思春期編』

吉田友子（2003）『高機能自閉症・アスペルガー症候群「その子らしさ」を生かす子育て』中央法規

太田昌孝（1999）「アスペルガー症候群の成人精神障害」『精神科治療学』14（1）

太田昌孝・永井洋子編著（1992）『自閉症治療の到達点』日本文化科学社

5　自閉症スペクトラムの検査

　早期に療育を開始するためには，早期の診断が必要となる。本稿では，1～3歳の幼児期に発達障害を見出して，鑑別し診断するには，どのような検査が必要であるかについて記載する。発達障害の症例をみる上で重要なことは，コミュニケーションの構成要素をどのように把握して評価するか，ということである。このような観点から，諸岡啓一はコミュニケーションの構成要素を分類した（図Ⅰ-1）。

　まず，コミュニケーションを，言語（language）と非言語的手がかりに大別する。言語の中で実際上最も重要なのは音声による言語，すなわち，話し言葉で

```
コミュニケーション
├ 言語 (language)
│  ├ 音声による言語 (話し言葉 speech) ……… 形態，意味など文法面は省略
│  │  ┌ 発語
│  │  └ 言語理解
│  └ 文字による言語 (書字言語)
└ 非言語的手がかり
   ├ ジェスチャー，表情 ………… 対人関係 ，状況判断
   └ 記号，図形 ……………… 視覚認知
```

※遠城寺式乳幼児分析的発達検査法におけるカテゴリーを □ で示した。

図Ⅰ-1　コミュニケーションを構成する要素
　　　　——言語，話し言葉，対人関係などの関係（諸岡，1994）

あり，臨床的に重要なのは，これを表出（発語）と理解（言語理解）の2つの側面に分けて評価，考察することである。記号や図形は視覚認知というカテゴリーに相当しており，知能テストや発達テストの重要な範疇をなしている。図の中で発語，言語理解，対人関係の項目を□で囲んで表示した。この3つのカテゴリーは，遠城寺式乳幼児分析的発達検査法にあり，発達障害を評価する上で重要なコミュニケーションの構成要素である。

(1) 臨床的評価

① 自閉性の評価

まず，自閉性があるか否かを，発達歴や普段の行動，診察所見で判断する。自閉症の診断はDSM-Ⅳ（米国精神医学会，2000）またはICD-10（WHO，1992）の基準に則って行う。

DSM-Ⅳには次のような3つのカテゴリーの障害があり，それぞれ下位項目が示されている。1）対人的相互反応における質的な障害，2）意思伝達の質的な障害，3）行動，興味及び活動の限定され，反復的で常同的な障害。これらについて，発達歴を詳細に聴取して，臨床的な診察を行う。

この基準を満たす場合には自閉症（自閉性障害）とし，満たさないが軽度の自閉性を示す場合は特定不能の広汎性発達障害とする。ICD-10の診断基準も同様である。これらの診断基準は抽象的な表現のためにわかりにくいため，諸岡らは具体的な45の症状を記載したチェックリストを作成した。この陽性の項目数により自閉性の程度が推測できるので，かなり客観的に自閉症の診断が可能となる。

② 精神発達の評価

次に，精神発達の評価を行う。精神発達については発達歴，環境要因を参考にするが，主として現症（診察時の所見），

発達テストにより評価する。ペンローズの仮説（1963）によると，IQ は正規分布を示す。精神遅滞は DSM-IV では IQ が 70 以下と定義されている。IQ が 70（−2 SD）から 85（−1 SD）は精神発達境界とされており，その一般頻度は統計学的には，0.477259（±2 SD 内の面積）−0.34134（±1 SD 内の面積）=0.13591，すなわち，13.591％となり，精神発達境界の頻度は大きいことに注目すべきである。

発達性言語障害とは，言語的知的能力が非言語的知的能力に比較して十分に低いものをいう（DSM-IV）。単語や二語文など発語や言語理解が遅れるが，後に追いつき，ほぼ正常になる。言葉の出現の遅れ（表出性）のみのものと，言葉の理解の遅れ（受容性）も伴うものの2つに分けられる。幼児期における一般頻度は 4〜7％と高く，特に学齢期以前では自閉症，精神遅滞などと鑑別を要する。言葉の理解面の障害がある受容型の場合は，より重度で，多動や注意集中困難を伴うことが多い。この場合，幼児〜学童期に微細脳障害，注意集中困難，学習障害を呈することがある。

1）新版 K 式発達検査法

幼児期の発達検査として，新版 K 式発達検査法は 1〜4 歳という低年齢児に適用可能である。認知・適応発達指数，言語・社会発達指数，全発達指数が示される。これらの指数は，それぞれ，ウェクスラー系の動作性知能指数と言語性知能指数と全知能指数に相当している。

2）遠城寺式乳幼児分析的発達検査法

本検査法は乳幼児期に使用でき，簡便かつ有用である。精神発達，言語発達をみるには，対人関係，発語，言語理解の3つの領域のチェックをする。発語と言語理解の領域が言語の表出面と受容面のレベルを示している。対人関係の項目は自閉症や精神遅滞の診断に有用である。

3）WISC-III 知能検査

学童期の知能検査には WISC-III 知能検査（ウェクスラー小児用知能検査第 III 版）が適している。この検査法では言語性知能指数（VIQ），動作性知能指数（PIQ），全知能指数（FIQ）が示される。PIQ は非言語性知的能力を示しており，VIQ との差が大きければ（15 以上）知的能力内での偏りが大と判断される。

③ 発達検査による精神・言語発達障害の鑑別法

新版 K 式発達検査法の認知・適応発達指数は WISC-III 知能検査では動作性知能指数といわれているものである。動作性指数は非言語的知的能力を示しており，言語遅滞における知的能力の指標となるもので，精神遅滞で低く，発達性言語障害と難聴では正常である。前記の発達検査による精神・言語発達の遅滞の鑑別診断の方法を示した（表 I-6）。

表I-6　発達検査による精神・言語発達障害の鑑別

発達検査法	遠城寺式乳幼児分析的発達検査法			新版K式／WISC-Ⅲ検査法	
診断名／領域	対人関係	発語	言語理解	動作性	言語性
発達性言語障害	正常	遅滞	正常／遅滞（表出型）（受容型）	正常	遅滞
精神遅滞	遅滞	遅滞	遅滞	遅滞	遅滞
自閉症	遅滞（通過不規則）	遅滞	正常～遅滞	正常～遅滞	遅滞
聴覚障害	正常	遅滞	遅滞	正常範囲	遅滞

(2) 医学的検査

　自閉症の原因として明らかな疾患は約20%という見解がある（イルベルイ 1992）。しかし，日常臨床の場では，多くの自閉症で明らかな原因は不明である。その場合は遺伝子が関与している可能性が高い。医学的検査は日常の臨床的な検査と自閉症の発生原因を解明する研究的な検査に分けられる。臨床的な検査には次のような意義がある。1）自閉症の原因の追究，2）臨床的に発作がなくても脳波上発作波を認める疾患であるか否かを明らかにすること，3）次回の妊娠に際して自閉症の発生リスクの推測と遺伝相談，など。

　研究的な検査は自閉症の発生機序や病態生理の解明をめざすものである。これらの検査は患者への侵襲や経済的負担をかけることがあるので，通常の臨床的な検査とは分けて考える必要がある。しかしながら，研究的な検査は検査法の進歩とともに通常の臨床検査に組み入れられていく可能性は高い。

　自閉症スペクトラムの医学的診断と神経学的評価としては，家族歴，在胎期，周生期，出生後の病歴と発達歴，退行現象，脳症の既往，てんかん，うつまたは躁，注意集中障害，易刺激性，自傷，睡眠障害，摂食障害，異食症，などがある。診察すべき項目には，頭囲，神経学的診察，全身の外表奇形，皮膚異常，言語的及び非言語的コミュニケーションの観察などがある。フォークトら（2000）は自閉症スペクトラムに次の検査を行っている。聴性脳幹反応／耳音響放射法，脳波検査（睡眠脳波として3～4段階まで），脳画像検査，血液／尿の代謝／免疫学的検査，染色体／DNA検査（特に遺伝相談，奇形があるとき，重度の知能障害で）。

　米国遺伝医学学会は精神遅滞に関する検査として1997年に次のような基準を提案した。1）本人，家族，医療従事者にとって，カウンセリング，予後，再発リスク，マネジメントに有益であること。2）評価に重要なものは，3世代の家系図，出生前・時・後の経過，小奇形に焦点を当てた全身の診察，神経学的診察，

行動特徴。3）たいていの患者にバンド核型，脆弱X検査を行う。代謝検査は臨床的，身体的所見がある場合に行う。画像MRIは特に神経学的異常，頭蓋の形態異常，小頭，大頭が認められる時に行う。4）検査以外の条件として，しばしば数年間の経過を追うこと。また，同学会は研究目的で行うものとして，特殊行動質問紙，MRI計測，fMRI，SPECT（単一光子放射型コンピュータ断層撮影），PET（ポジトロン放射型断層撮影），事象関連電位，髄液，神経伝達物質，染色体高精度分析，リンケージ解析などを挙げている。

自閉症スペクトラムに行う検査について具体的に述べる。

① 遺伝学的検査

テキサス小児病院の小児発達センターで，5年半における168人の発達障害の児（平均3歳9カ月）について遺伝学的検査の内容を検討した。発達指数が70未満の精神遅滞は全体の66％であった。58％（97人）が染色体検査を受け，6名（6％）が異常であった。その内訳は，クラインフェルター症候群，脆弱X染色体異常，トリソミー21モザイク，トリソミー9モザイク，17p欠失，染色体3の重複／部分トリソミーであった。脆弱X染色体検査では2％に異常が認められた。

マニトバの小児病院での検査でもこれとほぼ同様の結果であった。91人の広汎性発達障害について，精神遅滞は57％にみられ，染色体異常は5％，脆弱X染色体は2％，MRI異常は17％で，テキサス小児病院ときわめて近い頻度であった。

自閉症の染色体異常の中では第15染色体長腕（15q11-q13）が最も多い。特に高解像度染色体検査及び脆弱X染色体の検査は，精神遅滞が除外できない場合，脆弱X染色体症候群の家族歴がある場合，小奇形がいくつか見られた場合などに行うべきである。高機能自閉症のケースでは，高解像度染色体検査や脆弱X症候群の検査で異常が見られる可能性は少ない。

② 代謝検査

自閉症児においてアミノ酸，炭水化物，プリン，ペプチド，及びミトコンドリア代謝に関する先天性の異常は5％以下といわれている。オリヴェイラらの自閉症120人についての検討では，69人に乳酸を測定し，14人は高乳酸血症で，うち11人中の5人がミトコンドリア呼吸鎖の疾患であった。フィリペックらによると，自閉症の一部で乳酸，アンモニア，アラニンが上昇していて，軽度のミトコンドリア機能障害が示唆されており，ミトコンドリア呼吸鎖の先天性代謝異常症の一部が自閉症を来たしている可能性があるとしている。

アルファメチルトリプトファン（AMT）をトレーサーとしたPET検査でセロトニン合成をみたチャンダナらは，左側の皮質でAMTの取り込みが低下している自閉症では言語障害が著明であり，また，右皮質での低下した症例では左利き

か両手利きが多いことを認めており，セロトニン作働系の発達障害が大脳半球の側性化での神経回路の形成障害を来たしている可能性があるとしている。自閉症でしばしば高セロトニン血症がみられるのはよく知られている。ラットにセロトニン作動薬である5-メトキシトリプタミンを使って高セロトニン血症類似の状態にすると，ラットの脳ではセロトニン終末の脱落がみられ，皮質での代謝活性が低下し，皮質のカラム（円柱）発達が異常になり，セロトニン受容体が変化して，自閉症様の行動を示した。このことからホワイティカー＝アズミティアらは，胎生期には血液脳関門が未完成で血中のセロトニンが胎児の脳に入り，ネガティブフィードバックによりセロトニン終末の脱落を来たしたと考察している。

③ 脳の形態異常

ベイリーらの神経病理学的研究では，自閉症の6例中4例で巨脳症がみられ，4例で皮質の異常所見がみられた。脳幹，特に下オリーブ核で発達異常がみられ，プルキニィェ細胞は成人例のすべてで減少しており，一部で線維増生を伴っていた。

MRI検査について，フォークトらによると，自閉症の5分の1の症例に行い，うち12％で異常であった。その所見としては，灰白質の部分異所発生，右側海馬萎縮，背側小脳の髄液腔拡大，両側小脳扁桃の異所発生であった。マニトバの小児病院におけるMRIでの異常所見は17％で，フォークトらと類似の頻度であった。

クールシェヌらはMRI検査で86％に小脳の低形成，12％に過形成を認めており，小脳虫部小葉には2つのタイプがあると述べている。また，彼らは上オリーブ核の欠損，顔面神経核の形成異常，プルキニィェ細胞の減少，脳幹と小脳後部の低形成，扁桃核と内側隔の内側，皮質，中心核の神経細胞密度の増加を認めた。胎生5週頃にこれらの異なったニューロンの神経発生が起こるので，この時期を自閉症における"脆弱期"と考えた。顔面神経核と上オリーブ核がほぼ完全に欠損していて，菱形体と下オリーブ核との間の距離は短縮している症例の報告もある。

ボーマンらは，すべての症例に一致して，大脳辺縁系，小脳，下オリーブ核の異常を認めた。辺縁系，海馬，梨状葉で神経細胞の大きさが小さく，全年齢で細胞密度が大であり，これらは発達異常を示唆している。小脳については，小脳半球の後下部のプルキニィェ細胞の数が著明に減少していた。ブローカ野の対角帯の垂直脚，小脳核，並びに下オリーブ核に，年齢により異なった所見がみられた。若年の自閉症では異常に拡大した多数の神経細胞があり，成人の自閉症では数が減少していて，小さく，淡かった。これらの所見からは年齢とともに自閉症の脳は変化していることが疑われた。また，斉藤らは，自閉症59例での歯状回の面積は2歳から42歳まですべての年齢で正常対照に比べて有意に小さかっ

と報告している。歯状回などの大脳辺縁系は記憶、社会性、感情などの機能を中継する場所であるので、大脳辺縁系の形態異常がみられたことは興味深い。

④ 脳　波

自閉症では3分の1以上の症例でてんかんを来たすとされている。アンジェルマン症候群では15番目染色体長腕11-13（15q11-13）上のいくつかのマーカーが存在していて、自閉症でも15番目染色体に異常を認めることがあり、共通点がある。15番目染色体のこの部位は自閉症でしばしば重複、逆位となっており、てんかんを来たす可能性のある部位でもある。自閉症で異常所見がある部位の1つに海馬を含む側頭葉があるが、これはてんかんの発生部位でもある。自閉症のてんかんの発作型は全身性強直間代発作、複雑部分発作が多いが、他に非定型欠神もある。

けいれん発作がなくても脳波上発作波があると認知障害を来たすことがある。中心部・側頭部に発作波が頻発している良性部分てんかんでは発作の頻度が稀でも認知障害を来たす場合がある。また、けいれん発作がないが徐波睡眠期に脳波上発作波が頻発している徐波睡眠期の電気的けいれん重積状態（ESES）は認知、言語、行動障害を起こす。両側の中心部－側頭部（シルビウス溝周辺）に発作波があり後天的に失語を来たす疾患はランドー＝クレフナー症候群と呼ばれている。この中の4分の3ではけいれんも伴っている。

以上から、言語遅滞と認知障害を来たす疾患として、自閉症、徐波睡眠期の電気的けいれん重積状態（ESES）、ランドー＝クレフナー症候群がある。したがって、自閉症が疑われる場合には脳波検査、特に睡眠脳波検査を行い、ESESやランドー＝クレフナー症候群を除外する必要がある。

聴覚障害に関して、自閉症と聴覚障害を鑑別するために、また、自閉症に合併した聴覚障害を見出すためにも、聴性脳幹反応検査または耳音響放射法検査を行うべきである。聴性脳幹反応は脳波検査の際に施行可能である。

6　自閉症治療概論

自閉症の定義や診断分類はどれも、コミュニケーションの問題と社会的行動の困難を重視し、その上に興味や関心が狭く限局された強迫的・常同的・儀式的行動に終始しがちなこと、さらに想像性の弱さや欠如を指摘している。

したがって治療的対応となると、その過程は多様に試行されても、最終的には

それらの症状，状態，行動等の発達や改善に焦点を当てるというのが一般論で，そうしながら日常生活への拡大を図り，援助していくということになる。

しかし一方では，自閉症の障害，特性，文化の基盤や背景には，母親ないし母親的な養育者に対する愛着形成の未熟性や欠陥があるとする考えがあり，治療の第一歩は愛着（アタッチメント）の確立以外にないとする臨床者や研究者もいる。

(1) 精神・心因性を重視した治療論

過去1970年代の初め頃までは，自閉症の原因について，母親やその他の養育者が拒否的，攻撃的な誤った育児をしたためとする考え方をする臨床者は少なくなかった。「子どもに対する怒りと拒否」(Bettelheim, B. 1959, 1967)，「母親の攻撃的な衝動に対する子どもの不安と母子間のコミュニケーション障害」(Clerk, G. 1961)，「精神障害の両親によって，子どもが感情的に圧倒された状態」(Rosenberg, L. et al. 1964) 等の考え方は，その代表的なものである。

このように自閉症の「自閉的行動」が精神分析的に解釈された場合には，その治療は養育者に対する子どもの不安，不信，拒否などを意味する「心を閉ざした」情緒障害に焦点を当てて実施された。現在も残る学校教育現場の「情緒（障害）学級」や，日本自閉症協会の機関誌が昨(2004)年まで「心を開く」という誌名を用いていたこと等は，その余韻である。

両親の養育が攻撃，拒否，怒りに象徴されるものと考えられたために，その治療はそれへの代償として「非指示と絶対受容」による方法が試行された (Bettelheim, B. 1967)。また母親に対する信頼と愛着を徹底的に形成することが基本要件とする考えから，それが回復するまでは母子一体でいる以外の環境は避けるべきだという治療原理も採用され（田口恒夫 1974），家庭内で母子密着状態でいることが奨励されて，極端な場合にはすべての治療・教育施設に出向くことが禁止されることがあり，しかも予後に対する予測も楽観的であった（鈴木弘二 1980）。

しかし親の養育態度と自閉症の成因との間には，何も因果関係がないとする知見が集積されて，その後の臨床実践や報告は次第に消褪してきた。

(2) 精神療法／精神分析的治療

自閉症の双生児で一卵性と二卵性とでは，同じ親が育てているにもかかわらず，自閉症の一致率はあまりにも差異が大きい。また，成長に伴ってんかんの合併率が高率になってくる。さらに実際に親から虐待を受けるほどの不適切な養育を受けた子どもの症状や行動が，自閉症とは明瞭に異なること等も，自閉症の原因を親に帰すことができないとする結論を決定的にした(Rutter, M. 1985, Ornitz, E.M. et al. 1976)。

さらにそれ以前から近年に至る過程で，一般健常児と種々の障害児（自閉症，知

的障害，その他の脳障害）の両親を，子どもの年齢，性，出生順位，人種，家族の経済状態等，厳密に統制された対照群として選定して，養育態度，パーソナリティ，その他詳細な行動観察を実施した研究がある。その結果にも，自閉症児の親の養育態度や性格傾向には，他と区別される差異や病理所見などは発見されていない（DeMyer, M.K. et al. 1972, Cantwell, D. et al. 1978, Rutter, M. et al. 1987）。

このように両親の養育の不適切さが自閉症の原因ではないことが明瞭になっても，治療原理や方法の本質を変更しない臨床者や研究者がいる（小林隆児 1998, Alvarez, A. et al. 1999）。あらゆる治療・教育的対応の前提として，母親ないし母親的な人との愛着形成が不可欠とする原理，あるいはそれを前提にしなければ健全な発達や人格形成はないとする考え方である。その原理はまた，自閉症者も「われわれと同じようにライフサイクルにそった情緒発達を遂げていく」という認識に基づいている（小林 1991）。

精神分析的手法による精神療法を重視する臨床者や研究者は，近年少数派になっているが，世界的に広範囲に分布・存在する。その代表的なものは，英国のタビストク・クリニック（Tavistock Clinic）の人たちである。

納富恵子（福岡教育大学）によると，この立場をとる代表的存在であるオックスフォード大学の臨床心理学者リチャード（Richerd, J.）が企画運営する自閉症セミナーでは，タビストク・クリニックのグループは継続的に重要な役割を担っている。治療的立場を異にするロンドン大学精神医学研究所のハッペ（Happe, F.）たちも，教育講演や分科会討論に招かれているという。タビストク・クリニックの Autism Workshop のグループは，自閉症の原因を親の養育態度に帰してはいないようである。しかし，たとえ親や家族が原因の一部をさえ担っているとはいえなくても，自閉症者の人格（パーソナリティ）形成には，親や家族の役割を非常に重視するという立場をとっている。

また，両親や家族が自閉症児をもったということでひき起こされる，自閉症児を含めた家族間の心的外傷を治療的に解決するということも，彼らの原理や方法で入念に対応する。しかし彼らの治療原理に働くところは，あくまで自閉症者の発達や人格形成を，精神分析の原理と手法によって達成するというものである。彼らは自閉症の背後にある「子どもの自閉症ではない部分」を両親に気づかせたいし，子どもには傷ついて絶望的にさえなってしまっている「親の元気な健康なところ」を見つけさせてやりたいというものである（Alvarez, A. et al. 1999）。

当然のことであるが，精神分析的な原理や手法は，かつて親の養育の誤りが自閉症の原因になっていると理解した頃の方法とは，大きな変換を迫られている。

現在も精神療法を主張し実践する臨床者の認識には，1970年前後の自閉症の言語・認知障害説以来，自閉症の障害や

特性をすべて脳の器質的障害の中に求めて検討や対応をしようとする態度への強い批判がある。そのような認識や態度だけでは，理解できない自閉症の人の精神心理的な問題や苦悩など，精神内界を無視しすぎているのではないかという危惧がある。

杉山登志郎（1992,1998）は，過去の心理療法や遊戯療法が成果を上げなかったことを指摘しながらも，一方で今日，器質的障害が明らかな自閉症児にも優れた精神療法（村瀬嘉代子 1981,1990）があり得ることを紹介している。

しかしそのことはまた，症例と治療者が希有な巡り合いをしなければ成立し難いことを強調して，改めて今日の自閉症理解に基づいた精神療法の方法と意義を検討しようとしている。石井哲夫（1995）がめざす「受容的交流療法」にも，同様の主張が込められている。とはいえ今日，新たな原理や視座をもって再出発したかの感がある精神療法の長期的な予後や展望に立脚した意義は，まだ第三者による検討も確認もされてはいない。

(3) 行動療法

古典的な精神分析的治療や心理治療が，長期予後の観点から，満足すべき成果を上げているという確証はない。希望的推測のもとに，長い年月にわたって世界各地で続けられてきたが，一部の熱心な臨床者や研究者を除いて，この20年の間に実践者の大多数が撤退していった。ベッテルハイム（Bettelheim）の居住型治療施設やメイヨー・クリニック（Mayo Clinic）は，閉鎖された象徴的存在であった。

精神分析的心理治療の衰退と相前後するように，1960年代に入ると精神療法への反作用のように台頭したのが，学習理論や行動変容理論に基づいた行動療法である。その代表的なものがオペラント法で，学習理論を基盤にして，好ましい行動を学習によって増やし，好ましくない行動を減少させようと試みられた（Eysenc, H. 1960, Lovaas, O.I. et al. 1965, 1973, Yule, W. 1972, 1985）。期待された好ましい行動には報酬や励ましが与えられ，好ましくない行動には罰，無視，嫌悪刺激を与えるという原理と方法に基づいて実施された。

臨床者の意欲は当初，自閉症児の問題行動や不適応行動に向けられ，攻撃，自傷，かんしゃく等の行動改善や消去に成果が報告された（Wetzel, R.J. et al. 1966, Wolf, M. et al. 1967）。その後，治療視野は不適応行動の解消から，言語発達を含めて多様な領域の行動学習をめざすことになり，言語や対人関係に発達の成果が報告された（Lovaas, O.I. 1966）。しかし，やがてこれらの治療効果は短期的なもので，治療が中断されると維持されにくいことが確認されることになった（Lovaas, O.I. et al. 1973）。

我が国でも行動療法の専門家は少なくない。1970年代に入る頃から，臨床実践や研究の報告は次々になされている（梅津耕作 1975, 中野良顕 1996）。

自閉症行動療法の世界的第一人者はロバース（Lovaas O.I.）で、治療と研究の計画を次々に発案・実践し、成果や業績の報告を続けたが、それに批判的な臨床者（Schopler, E. et al. 1989）との論争（Lovaas O.I. et al. 1989）はよく知られている。

例えばロバースの報告（1987）では，治療を受ける自閉症児は大学院生によって，毎週40時間の集中的な行動療法による訓練を受けるように要求される。その結果，高率で普通学級での「正常な機能（normal function）」が可能になり，普通科目で学習することができる生徒を生み出したという。

ところがそこで報告されている生徒たちの知能指数が高いことから，まず症例の選択に問題があること，次いで普通学級で学習できるということで，あたかも自閉症が治癒ないし全快したかのような「正常機能」という表現を用いることが許されるものか，さらに毎週40時間という治療を要求して，子どもや家族に多大な時間的・経済的負担をかけることが許されるものか，長期的に見ても本当にその負担に見合う成果といえるものなのかという疑問が提起されたのである。

追跡調査の結果では，入院中に見せた発達や改善は，退院後の家庭内や一般社会では継続されなかったという。疑問や批判はその後も引き続き噴出している（Feinberg,E. et al. 1997, Dawson,G. et al. 1997）。

(4) 神経心理学の観点からの治療／教育

現在，自閉症が治癒，全快，解消したという事実は報告されていない。だから自閉症の状態で，どのような日常生活や生涯を送るか，その生活や生命の質（quality of life：QOL）のあり方を問いかけながら，発達と適応を援助するのが，現在の治療の主流である。

そこで，自閉症に共通する神経心理学的特性を理解しなければならない。

① 視覚優位性

自閉症者の多くは，視覚的，具体的，個別的な事象や概念には意味を見出しやすく，優れた記憶力を発揮するが，抽象的，表象的なことは意味・概念になりにくい。ウィング（Wing, L.）が指摘したように，彼らは想像力を働かせることが困難である。高機能自閉症者として世界的に高名なグランディン（Grandin, T. 1995）は，自分が「言葉ではなく，絵で考える」といい，「視覚を通して考えるように生まれついた」と告白している。

② シングルフォーカス／モノトラック

自閉症の人が示す関心，意識，認識の視野の狭さと，それへの照度の大きさも特異な特性である（Hart, C. 1993）。

金槌を見せられても，最初から全体が見えるわけではなく，まず鉄の塊だけを目にとめて，次いで木の棒が横たわっていることに気づき，その後両者がつながっていることを知る。金槌の全体像や，そ

れがカナヅチと呼ばれることがわかるのはその後である，と言った高機能自閉症者がいた。先述のグランディンも，1枚の白い紙を見た時，自分は表面の滑らかさ，白さ，薄さ，それから四角い形ということを，それぞれ別々に順次読み解くようにした後で，やっと白い四角い紙という認識に至るのだという。

ウィリアムス（Williams, D. 2000）は同席したセミナーで，自分は話をしながら，それを自分で聞き続けていることはできない，一度に複数の感覚を機能させることはできないと訴えて，聴衆を驚かせた。

これらの自閉症の特性は，同時総合機能の障害ともいわれるものである。

③ 発達過程の特異性

母子間の愛着や情緒発達の問題を治療の優先課題であると強調する臨床者や研究者（杉山1998，小林1998）は，自閉症の発達順序・過程が一般の人と変わらないことを強調するが，例えば自閉症児が話し言葉を覚え始める前に文字を理解することがあることは，よく知られている。

さらに一般の子どもと違って，言語理解が表出に先行するとは限らないことや，常に表出よりも理解が優れているとはいえない事実は，1970年代から自閉症児の詳細な観察によって明らかにした研究者も少なくない（Goldin-Meadow, S. et al. 1976, Chapman, R. et al. 1975, Watson, L. et al. 1989）。

今日，高機能自閉症者の中に，話すことよりも相手の話を理解し聞くことの方が苦痛だから，相手の話を遮るために，自分の方から一方的に話し続けるという人に出会うことが時々ある。

さらに言語理解を発達させても，それが直接表出機能に発展することはないし，表出からは想像できないほど理解機能が低い事例が少なくないことも，すでに1970年代からよく知られていた（Guess, D. et al. 1973, Miller, M. et al. 1977, Cantwell, D. et al. 1978, Lord, C. 1985）。心の理論の発達にかなり特異的障害をもつことも，自閉症の発達過程や様相の特異性を示すものである（Happe, O. 1994）。

このように自閉症児の学習や発達の過程は，反響言語の頻度や持続期間の長さなどを含めて，一般の子どものコミュニケーションや社会性の発達パターンとは顕著な相違を示すものである。

④ 発達領域の不均衡

自閉症と発達や適応の不均衡ということについても，従来よく観察や研究がされてきた（Lord, C. et al. 1980, Koegel. R.L. et al. 1982）。自閉症児は一般に，視覚的記憶，機械的・具体的記憶や理解，物理空間的属性の理解や機能はよいが，象徴，表象，抽象，想像，手段－目的関係，社会性などの機能に広汎な発達障害がある。その結果，当然といえるが，自閉症者は予測が困難な社会的刺激・情報に強い不安や恐れ，嫌悪，混乱，拒否を示すのに対して，予期することができる日常的・習慣的な非社会的状況には大きな愛着，親和，安定，適応を示す。

⑤ TEACCHプログラム・モデル

環境に適応するためには，環境の多様

な情報を統合して,文脈の中でより高次の意味や概念を構成(中枢性統合 central coherence)する情報処理過程をもたなければならない。しかし近年,自閉症では前頭前野を中心にこの過程を統合する機能(実行機能)に障害や混乱のあることが,改めて議論されることになった。

その情報処理過程に,上記のような神経心理学的障害をもつ自閉症者は,環境のもつ刺激や情報の意味づけに,様々な混乱を示すことになる。TEACCHはその障害や混乱を防ぐために,環境のもつ学習や生活の場の刺激や情報を調整して提供する。

その際に用いられる基本原理が「視覚的構造化(visual structuring)」といわれるものである。自閉症者個人の機能に合わせて,学習や生活の場における刺激や情報のすべてを調整(バリアフリー化)しながら,適応機能の発達・向上を支援していく。

構造化を例示すると,同一の場を多目的に用いると意味を失って混乱してしまう自閉症児には,学校の教室に物理的な仕切りを用いて,一つの場は一つの活動目的に限定して提供することで,場・空間の意味を理解しやすくする。

予期しないことに出会うことを防ぐために,スケジュールは個人の活動や理解力に合わせて必ず予告的に提示する。コミュニケーションのために,必要ならば補助的な文字,絵,写真などのカードを併用する。

このような支援はごく一例である。個人の機能に合わせて,多様な構造化の方策を創意工夫しながら,必要な支援を生涯にわたって継続していく。その目的は個人がそれぞれ自立的な学習や生活をしていくことにある。高機能自閉症の人,低機能自閉症の人それぞれに,多様な内容や水準で自立的な生き方ができるように支援する。

TEACCHプログラムの創設者ショプラー(Schopler, E.)を引き継いだメジボフ(Mesibov, G.)は,TEACCHプログラムの基本理念は,「自閉症の人々と意味のあるコミュニケーションをしながら共生すること」だという。

〈参考文献〉

佐々木正美(2001)「21世紀自閉症の治療が収斂してゆく方向」高木隆郎・M.ラター・E.ショプラー編『自閉症と発達障害研究の進歩』5,日本文化科学社

7 自閉症と薬物治療

(1) はじめに

　自閉症がカナーらによって初めて報告されてから，その本質については様々な考え方がある。統合失調症の幼児型とされたことや，心因論的な説明が中心になったこともあった。治療については，遊戯療法，心理療法などが重視され，薬物治療は副作用ばかりが指摘され，否定的な時代もあった。

　ラターやオーニッツらにより，何らかの脳機能障害の存在が指摘されて以来，自閉症児がもつ言語認知の障害，感覚の過敏，集中力の欠如，視覚・聴覚の乖離などが注目されるようになってきた。これらから生じると考えられる変化への抵抗，スケジュールの障害，コミュニケーションの障害，瞬間想起現象，あるいは社会的スキルの習得障害に基づく行動上の問題が，いわゆる"自閉的"という印象につながっていたと思われる。自閉症の原因そのものが特定できない現在，治療の中心は訓練・指導・教育となり，言語機能の改善を始めとする社会的スキルの獲得がめざされている。同時に社会的に好ましくない行動パターンの除去も目的とされ，薬物はこのための手段として使用されることが多かった。

　近年は，かつてアスペルガーが"自閉的精神病質"と報告した例に近い，知的障害を伴わない広汎性発達障害の受診者が医療場面では増加している。これらの人々は，表面的には大きな問題を抱えているようには見えないが，対人関係や社会性の障害を抱えており，特に思春期以降に精神症状を来たしたり，周囲が理解に悩むような行動を呈することがある。薬物治療も，これら幅広い症状・問題を対象とする必要がある。

(2) 自閉症の薬物治療の現状

　仮説に基づいた原因を標的としたいくつかの自閉症の治療薬があるが，実用化されているものはない。二次的症状に対しては向精神薬が用いられているが，自閉症に対する保険適用が認められているのは，ピモザイド（商品名「オーラップ」）のみである。

① 原因を治療しようとする薬物
1）フェンフルラミン
　知的障害や精神症状を伴う自閉症児の血中濃度を調べると，脳内の神経伝達物質であるセロトニンの濃度が変化している（多くは増加）ことが報告されていた。これに基づき，血中のセロトニンの高値が自閉症の本質だとする仮説によりフェ

ンフルラミンの投与が北米を中心に行われた。この物質は神経末端のセロトニンを枯渇させるとされており，初期の報告は有効という報告が多かったが，多施設における大規模な検討が行われる中で否定されていった。日本国内では検討は行われなかった。

2）ビフェメラン

以前から使用されていた痴呆の症状を改善する抗痴呆薬は，脳代謝賦活薬と脳循環改善薬に大きく分けられる。前者には脳酸素消費を増加する，ホパテン酸（商品名「ホパテ」）などの脳代謝改善薬と，シナプス結合部に作用して神経伝達機能を改善する，ビフェメラン（商品名「アルナート」）などがある。ホパテン酸はけいれん準備性を高めることに留意すれば，自閉症の多動などに一定の効果を示したが，栄養障害のある高齢者に使用した場合，急激な血糖値の低下を来たすことが報告され，使用されなくなった。ビフェメランはセロトニン含量低下を抑制するとされており，脳内セロトニン低下が予想される疾患群では，一定の効果が期待された。小児の服用しやすいドライシロップ製剤が開発され，自閉症児の多動，注意力低下，対人関係・社会性における行動異常の改善などが検討された。国内の少数例の検討では多動に対する有効性が指摘されたが，自閉症の全般的改善は示されなかった。

3）テトラヒドロバイオプテリン（R-THBP）

R-THBPはフェニルアラニン水酸化酵素，トリプトファン水酸化酵素，チロジン水酸化酵素などの作用に不可欠な補酵素であり，これらの欠損症では，フェニルアラニンが増加し，セロトニン，ドーパミンやノルアドレナリン（カテコールアミン類）が顕著に減少する。未治療だと自閉症状を呈するフェニルケトン尿症（PKU）のうちで，低フェニルアラニン療法に抵抗性の症例が見つかり，これがフェニルアラニン水酸化酵素の補酵素であるR-THBPの欠損によるものであることがわかった。自閉症児のアミン合成能低下を推測し，R-THBPの投与が行われ，少数例の検討では有効性が確認された。その後国内の多施設における多数例の二重盲検試験が行われたが，最終的に有意差が認められず，発売には至らなかった。

4）ℓ-ドーパ

自閉症児におけるドーパミン代謝については，尿中や髄液中で，代謝産物であるホモバニリン酸（HVA）が上昇しているという報告が多かった。脳内のカテコールアミンの代謝低下仮説に基づいて，ドーパミンの前駆体であるℓ-ドーパの投与が行われた。低年齢児では，自発性，積極性の増大や多動の改善報告がされた一方で，一部の症例では，刺激症状，不眠，消化器症状等が出現した。0.5〜1mg/kg/日の投与で有効とされる例がある一方で，3〜4mg/kg/日で効果があったとする報告もみられた。この改善が用量と関係している事実を，ドーパミン受容体の後シナプス過敏症と結び付けて，少量で過

剰活性の鎮静化，大量で受容体の刺激と考えられた。

5) 5-ヒドロキシトリプトファン(5-HTP)

自閉症児，対照者に重水素標識したトリプトファンを経口投与し，血漿中に取り込まれた標識アミノ酸と代謝産物を経時的に測定し，腸管から血中への取り込みに異常があること，正常対照者では，投与された標識トリプトファンは，血中にではなく，早急に尿中に代謝されて排出されることがわかった。脳内におけるセロトニンの代謝回転が遅れているという仮説に基づいて，セロトニンの前駆体である 5-HTP が投与された。光学的に純粋な 5-HTP の合成が難しいこと，てんかん惹起性が予測されることなどから実用化されなかった。

6) その他

自傷行為の多い自閉症児には，痛覚に関する内因性のオピオイドの過剰仮説が提唱された。内因性のオピオイドが過剰なため痛覚が鈍くなっていると考えて，米国を中心に，オピオイドの拮抗薬であるナロキソンが投与されたが，有意な効果は得られなかった。

重金属の過剰が仮定され，これらを改善するために金属イオンと結合するキレート剤が米国で投与された。通常のキレート剤は脳内に取り込まれないため，脂質に結合したものが使用された。キレート剤は特定のイオンにのみ結合するわけではないので，生体に必要なイオンまで排出してしまうため，これらイオンの補充が必要となる。

いずれにせよ，仮説が正しいという前提においてこれらの薬物の効果は期待されるわけであり，現在のところ可能性を追求することにしかならない。

② 二次的な症状を治療しようとする薬物
（表Ⅰ-7参照）

自閉症に付随して生じる二次的症状の治療も行われている。これらの症状の中には，環境の調整や対応の変更により改善するものもある一方で，薬物による治療が中心になることもある。この場合の薬物治療は，必然的に対症的な治療となる。

1) 精神症状について

幻覚・妄想などの精神症状に対しては，薬物治療が第一選択となる。知的遅れを伴わない自閉症やアスペルガー障害では，思春期以降になり，自分が他者に受け入れられないことや，周囲が自分を理解してくれないことで被害的になり，時には幻覚・妄想様の訴えをすることがある。統合失調症の幻覚・妄想と比較すると，幻聴だけでなく幻視も伴うこと，内容に願望充足的なものがあること，妄想の内容が拡散しないことなどが特徴である。多くの場合，抗精神病薬が使用される。

主として思春期以降に生じる気分の変動にも，重度な場合は薬物治療が第一選択となる。いわゆるうつ病と比べると，周期の短い気分の変動が目立ち，うつだけでなく躁もみられるのが特徴である。多くの場合，気分安定薬や抗うつ薬が使用される。

表 I −7 付随する症状(太字は薬物治療が適用になることがある症状)

① **気分の変動**(躁状態:多弁,多動,不眠,全能感;抑うつ状態:行動緩慢,食欲低下,身体症状;性周期並行気分変動)
② **幻覚妄想**(幻聴,幻視,幻臭,幻味)
③ 神経症・心身症様行動(消化器潰瘍:潰瘍,十二指腸潰瘍;脱毛:円形脱毛,悪性脱毛;抜毛,蕁麻疹,斜頚)
④ **不登校**(登校困難,教室外登校,引きこもり)
⑤ **多動・集中困難**(着席困難,離室,集団参加困難,学習上の集中困難)
⑥ **固執・こだわり**(反復行動,儀式的行動,行動停止,スケジュール障害)
⑦ **衝動性**(パニック:泣き叫び,跳びはね,転げまわり)
⑧ **乱暴・他傷**(器物破損,叩き,引っ掻き,爪立て,嚙み付き)
⑨ **自傷**(頭突き,頬たたき,抜歯,外傷反復,瘡蓋はぎ,失明)
⑩ チック(運動,発声,汚言)
⑪ **睡眠の障害**(不眠:入眠困難,中途覚醒,早朝覚醒;睡眠覚醒リズム障害;随伴障害:夜驚,悪夢,夢中遊行)
⑫ **摂食の障害**(異食,偏食,拒食,反芻)
⑬ 排泄の障害(遺尿,夜尿,便失,便こね,便秘)
⑭ 言語の障害(言語喪失,独特の抑揚,緘黙,聴覚障害,吃音)
⑮ 性的問題行動(自慰行動,触法行為,公序良俗に反する行動,性同一性障害)
⑯ **てんかん発作**(大発作,小発作,レノックス型)

これらの症状に使用される抗精神病薬や気分安定薬は,統合失調症や気分障害に使用される量よりも少量で有効な場合が多い。効果は症例によって大きく異なっており,使用量も必ずしも一定しない。

2)行動上の問題について

行動上の問題が生じるのは,知的障害のある場合の方が多い。本人が言語化できない場合もあるが,本人なりの理由があっても,周囲が理解できないことが多い。理由がわかればこれを解決することが第一選択になるが,理由がわからない場合や解決できない場合は薬物治療の対象になることがある。

固執・こだわりについては,抗うつ薬が使用されるが,最近は SSRI(選択的セロトニン再取り込み阻害薬)がよく用いられる。随伴する不安・焦燥には抗不安薬が,固執が激しく衝動性を伴う場合は抗精神病薬も使用される。

衝動性,乱暴・他傷,自傷などには抗精神病薬が用いられるが,最近は副作用の少ない非定型と呼ばれる抗精神病薬が中心である。

摂食障害には,抗うつ薬や食欲改善薬が,不登校も抑うつや不安・焦燥が激しい場合は,抗うつ薬や抗不安薬が用いられる。多動・集中困難には中枢神経刺激

薬が使用されることがあるが，多動性障害ほどの効果はない。

3）その他

てんかん発作は通常の子どもより発生率が高いことが知られており，思春期を中心に生じる。自閉症に特異的な発作型はないが，脳波を調べることで発作の型を確認し，これに合った抗てんかん薬を使用する，使用に際しては血中濃度を測定しつつ，種類や用量を調節する。

睡眠障害も，根本の原因を改善することが重要だが，不眠の内容により薬物が選択される。入眠が難しい場合は就眠薬が使用され，中途覚醒や早朝覚醒がみられる場合は睡眠薬が使用される。睡眠覚醒リズムに問題がある場合はビタミンB_{12}が使用されることがある。

チック障害については，ドーパミンの活動亢進が推測されており，症状が重篤であったり，運動・発声の両方にまたがっている場合は抗精神病薬の使用が一般的である。

③ 実際に使われている薬物

1）抗精神病薬

統合失調症の治療に使用されており，脳内の神経伝達物質であるドーパミンの作用を低下させることが知られている。興奮・攻撃性に対する即効的な効果，幻覚・妄想の抑制に用いられていた。自閉症では，不安や攻撃性を減少させて，社会適応を高めて，学習などを容易にさせる効果がある。一方で，副作用にも注意する必要がある。短期の副作用としては，錐体外路症状（眼球上転，舌突出など）や，自律神経症状（目のかすみ，喉の渇きなど）などがあり，副作用止めとして抗パーキンソン病薬が必要な場合もある。長期的には体重増加，プロラクチンの増加による症状なども認められる。抗精神病薬は，衝動行為など放置しておけない症状に対して即効性があり有用である反面，使用量や服用時間がうまく設定されないと，過鎮静，眠気などが生じることが知られている。特に米国では，抗精神病薬などによる不可逆的な遅発性ジスキネシアの報告も多く，自閉症児への抗精神病薬の使用は減少傾向にある。以上のことから，これまでの薬物，特に抗精神病薬のもっていた不快な副作用を有さず，少量で効果があり，長期投与が可能であり，副作用が少なく安全な薬物として非定型の抗精神病薬が使用されるようになっている。

薬物の構造からフェノチアジン系，ブチロフェノン系，ベンズアミド系，非定型などに分けられている。フェノチアジン系にはクロルプロマジン（商品名「コントミン」），レボメプロマジン（「ヒルナミン」），プロペリシアジン（「ニューレプチル」）などが，ブチロフェノン系にはハロペリドール（「セレネース」），ブロムペリドール（「インプローメン」），ピモザイド（「オーラップ」），チミペロン（「トロペロン」）などが知られている。これらは副作用を防ぐために，同時に抗パーキンソン病薬を使用するのが通常である。

ベンズアミド系としては，スルピリド（「ドグマチール」），スルトピリド（「バル

ネチール」）などがある。スルピリドは抗うつ作用もあり，副作用が少ないため使用しやすいが食欲の亢進による体重増加がみられる。最近は，リスペリドン（「リスパダール」），オランザピン（「ジプレキサ」），クエチアピン（「セルクエル」）などの非定型と呼ばれる抗精神病薬が発売され，副作用が少ないため使用量が増加している。抗パーキンソン病薬が不必要な場合もあるが，オランザピン，セロクエルでは，血糖値の増加が懸念されている。

2）抗うつ薬

本来はうつ病の治療薬であり，脳内伝達物質のセロトニン，ノルアドレナリンを介して作用すると考えられている。最近 SSRI（選択的セロトニン再取り込み阻害薬）を中心に，強迫性障害への効果が指摘されており，自閉症児が示す"こだわり"への効果も報告されている。

構造から，三環系，四環系，SSRI などに分けられる。三環系にはアミトリプチリン（「トリプタノール」），イミプラミン（「トフラニール」），クロミプラミン（「アナフラニール」）などがあり，睡眠段階への作用があるため，夜尿の治療に使用されることがある。副作用としては，自律神経症状やてんかん準備性が知られている。クロミプラミンは SSRI 作用があることが知られており，以前から"こだわり"治療に使われていた。

最近発売された SSRI には，フルボキサミン（「ルボックス」），パロキセチン（「パキシル」）などがある。抗うつ作用もあるため気分の高揚がみられることがあるが，従来の抗うつ薬に比べて副作用が少ない。

3）気分安定薬

躁とうつの両方の症状を呈する双極性気分障害などの治療に用いられていたが，自閉症児のもたらす気分の変動にも使用されることがある。もともと抗てんかん薬として使用されていた薬の多くは気分安定作用があることが知られており，カルバマゼピン（「テグレトール」），バルプロ酸（「デパケン」）などが使用される。抗躁薬である炭酸リチウム（「リーマス」）にも同様の作用があり，眠気がないため使用しやすいが，中毒症状が出るため，過剰にならないよう注意する。

4）抗不安薬

二次的な不安への使用が中心となる。不安だけでなく，薬物によっては就眠，抗けいれん，筋弛緩などの作用がある。ジアゼパム（「セルシン」），ブロマゼパム（「レキソタン」）などは，自閉症児が示す，いわゆる"パニック"に有効なことがある。

5）抗てんかん薬

てんかん発作を治療せずにおくと，知的水準がさらに低下することが知られている。可能であれば脳波を調べ，けいれん発作の種類を特定して，これに最適な薬物を投与する必要がある。硬直・間代性の発作（大発作）では，フェノバルビタール（「フェノバール」），フェニトイン（「アレビアチン」），バルプロ酸などが，意識消失発作（小発作）ではエトサクシミド（「ザロンチン」），精神運動発作ではカルバマゼピンなどが使われる。

てんかん発作が生じた時は，フェノバルビタールやジアゼパムが注射されるが，最近はジアゼパムの座薬（「ダイアップ」）が便利である。抗てんかん薬は血中濃度の測定が可能なため，血中濃度と脳波を比較しながら使用する。

6）中枢神経刺激薬

覚醒水準を高めるとされ，注意欠陥／多動性障害の多動・集中力低下の改善に有効例が知られている。日本国内では，メチルフェニデート（「リタリン」）が使用されており，自閉症の一部にも有効な例が報告されている。弱いが覚醒作用があるため，慎重に投与する必要がある。

(3) おわりに

発達障害の治療において，長らく薬物治療は軽視されていた。「行動異常の多くは心因性である」「対症的治療に頼るのはよくない」「薬物治療が薬物乱用に陥る可能性がある」などの理由であった。成人と比べると，小児の場合は，成長や発達を考える必要がある。薬の効果も成人と小児で異なる点があると考えられる。

表Ⅰ-8に示したように，薬を投与する際には，いくつかの過程が必要である。

表Ⅰ-8 薬物治療の実際

診断と状態像の確定	言語・社会性などの発達の遅滞が問題なのか 多動・癇癪などの行動上の問題なのか
身体医学的検索 （EEG, CT, MRI など）	けいれん準備性有無（脳代謝賦活剤） 器質性疾患の有無
臨床心理学的検査	知能障害の有無とその程度 認知障害の様相とその度合い （行動療法の併用）
心理・環境的背景の探索	生活・教育環境の改善
標的症状の選択	客観的症状の選択と薬物使用前の評価
選択薬物の種類	抗精神病薬，抗うつ薬，抗けいれん薬 気分安定薬，抗不安薬，など
薬物使用の必要性の決断	本人，家人への必要事項説明
副作用の予測と予防	定期的臨床検査，抗パーキンソン剤の投与 過鎮静，眠気，体重増加の有無
投与量と投与法	剤型と服薬法の指導 投与者，投与回数，投与時間の指導
薬物療法開始後の管理	治療効果に関する，家人，教師からの情報 副作用の早期発見，薬物の変更

診断を行い，治療体系を考え，薬物の必要性を勘案し，標的症状を考慮して，主作用・副作用を含め，本人・保護者に説明する必要がある。同意が得られた後で，薬物の種類・投与量・剤型・投与法などを相談する。投与後も効果の判定，副作用の確認などが必要であり，この場合は保護者だけでなく，教員にも協力をお願いする必要がある。

ピモザイドを除けば，ほとんどの薬物は自閉症への保険の適用は認められていない。ほとんどの薬物が「15歳以下の小児への使用については知見がない」とされており，すべて医師の責任で使用されている。この分野を専門とする医師が増加して，実証に基づいた医学的裏付けが積み重ねられ，適切な薬物治療が一般的に行われるようになることが望まれる。

自閉症を特定の疾患と考えて，原因を一つに特定できるなら，自閉症を完治するための特効薬が存在するはずである。この考え方に従って行われてきた薬物の開発は現在のところ成功していない。自閉症は特定の疾患ではなく，原因も多種に及ぶとするなら，自閉症の症状を本人の特性と考え，社会適応を促進する治療法が考えられる。この場合は薬物は社会適応を推進する治療法の一つとしてとらえられる。現在はこの考え方によって薬物は対症療法的に使用されている。

Ⅱ 教育

1 自閉症教育の概要

(1) 我が国の教育制度と自閉症の教育

① 就学前（幼児期）の保育，療育
自閉症児の幼児期の保育，療育は，幼稚園，保育所，障害幼児の通園施設等で行われている。幼稚園の中には，専門家の指導のもとに自閉症児の保育に成果を上げているところもある。

② 義務教育
義務教育段階における自閉症児の教育は，知的障害を併せ有する場合と知的発達に遅れのない場合で，次のように準備されている。

1）知的障害を併せ有する場合
　知的障害の程度により，知的障害特殊学級，知的障害養護学校で教育を受ける。

　ア　知的障害特殊学級（小学校，中学校）
　イ　知的障害養護学校（小学部，中学部）

2）知的発達の遅れのない場合
　自閉症で知的発達の遅れのない場合は，情緒障害特殊学級，あるいは通級による指導を受けながら，通常の学級で授業を受ける。もしくは，通常の学級で特別な配慮のもとに授業を受けることになっている。

③ 後期中等教育
後期中等教育における自閉症児の教育は，知的障害を併せ有する場合と知的発達に遅れのない場合で，次のようである。

1）知的障害を併せ有する場合
　知的障害養護学校高等部で教育を受ける。都道府県等によっては，軽度の知的障害の生徒のために高等養護学校あるいは職業学科を設置する高等部がある。

2）知的発達に遅れのない場合
　高等学校において教育を受けることが一般的である。一部の（高等）専修学校において，専門家の指導のもとに自閉症児の社会自立に成果を上げている。

④ 高等教育
短期大学，4年制大学，高等専門学校さらには大学院において，教育を受け，研究生活に入ることも可能である。

⑤ 生涯学習（社会教育）
学校卒業後の自閉症者の学習の場として，各種の学級，講座が開設されている。
　例えば，東京23区では，生涯学習担当課の主催もしくは補助による学級，講座が開設されている。また，東京の19市1町では，公民館等の事業として知的障害者を中心とした学級，講座が開催されている（これらの学級，講座には自閉症者も受講している）。

(2) 自閉症教育史概要

我が国の自閉症教育の歴史は，表Ⅱ－1のように，鷲見たえ子氏が自閉症を報告してから約50年，東京都杉並区立堀之内小学校に情緒障害特殊学級が開設されてから36年が経過している。

表Ⅱ－1　情緒障害教育のあゆみ（太字は海外または国際的な出来事）

年	出来事
1943	**カナーが自閉症を報告**
1944	**アスペルガーが自閉症を報告**
1952	鷲見たえ子氏が自閉症を報告
1961	情緒障害児短期治療施設の開設
1967	自閉症児親の会設立
1968	全国情緒障害教育研究会発足
1969	情緒障害特殊学級の開設 東京都杉並区立堀之内小学校
1971	国立特殊教育総合研究所開所
1973	国立久里浜養護学校開校
1974	東京都が障害児の希望者全員就学を実施
1978	・「軽度心身障害児の学校教育の在り方について」（文部省） ・「発達経過による自閉症臨床像の素描——"自閉症"診断のための手引き」（試案） 　　　（厚生省心身障害者研究班）
1979	・養護学校教育の義務制の実施 ・盲学校，聾学校及び養護学校の学習指導要領の改訂
1980	「精神薄弱養護学校における自閉児またはその疑いのある児童生徒およびその処遇の実態についての調査」 　　　（全国知的障害養護学校長会） **機能障害，能力障害，社会的不利の国際分類ICIDH（WHOの試案）**
1981	**国際障害者年**
1982	「心身障害児に係る早期教育及び後期中等教育の在り方」（報告） **精神薄弱者の世界会議への参加**
1989	・盲学校，聾学校及び養護学校の学習指導要領の改訂 ・映画「レインマン」のヒット
1995	「障害者プラン——ノーマライゼーション7か年戦略」を発表 　　　（総理府障害者対策推進本部）
1997	・障害者の雇用の促進等に関する法律の一部を改正する法律 ・「特殊教育の改善・充実について」 　　　（第一次報告・第二次報告）
1998	・長野パラリンピック開催 ・介護など体験特例法
1999	・盲学校，聾学校及び養護学校の学習指導要領の改訂 　　個別の指導計画 ・「学習障害児に対する指導について」（報告）
2000	「21世紀の特殊教育の在り方について」（最終報告） 　　LD（学習障害） 　　ADHD 　　高機能自閉症
2003	「今後の特別支援教育の在り方について」（最終報告） 　　個別の教育支援計画 　　特別支援教育コーディネーター 　　校内委員会
2004	・国立久里浜養護学校が筑波大学附属久里浜養護学校となり，自閉症の教育に取り組むこととなる ・中央教育審議会初等中等教育分科会に特別支援教育特別委員会が設置され，特別支援教育の在り方について審議 ・障害者基本法の一部改正 　——交流と共同学習の推進—— ・中央教育審議会「特別支援教育を推進するための制度の在り方について」（中間報告）を公表
2005	発達障害支援法施行

① **情緒障害特殊学級の開設**

自閉症児の学校教育は、昭和44(1969)年4月東京都杉並区立堀之内小学校に情緒障害特殊学級が開設されたことにより、全国各地で本格的に取り組まれるようになる。情緒障害特殊学級の学級数、児童生徒数の推移は、表Ⅱ-2のようである。

表Ⅱ-2 情緒障害特殊学級の学級数及び児童生徒数の変遷

	学級数			児童生徒数		
	小学校	中学校	計	小学校	中学校	計
昭和46年度	81	48	129	581	357	938
47	155	6	161	942	78	1,020
48	252	57	161	1,462	395	1,857
49	369	92	461	2,010	568	2,578
50	444	114	558	2,255	620	2,875
51	643	148	791	3,341	767	4,108
52	710	171	881	3,597	857	4,454
53	884	214	1,098	4,310	1,003	5,313
54	1,034	255	1,289	4,981	1,205	6,186
55	1,221	312	1,533	5,801	1,436	7,237
56	1,423	373	1,796	6,580	1,649	8,229
57	1,615	452	2,067	7,328	2,018	9,346
58	1,782	552	2,334	7,820	2,458	10,278
59	1,894	650	2,544	8,203	2,912	11,115
60	2,013	764	2,777	8,348	3,398	11,745
61	2,156	868	3,024	8,434	3,629	12,063
62	2,227	970	3,197	8,104	3,941	12,045
63	2,287	1,040	3,327	7,706	3,995	11,701
平成元	2,304	1,114	3,418	7,515	4,028	11,543
2	2,339	1,173	3,512	7,247	4,068	11,315
3	2,389	1,208	3,597	7,156	4,015	11,171
4	2,476	1,255	3,731	7,197	3,919	11,116
5	2,617	1,301	3,918	7,420	3,907	11,327
6	2,825	1,325	4,150	7,850	3,781	11,637
7	3,059	1,405	4,464	8,422	3,883	12,305
8	3,288	1,469	4,757	9,000	3,950	12,950
9	3,608	1,547	5,155	9,808	4,052	13,860
10	3,871	1,625	5,496	10,809	4,264	15,073
11	4,305	1,759	6,064	11,699	4,461	16,160
12	4,700	1,898	6,598	12,690	4,818	17,508
13	5,214	2,078	7,292	14,003	5,375	19,378
14	5,698	2,333	8,031	15,333	6,004	21,337
15	6,317	2,542	8,859	17,077	6,379	23,456

② 養護学校教育の義務制の実施

昭和54（1979）年4月，養護学校教育の義務制が実施され，多くの知的障害児とともに自閉症児も学校教育を受けられるようになったのである。昭和55（1980）年，全国知的障害養護学校長会が「精神薄弱養護学校における自閉児またはその疑いのある児童生徒およびその処遇の実態についての調査」の結果を報告し養護学校における自閉症児の教育の実態と課題が明らかにされたのである。

③ 通級による指導の制度化

平成5（1993）年4月，学校教育法施行規則の規定に基づいて，「通級による指導」が全国で開始された。東京都をはじめいくつかの都県では，これよりも早くから通級学級が設けられていたが，全国的規模で「通級による指導」が始まり，自閉症児の教育に新たなシステムが導入されたのである。通級による指導を受けている児童生徒数の推移を，表Ⅱ-3に示す。

表Ⅱ-3　通級による指導を受けている児童生徒数の推移（毎年5月1日現在）

	言語障害	情緒障害B	弱視	難聴	肢体不自由	病弱・身体薄弱	合計 G	B/G (%)
1993	9,654	1,337	108	1,141	5	14	12,259	10.9
1994	11,183	1,611	106	1,137	7	24	14,069	11.5
1995	13,488	1,858	132	1,206	6	12	16,700	11.1
1996	16,638	1,934	144	1,275	5	10	20,006	9.7
1997	19,217	2,158	155	1,389	5	4	22,928	9.4
1998	20,461	2,320	152	1,403	6	0	24,342	9.5
1999	21,944	2,458	144	1,369	7	0	25,922	9.5
2000	23,290	2,660	146	1,420	7	24	27,547	9.7
2001	24,850	3,086	160	1,466	3	0	29,565	10.4
2002	26,453	3,520	173	1,610	3	8	31,767	11.1
2003	27,718	4,184	162	1,581	1	6	33,652	12.4

④ 「21世紀の特殊教育の在り方について（最終報告）」の提言

「最終報告」では，LD，AD/HD（ADHD），高機能自閉症の教育についての提言があり，自閉症の教育に新たな動きが始まっている。

例えば，知的障害養護学校における自閉症児の教育に関心が高まり，いろいろな試みがなされている。例えば，国立久里浜養護学校が，筑波大学附属久里浜養護学校となり，自閉症児の教育に新たな実践研究を行おうとしている。

(3) 特別支援教育における自閉症児の教育

現在，自閉症児の教育は，一般に知的障害を伴う場合，その程度により知的障害特殊学級，知的障害養護学校で行われている。知的障害を伴わない場合には，情緒障害特殊学級，通級による指導（通級指導教室）で行われているのが一般的である。この場合には，通常の学級との連携，協力のもとに指導が行われている。

特別支援教育に転換した場合には，特別支援学校（仮称）と特別支援教室（仮称）で行われることとなる。

特別支援学校とは，現在の盲学校，聾学校，養護学校の総称で，設置の形態は，設置者に委ねられることとなる。例えば，現在のように，障害別の学校を継続する場合もあろうし，複数の障害に対応する教育部門を設置する場合も考えられる。

特別支援学校における自閉症児の教育は，自閉症教育部門を設ける場合と知的障害教育部門の中で，特別な教室等を設けて指導を行う場合などが考えられる。

いずれにしても，自閉症児の特性，ニーズに応じた教育を展開する必要がある。また，知的障害児や障害のない児童生徒と活動を共にする機会を可能な限り設けることにも配慮する必要がある。

特別支援教室については，めざす方向で検討されており，当面は，特殊学級，通級指導教室の柔軟で弾力的な運営が求められる。例えば，通級による指導の時間数の弾力的な運用（現在は，週8時間以内が標準），特殊学級と通常の学級との交流の多様化などが考えられる。

(4) 自閉症の児童生徒の就学について

平成14（2002）年5月27日付「障害のある児童生徒の就学について（通知）」において，自閉症の児童生徒の就学については，次のように説明されている。

> 2　小学校又は中学校への就学
> 　a　特殊学級
> 　　キ　情緒障害者
> 　　　一　自閉症又はそれに類するもので，他人との意思疎通及び対人関係の形成が困難である程度のもの
> 　b　通級による指導
> 　　イ　情緒障害者
> 　　　一　自閉症又はそれに類するもので，通常の学級での学習におおむね参加でき，一部特別な指導を必要とする程度のもの

上記のように，この「通知」の中においても，自閉症は，情緒障害の一つのタイプとして，情緒障害の中に含められている。このことは，「就学指導資料」（平成14年6月，文部科学省初等中等教育局特別支援教育課）の中で解説してあるように，自閉症児を対象とした特殊学級が，情緒障害特殊学級として設置された

こと,「軽度心身障害児に対する学校教育の在り方（報告）」（昭和53年8月）において「自閉，登校拒否，習癖の異常などのため社会的適応性の乏しいもの，いわゆる情緒障害者については，必要に応じて情緒障害者のための特殊学級を設けて教育するか又は通常の学級において留意して指導すること」と提言されたことなどにより，当初から情緒障害のタイプの一つとして，自閉症が位置づけられてきた経緯がある。

(5) 早期からの教育相談と就学

自閉症と診断された時から様々なケアが必要であることは，早くから指摘されてきている。昭和54（1979）年の養護学校教育の義務制実施前後から就学相談，就学指導が強調されてきたが，近年では，就学の時期に相談をするのではなく，障害がわかった時から早期の教育相談を開始し，育児を含めた保護者への対応，本人の保育等について具体的に対応していくことが求められている。

そして，就学が近づくにつれ，就学するのにふさわしい学校を選ぶための相談が必要となってくる。学校に関する最新の情報の提供があり，学校見学，説明を聞く機会の設定等，子どもの障害に対する理解を深めると同時に，就学先の相談を深める必要が出てくる。

(6) 卒業後(時)の進路

知的障害養護学校には，一般的に児童生徒数の30～40%が自閉症の児童生徒であるといわれている。

高等部卒業者の約30%，2000名を超える生徒が，毎年一般就労（就職）をしている。単純に計算すると，毎年少なくとも500～600名の自閉症の生徒が就職していると推測することができる。少し前のデータであるが，「自閉症児の就労研究会」が，平成8（1996）年にまとめた報告では，知的障害養護学校高等部を卒業した自閉症者の中で，就職をし，継続して仕事をしている500名の調査結果をまとめている。対人関係に課題がある，こだわりが強い等多くの社会生活上の問題点が指摘される中で500名の企業で働く自閉症者の記録は，驚きに値する報告である。この他にも，まとまった数ではないが，企業で働く自閉症者の職業人としての活躍が報告されている。

卒業後の進路は就職のほか，通所・入所の授産施設，小規模作業所での生活，入所施設での生活など，様々である。自閉症の生徒の適性をふまえた進路支援（指導）が必要であり，「自閉症だから，進路は○○」と決めてしまうことは戒めるべきである。

2 自閉症の特性に応じた指導の基本

(1) 自閉症とその周辺との関連

　自閉症の教育の初期には，自閉的な性格の強い子どもと考えられ，治療方針として心理的に受容的な対応が必要であると強調されていたこともあり，精神遅滞と自閉症は厳密に区別されていた。

　しかし，臨床実践の発展とともに自閉症には精神遅滞が様々な度合いで併存することが多いことが指摘され，教育の主眼は，自立支援及び社会的行動の育成が重要であると転換された。現在では，自閉症は，広汎性発達障害とされ，社会的相互交流の熟達が困難でコミュニケーション能力の発達が大幅に障害されていること，及び常同行動や興味が限局されている行動が顕著にみられることに特徴づけられ，その障害の質的な度合いは，各人の発達の水準（状況）や精神年齢に比して著しく逸脱していることとされている。しかしながらこの中に，精神遅滞を伴わないいわゆる高機能自閉症や，言葉の問題がなくコミュニケーション言語をもつアスペルガー障害も含まれるとされている。こうした広い範囲を含む表現として，最近では自閉症スペクトラムという用語が使われている。

　発達障害という概念が使われるようになったのも最近であり，視覚障害や聴覚障害のように固定的な障害でないことを表現している。自閉症は，胎生期の脳の形成期にはその際の異常のために精神活動とその発達に歪みが起きてしまっているが，年齢の進行とともに自閉症の様子が大きく変わっていく。すなわち，中枢神経系（脳）の機能の障害を基盤とする発達の過程に歪みを来たしているために知的レベルによる限界はあるが，障害があるにもかかわらず正常の機能の獲得に限りなく近づいていく傾向が，自閉症にはあるということである。このことから，知的障害とまとめられたことにより，自閉症特有の面に関する配慮が欠けることへの懸念も指摘されている。

(2) 行動の理解と指導の考え方

　自閉症の行動特性をまとめると，次の3点に絞れる。

・対人関係が育たない
・言語発達が遅滞する
・常同行動や固執行動が強い

　自閉症の教育について考える時に，特に学童期には対人関係が大きく障害されている場合もあれば，ほとんど障害され

ていないように見える場合もあるということに留意する必要がある。また，言語発達についても，音声言語〈言葉〉を全く有していない場合もあれば，言葉を話したり理解したりできても相手の感情が認識できないという場合もある。自閉症に存在する障害は，単に人と関わる機能だけではなく，話や文章や物事の行間や文脈の中にあるニュアンスを読み取ったりすることが難しいところにもある。そこで，状況に即した判断や行動や感情表現や適切な対応が困難になる。

次に常同行動や固執傾向であるが，こうした物事に対するこだわりは，いろいろな面に現れる。例えば，着衣であれば，肌触りや色やデザインなど多様である。また，食生活では，味や臭いや色，特定の銘柄やメーカーである場合もある。これが，日常生活になれば，道順の選択や店の選択や買い物の手順であったりする。この傾向の現れ方は，多方面にわたる。

こうした固執を放置しておくと生活や学習を進行する上で大きく支障が起きることになるので，やめさせようとしたり，取り上げたりすれば，たちまち激しいパニックが起きて大騒動に発展することになる。何回か失敗すれば，こちらも因果関係に気がついて予防することができるようになってくる。

これらの固執行動などは，今まで経験したり体験したりしたこと，すなわち慣れたものでなく，新しいものに出会うと，事態の内容が理解できないばかりでなく，どういう事態に遭遇するのかの予測ができないために，新しい事物にいわれのない恐怖や不安を大きく感じるための混乱のようである。

認知能力の遅れや言語発達の遅れによって，情報の入力が大幅に制限されるため，遭遇した事態の内容や因果関係が理解できず，見通しが立たない不安が生ずるのであるが，こんな場合には，経験させたい内容をスモールステップに刻んで用心深く少しずつ接近させていくと，解決することもある。なお，情報の与え方に工夫を凝らし，事態に即応した理解の獲得を進めることにより，不安を解消することも可能である。要は，どのようにして安心させて混乱を防止し，事態に正対させて支障のないように導くかである。

常同行動も，固執性も，問題行動として取り上げられることが多い。しかしながら，この行動は，学習や生活や労働の上で，きわめて有用な特性として評価できる面もある。いったん覚え込んだことはきわめてよく記憶され，忠実に行動できる力となる。例えば，部屋の清掃を，最初に手順をよく教えておけば，いつも几帳面に手順通り正確にやってくれて，手抜きや怠慢はなく懸命にやるなどということである。こうした面が特技として定着し，高く評価できる能力に育った例は，たくさん挙げることができる。よくみられる例では，絵画，織物，切り紙，パソコン，ピアノの演奏等，忍耐力や集中力を発揮して，専門性に溢れた豊かな人生を送っている者もいる。このように，一見するとマイナスに思われる行動特性

も，自己実現の上で有用な特性となる場合もある。

次に言語発達の遅滞であるが，このことはどのような発達段階の状態でも必ず何らかの発達課題を抱えている。知覚や認知の問題を大きく抱えている状態にある事例もあれば，音声言語が出ず言葉の獲得が大きな課題になっている事例もある。これらは，明確に言語の問題であるが，一見，発達上健全に見える場合でも，前述の例のように言葉や文章の表面的な理解にとどまり，それらに込められたニュアンスや感情が理解できていない場合も多くみられる。こうした，問題から，判断や対応がうまくできず，協調性がないと思われがちであるが，社会性のスキルとしても無視できない問題である。

以上の状況の時には，いずれも，実際の生活に近い状況を意図的につくり，その中で状況を判断させ，まわりの人たちの表情やしぐさに注目させながら，感情やニュアンスを感じ取らせるような指導が望ましい。この意味で，単純な言葉や発声の繰り返されるような指導よりは，実生活に近い場面をつくり，各要素を総合的に動員して指導できる，ごっこ遊び，ロールプレイングなど，劇化したり，朗読させたりする指導が，効率のよい有効な手段となり得る。

(3) 学習の特性と指導における配慮

自閉症児と学習の関わりをもつ上で，これまでの指導の蓄積から共通の認識となってきたことは，障害の特性から考えると，教育のすべての条件が構造化され，指導方法は言葉に頼らず，具体的で理解させやすい方法を発達段階をふまえて選択していくことの重要性である。言語発達の遅れと特性を考えると，言葉を介して指導を続けることが困難なので，もう少し具体的な手段の活用を進め，効率を上げる必要に迫られる。例えば，視聴覚機器，写真や絵カード，略画や文字カードの活用なども勧められる。教育方法の視覚化である。

次に，発達のばらつきが大きく，かつ状態が流動的であるため，集団活動で一律に指導することが困難な子どもたちであることを考えると，どうしても個別化が必要になってくる。集団で活動することが前提になっているような場面でも，個別的な配慮は学習を成立させる上で不可欠で，この点については，後の章で詳しくふれられる。

(4) 自閉症児の教育の具備しなければならない条件のポイント

以上，学習上での重要なポイントについて述べてきた。

英国では，自閉症の専門施設では以下に記した条件を達成していることが求められており，援助の基本として守り，質の維持を心がけている。どの項目も，我が国においても特に環境づくりにおいて参照していきたいことである。

> ［SPELL］（スペル）……NAS（英国自閉症協会）がとっている，自閉症の人への
> アプローチの基本
>
> ● Structure（ストラクチャー＝構造化）：具体的に明確に。予期しないことが起きる状況をできるだけ少なくする。
>
> ● Positive（ポジティブ＝肯定的）：肯定的な対応と適切な期待（高すぎて不安をひき起こしたり，低すぎて退屈させたりしない）。自尊心を高め，成功体験を積むように援助する。
>
> ● Empathy（エンパシー＝共感）：自閉症の人のもつ独特の感じ方の違いを尊重する。その人の特性や能力のアセスメントを行い，個人差に対応したプログラムをつくる。
>
> ● Low arousal（ロー・アラウザル＝興奮させない）：ストレスを招かない教室や施設などの環境。運動やリラックスの方法を教える。将来起きそうな不安や混乱の経験となり得る事項に対して穏やかな安全な環境で練習しておき，経験を積み，自信をつける。どんな行動に対してもその原因をさぐり，ストレスを与えない。
>
> ● Links（リンク＝連携する）：家族との連携，他の学校や機関との連携，インクルージョン，地域資源とのリンクは，地域社会に適応するためには不可欠である。

我が国においても，こうしたしっかりした哲学・理念を全職員で共有して，自閉症の特性に尊敬と配慮を怠らない計画や実践であってほしい。自閉症においては，このことが不可欠であるが，翻って考えると，これらの条件は，学校教育全体に言えることで，教育改革の理念でもあるとも言える。

3 自閉症児への指導の実際（生活・運動・余暇）

　自閉症児への指導と一口に言っても，自閉性障害の程度，知的レベル，年齢，生活環境や教育環境によってかなり教育の内容が違ってくる。
　小学校段階ではボトムアップ（発達段階として必要な基礎的教育内容）が中心になるが，中学校段階以上ではトップダウン（将来の地域や職場，家庭を想定した教育内容）を意識した指導が望まれる。
　般化されにくい（ある場面で使えている言葉を，異なる状況の同じような場面で使えないなど，応用・一般化できにくい）といわれている自閉症児に対し，今だけ通用するものでなく成人になった時に適応しやすいという観点から，本人の活動の幅を広げること，本人を取り巻く周辺の理解を進めることが求められる。
　また，学校教育の中では集団で生活したり学習したりすることが多い。集団の流れに合わせたりルールを理解して動いたりすることが苦手な自閉症児ということを考えると，どの教育の場であっても個別的な配慮が必要である。
　知的レベルの高い子どもでも，通常学級のように大きな集団になると，個人への指示なら動けるが，同じことでも一斉に指示されると全く反応できないことがある。一人なら歌える歌がグループで歌うことができないこともある。この場合，対応を誤ると，問題行動が増えたり不適応による心身症・神経症の症状になることも考えられるので，一人一人の状態を見ながらそれぞれに合った指導を考えていくことが重要である。
　言語の理解が不十分・不確実であったり，相手を意識したり相手の意図を読むのが苦手なため，わかりやすく混乱の少ない，構造化された設定の中で教育するのが大切であるといわれている。教育の中での構造化とは，場所（着替えの場所などを固定化するなど），時間（1日の予定や1時間の学習の予定をはっきり示し，見通しをもちやすくする，勉強の終了時間を明確にするなど），人（個別に関わる人を同じにするなど），手順（工作や作業の手順をメモや写真などで示すなど）を目で見てわかる視覚的な情報で示すことが有効である。自閉症児は話して指示されることよりも，目で見てわかるやり方で示される情報の方が理解しやすい傾向にある。生活，運動，教科などの指導をしていく上で大事な観点となる。
　抽象的な思考ができにくいため，「自由に作ってよい」「自由に課題を設定して調べましょう」のような設定では，何をするのか全く見当がつかないことが多い。むしろ，「これを作ります」という見本や具体的な枠組みがあった方が，か

えって取り組みやすい。年齢が高くなったり，知的レベルが高かったりする場合は，「選択肢の中から選ぶ」ということも，取り組ませ方としてはよい。

自閉症児に教育していく際に，こだわり（物の置き場所，朝起きてからの手順を決めているといった様々なこだわりがあり，それを強く守ろうとし，崩されると抵抗しパニックになってしまう）や感覚異常（ある音が嫌いだったり，大きい音を異常に嫌がったり，触られるのを極端に嫌がったり，極端な偏食を抱えていたり，普通の人とは違う感覚的な問題があること）といったことが指導上困難を感じる点である。記録を取りながら一人一人に合わせた指導を探っていく必要が出てくる。

こだわりへの対応としては，やってよい場所や時間を設定することで，他の時間での行動を減らすことができる。例えば，「1回だけ」など回数を制限する方法もある。

パニックへの対応としては，危なくない別の部屋へ避難させて治まるのを待つ，気を紛らわせる他の物を見つける，言い聞かせる言葉を決めて徐々にその言葉で静まるようにする，などがある。事前の配慮があればパニックにならないよう周囲の働きかけで予防することができる。

こうした行動上の問題は生活全体の能力や言語の力がついてくると解決していくことがあるので，マイナス面だけを見てそれを止めるというだけでなく，その子の全体像をつかんで成長を促していく

という前向きな姿勢，考え方をしていくことが望まれる。

なお，失敗経験をさせるとそれが強く記憶に残ってしまい，後でそれがマイナスに働くことがあることに留意する必要がある。このため，成功しやすいような教材の提示や補助の仕方を工夫することが大切である。

(1) 生 活

学校生活の時程は，できれば一定の時程（1週間帯のような時間割など）で行うことにより，本人が学校の1日の過ごし方がわかり，安定した状態を保ちやすいように配慮する。予定の変更などは本人にわかりやすい提示の仕方で必ず伝えるようにする。

生活リズムをつくることが重要で，睡眠や起床時間などのことを考えると家庭との連携，情報交換が必要である。また，生活上のことは着替えにしても家庭での回数や機会が多い。同じやり方で学校と家庭が取り組めると効果が上がりやすいし，本人にとっての混乱も少なくてすむ。

① 食 事

偏食の問題とマナーの問題がある。子どもによっては不器用さをもつ子がいて，箸の使用などが身につきにくいことがある。この場合，ある時期は箸の代わりにスプーンを認めていく方法もある。

白いご飯しか食べない，野菜は全く受けつけない，牛乳を飲むがあるメーカーのもの以外は飲まないなど，独特の偏食

をもっていることが多いが，偏食を気にかけすぎると食べることへの楽しみが奪われかねない。少しずつほめながら食べられるものを増やしていく。食べられないものは意思表示させて，もらわない，減らしてもらうなどの処し方を教えていく。

嫌いなものが入っているとお皿をひっくり返したり，隣の人の食器に黙って入れてしまうなどの気になる行動もある。自分のお盆の隅にどけるようにするなどのよりよい行動に変えられるように指導していくことが重要である。

② **着　脱**

丁寧に段階を追って教えていけば身につくことが多い。着替えに集中しやすい場所で指導するような配慮が必要である。

しかし，こだわりや感覚異常からいつも同じ服を着たがったり，表示のタックを嫌がって服ごと切り取ってしまったりというような問題は，解決に時間がかかることがある。家庭と連絡を取りながら取り組んでいく必要がある。

また，恥ずかしいという意識がもちにくいため場所を選ばず裸になってしまうなどの行動が見られることがある。年齢相応のマナーの理解が難しいため，着替えの指導を組み立てていく時には，将来の生活も考慮し，どう身につけさせるか考えていく必要がある。なお，一度やり方を覚えてしまうと後から変更したい点があっても難しいことがあるので，留意する必要がある。

③ **排　泄**

同じ場所のトイレでないとできない，洋式以外はだめ，男子の小用の時にも全部ズボンを脱がないとだめ，少しでも汚れたり濡れたりしたら穿いていられず人前でも脱いでしまうなど排泄が自立した後も課題を抱えていることがある。一人一人に応じて少しずつ慣らしてよい方向に向けていく。

④ **健康，清潔**

清潔の感覚は教えるのが難しい。「食事の前には手を洗うもの」といったパターンで身につけさせていく。知的に高い子であってもタオルと雑巾を区別して使うことができなかった例もある。

体調が悪い時（例えば，頭が痛い時，歯が痛い時）の自分の状態の把握が難しく，周囲には機嫌が悪いということしかわからないことがある。このため，怪我をして痛い時など明らかにわかる時に訴える言葉（指，痛い，血など）を横で声かけしてやり，教えていくようにする。しかし，言葉で表出する場合でも，いつからどんなふうに調子が悪いのか，どこが痛いのかを理解し，自覚したり説明したりするのはなかなか難しい。

⑤ **集団参加（集団行動，学習態勢，社会性の育成，行事参加，問題行動への対応）**

学校は集団で学んでいく場である。しかし集団行動が取りにくいのが自閉症の子どもたちである。集団指導と個別指導や小集団指導を組み合わせて徐々に計画的に学校生活でのルールを学ばせていくことが大切である。チャイムでの行動の

切り替えや休み時間の過ごし方，時程や時間割の理解，トイレのサイン，要求や許可の求め方などがある。

集団生活では，本人の興味・関心やこだわりをもっていること，パニックになる原因，問題と感じられる行動と解決の方法などを状態像に合わせて一人一人考え，長い目で見ていくことが大事である。

なお，学校生活の日常の行動に慣れてきても特別な行事には抵抗を示し，不安定になることが多い。行事の練習や準備も日頃の時程や内容とかなり違ったりする。通常より細かい提示やわかりやすい示し方が必要である。

⑥ 学校生活における休み時間の指導

休み時間の過ごし方が上手でない場合がある。この場合，教師が一緒に遊んで楽しませたり，意図的に固定遊具で遊ばせたりして遊べるものを広げていく方法もある。しかし基本的には，休み時間は好きなことをして過ごしてよいわけだから，本人にとって縛られることの少ない一人遊びの時間を認める必要がある。ある時期には提示されたカードの中から好きなものを選択してから遊ぶなどの指導も考えていく。なお，友達が遊んでいる中に入ってくるかどうか声をかけて促すことは，大切な支援である。

⑦ 家庭との連携

基本的な生活習慣は家庭の今までの養育とも深い関係があり，小学校入学後も学校だけでは定着が難しい。家庭と連絡を取り，やり方を同じにしていけると混乱が少ない。

⑧ 指導上のポイント
　　——パターン化，視覚化，般化

生活上の指導をする時，パターン化していくと取り組みやすいし，視覚的な補助（絵カード，手順カード，見本を見せる，置く場所をわかりやすく整理するなど）も考えたい。また，身についたやり方を他の時や場面に広げて般化，応用化を図っていくことが課題となる。

(2) 運 動

自閉症の子どもたちの中には，感覚的な課題を抱えている子どもたちがいる。低学年までに感覚統合訓練（ブランコやトランポリン，バランスボールなどを用いて感覚を刺激したりする方法）を行うとよい場合もある。

① 模倣行動の獲得

運動的な課題は，模倣する態度，力を育てやすい。周囲の様子に興味がもちにくい子どもたちだが，視覚的に示すとわかりやすいので，周囲を模倣する行動を育て，見本や隣の児童を見て動くように習慣づけていく。

② 見てわかりやすい設定，繰り返し，スモールステップ

行動をパターン化していくと取り組みやすいし，説明がなくてもわかりやすい遊具の使用などは取り組ませやすい。なわとびや道具を用いた運動は難しいことがあるが，細かいステップで少しずつ段階を上げていくスモールステップを考えていく必要がある。

③ 多様な動きの体験，ボディイメージをつくる

子どもの一部には高い所に上がって平気だったり，走るのが速く運動神経がよいと感じることがあるが，指示された動きになるとぎこちないことがある。これは，自分の身体の大きさの感覚や部位の位置や動き，また周辺の物と自分の位置に対する空間の意識などがとらえにくいということである。様々な身体の動きを経験させることが大事で，サーキット運動などを取り入れていくと効果的である。

また，競争意識がもてないために，速く走れるのに徒競走などの場面ではのんびり走っていたりする。いろいろな場面で「一番」「百点」を教えていくと「競争」の意味を理解してくるが，今度は一番でないと大騒ぎするという別の問題が出てくる。しかし，これも成長の過程といえる。

④ 身体をつくる，基礎体力をつくる

いろいろな運動をバランスよく取り組ませ，身体全体を育てるとともに，毎日通学し，学習したり生活できる基礎体力は，小学校時代から育てたい。

⑤ 1人でできる運動，2人でする運動，団体競技（ルール理解）

道具（ボールやなわなど）を使うことに慣れたり，人を意識した2人組の運動を易しいものから取り組ませていく。個人で取り組む種目に比べて，ルールのある，しかもチーム対抗の種目は，意味を理解するのが難しい。知的に高い場合でも，バレーボールのように比較的自分の守備範囲が決まっているものは理解できるが，バスケットボールのように周囲の動きに合わせて臨機応変な動きが要求されるものは，わかりにくい。

⑥ 生涯体育へつなげる，自発的に運動する

走ることや水泳は一人ででき，またさらに，成人後の余暇にもつながっていくことがある。身体を使った運動の楽しみをもてることは，健康維持の意識をもちにくい自閉症の子どもたちにとって，将来的にみて望ましいことである。

⑦ 粗大運動から微細運動へ

自閉症の子どもたちは手先が器用なことが多いが，道具の使用となると，どう両手を使ったらいいかわからなかったりすることがみられる。細かい手先の動き（微細運動）に問題を抱えている場合は，身体全体の大きな運動（粗大運動）にも問題を抱えていることが多い。まず，粗大運動に重点をおいて指導していく。知的レベルの高い子の中にも他の能力に比べて不器用さが目立つ場合もあり，そのような子どもたちにも粗大運動が大事である。

(3) 余　暇

① 余暇の指導の意義

自閉症児の学校教育卒業後の課題の一つに余暇の過ごし方がある。仕事ができても余暇の時間をどう過ごしてよいかわからず，もてあましてしまうことが少なくない。何をしてもよい暇な時間が多く

なるとどう過ごしてよいかわからず，問題行動が増えてしまうことがある。

一人で，あるいは安心できる人と二人で，家族と余暇が過ごせるように考えるとともに，社会的に認められやすい趣味をもてることで，時間を有効に過ごせるだけでなくお金を使う楽しみも感じることができる。そのため，学校教育の時期においても意図的に遊びを広げたり興味・関心に幅をもたせることが，成人してからの余暇の過ごし方につながっていく。

② 遊び，ゲームの指導

一人で楽しく遊べるレパートリーがあると周囲の家族が過ごしやすい。本やビデオを見る，音楽鑑賞，ジグソーパズル，写真，刺繍などの手芸，切り絵や写生，好きな絵をかくこと，ケーキづくりなどの料理，マラソンや水泳などが考えられる。また，家族や慣れた人と一緒に楽しむこともももちろんよい。

地域の中で楽しみを見つける場合，施設を利用して図書館で本を借りる，レンタル店でCDやビデオを借りる，映画館，劇場や美術館へ行く，遊園地やプールに行く，地域のサークルに入って活動するなどが考えられる。

本人の興味・関心から発展していく場合もあるし，学校教育の中で身についたことが後々，余暇の時間を過ごすのに有効になることもある。

③ 施設利用やルールの理解

余暇指導の中で順番を待つ，交代するなどのルールを教えていく必要がある。地域の特徴をつかんで地域の文化・体育的な施設などの公共施設の使い方も学んでおくと成人してから活動できる範囲が広がってくる。

④ 趣味に発展させる余暇指導

それぞれの興味・関心が成人してからの趣味に発展させられれば，本人も満足度が高い。電車や駅名の興味が旅行することにつながったり，車への興味がプラモデルの組み立てにつながったり，数字やマークの興味がトランプ遊びにつながったりする。

〈参考文献〉

全国知的障害養護学校校長会編（2003）『自閉症児の教育と支援』東洋館出版社

廣瀬由美子・東條吉邦・加藤哲文編著（2004）『自閉症児の特別支援Q&Aマニュアル』東京書籍

4　自閉症児への指導の実際（教科学習・言語）

(1) 教科学習のつまずきへの対応

通常の学級に在籍する自閉症児の多くは，単純な記憶力を伴う学習は得意であるが，既習学習を活用したり，比較したり，複数の事柄を組み合わせていくことは苦手であり理解できないことが多い。また，学習道具の操作が器用にできる子どももいるが，反対に不器用な子どもも存在するので配慮が必要である。さらに，感覚過敏であったり，自分で計画的に学習をしていくことが苦手であるために，学習環境を整えることや学習する手順を教えていく必要もある。ここでは，通常の学級に在籍する児童のつまずきへの対応について記述する。

知的な遅れを伴う自閉症児の場合は，言語の遅れを伴うことが多く，国語では名詞の理解から始まる言語の基礎的な学習事項をスモールステップで学習していく必要がある。さらに，大小の比較など抽象的な理解が苦手なので，算数では，具体的な体験や具体物を使って日常生活場面で使える学習をしたり，図などを活用し視覚的な理解を補って学習していくことが大切となる。学習の基本に，認知と言語が関係するので，認知指導と言語指導の項目を参考にしてほしい。

【国 語】

特 色：聴覚より視覚的な理解が得意なので，就学前から文字が読める子どもも多い。入学すると，機械的な記憶力が優れている子どもが多いので，ひらがな，カタカナ，ローマ字，漢字などの表記学習では，高得点を得ることができる子どももいる一方，目と手の協応動作が苦手な子どもの場合，角張った特徴的な文字を書いたり，筆順がでたらめだったりする。また，画数の多い漢字学習にも苦手意識をもつ子どももいる。さらに，総合的にまとめて考えることが難しく，作文を書いたり，文の内容について質問に答えたりする読解問題は苦手であることが多い。

対応策：

・学習への自信を育てていく観点で，漢字学習など得意な部分は大切に伸ばしていく。

・筆順の乱れは，一斉指導では気づかないことがあるが，ひらがな表記から始まり，漢字学習でつまずくことが多い。空間認知や協調運動や微細運動の苦手さが起因していることを意識して，身体運動を伴う空書や習字などを指導していくことが大切である。

・作文は，自分の考えをまとめることが苦手であるために書けないことが多い。

しかし，自分の行動を振り返り言語化していくことは，将来的に自立をしていくためにとても大切なので，苦手意識をもたせないように書く事柄を定型化したりして，スモールステップで育てていく視点が必要である。
・読解問題は，質問されている事柄が，「なぜ」「どうして」など具体的でない場合に難しかったり，書かれている文章自体の動詞，形容詞，副詞の理解が不足して文章を読み取れなかったりするために難しくなっている。疑問詞の理解や語彙理解力のレベルについて調べ，不足している部分に対応して指導していくことが大切である。

【算　数】
特　色：計算の加減乗除などは，すぐ習得していく子どもが多い。しかし，簡単な計算であっても，文章題で全体の意味を理解して立式していくことは苦手なことが多い。また，手先が不器用で，定規，コンパス，分度器などをうまく扱えず，苦手意識をもってしまう子どもも多い。
対応策：
・算数は積み上げ学習なので，算数に苦手意識をもたせないためにも，基礎的な計算能力は大切に伸ばしていく。
・文章題では，図式などにして視覚的な理解を補なう。また，「あわせる」「差」など具体的なキーポイントの言葉を手がかりにするように指導する。
・測定が苦手なのでなく，操作が苦手であることを理解して，計測しやすい定規等の道具の扱いなどをスモールステップで指導していくことが大切である。

【社　会】
特　色：こだわりがあり，自分がよく知っている事柄や，歴史的な事実，地理的な事柄など，記憶力を必要とする課題では得意意識をもつ子どもが多いが，「……について調べよ」など，計画して調べなければならない課題は苦手で，できる事柄とできない事柄のアンバランスが大きい。
対応策：
・得意な課題では，クラスの中で発言させたりして，自信を育てる。
・調べ学習は，テーマを決めることから難しいことがあるので，テーマの決め方や調べる手順を具体的に指示するなど，スモールステップで指導していくことが大切である。

【理　科】
特　色：実験などで理科室を使用することも多いが，感覚が過敏なために臭いや音などが受け入れられず，理科室へ移動することに抵抗する子どもがいる。また，実験では火をつけるなどの操作が難しかったり，グループで学習するのが難しく参加できない子どももいる。
対応策：
・事前に学習内容を知らせ，実験に際しては不器用なことを前提としてグループの役割分担を明確にし，安全に実験ができるように配慮していく。
・実験で安全管理上の問題がある場合は，校内支援を頼み，個別的な対応をとる。

【音楽】

特　色：楽器の操作が苦手であったり，騒音や大きな音が苦手なため，音楽が嫌いな子どもや，音楽室に移動することに抵抗する子どもがいる。

対応策：

・感覚過敏であることを理解して対応していく。ピアニカやリコーダーの音量が大きくなるのが苦手なので環境を配慮していく。

・手先が不器用で楽器がうまく扱えなかったり，リズムがとりにくかったりすることで苦手意識をもつことがあるので，旋律の簡単な歌や，全身でリズムをとり表現できる教材の工夫をする。

【図画工作・家庭科】

特　色：図工は，自分のペースで作品を作ることができるので，好きな教科になっていることが多い。しかし，不器用なために，思うように道具が扱えず困っていたり，刃物類の扱いで危険な状態をひき起こすことがある。家庭科は，図工同様に好きになることが多い教科だが，調理学習でのグループでの活動やミシンの扱いなどは，うまくできずに苦手意識をもつことが多い。

対応策：

・楽しめる教科であるので，道具の扱いなどは事前学習を十分にして，安全管理に配慮して指導していく。

・グループ学習では，不器用であり臨機応変に行動できないことを前提として役割分担を明確にし，できる事柄を取り組ませながら参加意識をもたせる。

【体　育】

特　色：身体の動きの器用な子どもと不器用な子どもに分かれる。器用な子どもは，なわとび，鉄棒，マット，ボールなどを器用にこなすが，不器用な子どもはこれらがすべて苦手である。また，競技など人と競うものは，ルールの理解が十分でなかったり，相手の動きをよく見とれなかったり，競う状況に心理的な抵抗感があったりして参加できずにいることが多い。また，体育着に着替えることに抵抗を示す子どもも多い。

対応策：

・時間の切り替えが苦手であるので，事前に学習の予告をしておく。

・身体の動きの不器用な子どもの場合，マラソンなど自分で動きを調整してできる課題を活用し，できる事柄を増やし，体育を嫌いにさせないよう配慮する。

・チームゲームなどで，人の動きやルールの理解が難しい場合は，配慮して簡単に理解できる役割をさせて，参加意識をもたせる。

【生活科・総合的な学習】

特　色：いろいろな事実を総合して一つの結論に帰着する学習が苦手であり，グループで討議して問題解決を図ることも苦手である。このため，生活科でも総合的な学習でもグループ学習に参加できないことが多い。

対応策：

・興味・関心がどの程度あるか調べ，で

きる部分で役割を明確にして参加させる。
・テーマ決めが難しい場合，複数の選択肢から選択させるなど，具体的な事柄を提示する。
・グループ学習が難しい場合，一人で調べて，最後にグループでまとめるように配慮しながら，参加意識をもたせる。

(2) 認知の学習（通級指導教室）の実際

　自閉症児の障害の背景に認知障害があることが理解されるようになり，通級指導では1980年代に認知の学習が多く行われた。学習の始めと終わりの認識，物や図の弁別，比較，絵カードによる言葉の理解と活用，表情の区別と感情表現の理解，身体部位の理解と動作の模倣や学習環境の刺激の統制など，生活をしたり学習をするのに必要な基礎的な指導がなされた。現在，これらの認知学習を土台として，視覚的な理解力が優れている，記憶力は優れている，変化を好まない，協調運動が苦手など，子どもの認知の特徴に対応して，得意な部分で理解を促し，学習場面や日常生活部分で困難になる事柄に関して改善を図っている。

　さらに，最近の研究から自閉症児の特異な行動の背景に，人の気持ちがわからない，全体ではなく細部に関心がいきやすい，一つのことにしか注意が向けられないなどの認知障害があることがわかってきた。このため，具体的にどのような行動をとればよいのか，ソーシャルスキルトレーニングの指導を取り入れている教室も多い。

① 視覚的な理解力のよさを活用して，自分の行動を組み立てる

　行動を切り替えたり目的的な行動をとることを促すために，カードなどで視覚的にわかりやすくし，時間割を明示したり，自分で学習を組み立てたり，事前に行動の予測をしたりする。

② 聴覚的な理解が難しいので，話される言葉のキーワードを聞き取れるようにする

　一斉指示を聞き逃したり，相手の話を聞いていなかったりするので，聞き方の具体的な方法を簡潔な言葉で指示する工夫をしたり，伝言学習などで指導する。

③ 協調運動機能の回復をめざす

　文字を書くことや用具の扱いが難しく苦手意識をもつ子どもの背景にある，目と手の動き，2つの図形の見取り，左右の手の動き，物や人の動きに合わせることなど微細な動きや大きな動きを，スモールステップで指導する。

　さらに，なわとびやボールの動きのリズムに合わせて動けるように，繰り返して練習し，できたことで自信を育てる。人の動きを見て模倣したり，じゃんけんなどでタイミングを合わせたりして，人とスムーズに関われるようにする。

④ 体験に基づく学習を通じ，適切な行動を身につけていく

　相手に必要以上に身体接触をしない，場面に合った自分の感情や相手の感情を

理解する，あせらないで問題を解決する方法を見つける等，実際にひき起こされがちな行動について，子どもの発達の状態を見ながら，小集団場面でのゲームや話し合い活動，個別学習を通じて指導していく。

(3) 特異な言語発達の理解

　自閉症児の言語は対人意識を含めたコミュニケーション行動や表象機能の障害が根底にあり，乳児期から特異な発達を示す。幼児期には，言語の遅れを指摘される子どもと，アスペルガータイプの言語の遅れが目立たない子どもの2タイプになる。言語に遅れのある子どもの言語を獲得する様子は独特であるが，遅れの目立たない子どもでも，独り言が多かったり，一方的に話してしまったりとコミュニケーションをとるのに支障をきたすことが多い。

　発達期における自閉症児の言語には，次のような特徴がみられる。

1) 乳児期
・「人見知りがない」「指さしがない」など愛着行動や共同注視など対人関係がうまく成立していかない。
・泣くことも少なく，おとなしい手のかからない赤ちゃんであった。
・激しく泣くことが多く，抱かれることを嫌がった。

2) 幼児期
・喃語が少なく，しゃべり始めたら，コマーシャルの繰り返しばかり。
・名前を呼んでも振り向かない。診察を受けたが聴力は問題ないと言われた。
・ほしいものがあると大人の手をつかんで引っ張っていき，大人に取らせた。
・質問すると，同じように質問の言葉を繰り返してしまい，答えがない。
・言われた言葉の語尾だけを繰り返している。
・言葉の発音が語尾が上がったりして，独特である。
・幼稚園や保育園などでは，一人で遊ぶことが多く，話さない。
・遊びの中に入りたがるが，うまくコミュニケーションがとれずに，叩く，噛みつくなどの乱暴な行為をする。

3) 学童期
[言葉の遅れを伴っている場合]
・住所など，自分の関心のあることを聞くのみで，他の会話はなくコミュニケーションのとり方が一方的である。
・同じ質問を繰り返し，同じ答えをしてもらうことで安心する。
・名詞は理解できるが，動詞，形容詞，副詞など，文脈によって意味が変化する単語が理解できない。
・「いつ」「どこ」などの疑問詞への答え方がわからない。
・出来事など，エピソードを話すことができない。
・自分の感情を言葉で表現できない。
・文字は書けるが，作文が書けない。

[言葉の遅れを伴わない場合]
・場所や人をわきまえずに，自分の思ったことを「あの人，怖そう」などと言っ

てしまう。
- 自分の興味をもっている事柄のみを延延と話す。
- 言われた言葉の裏が読めず，額面通りに受けとめてしまう。
- 場所をわきまえずに，独り言が多い。
- 言葉の意味より語呂合わせを楽しむ。
- 年齢に似つかわしくない難しい言葉を使う。
- 会話のキャッチボールができない。
- 雑談に加わるタイミングをつかめない。
- 自分の感情や思いを言語で表現するのが苦手である。
- 話し合い活動で自分の意見のみ主張し，譲らない。
- 話している相手の気持ちがくみ取れず，きつい言い方になってしまう。
- 状況理解ができないため，言動が勘違いや我がままととらえられがちである。

(4) 言語指導の実際

　言語の遅れや特異な発達の様子の背景に，認知や対人意識を含めたコミュニケーションの障害があり，どの面をとらえて指導するかにより様々な指導方法が実践されている。認知障害に焦点を当てた指導や，対人関係に焦点を当てた人との関係を中心にした指導，さらに言語行動を促す行動療法的なアプローチや言語表現をしやすくするための動作化やコミュニケーションボードを使った指導などである。

　最近は，言語の遅れが目立たない子どもたちもコミュニケーション行動に困難を示していることがわかり，ソーシャルスキルを学習していくことで，状況に合った言語を使うことを指導している。

　ここでは，自閉症児の対人意識や認知の障害に注目した言語指導の実際について記述する。

① 言語の遅れが目立つ場合

　言語の発達のレベルに応じて指導をしていく。視覚的な理解と記憶力で単語を覚え，話せても，言語をコミュニケーションの道具として使っていない場合が多いので，体験を通じて言語表現がコミュニケーションの道具であり，内言語化していくことで自分の状況理解を助ける手段にできるようにしていく。

1) 要求表現を獲得する

　言語が人と関わるために役立つ道具であることを理解させるために，また日常生活をうまく過ごせるように，「……をください」など自分の要求を言語化していく。実際に言語で要求表現をさせ，要求がかなうことで効力を実感させながら要求表現を獲得させる。

2) 指さし行動の理解と活用

　単語は理解していても，人と注意を共有する指さし行動は理解していないことがあるので，具体的な状況を設定して指さし行動を理解させ，活用させていく。

3) 動詞の獲得

　単語のみで言語表現している子どもには，その先の動詞などの二言文に発展させるために，動詞の意味の理解を具体的な状況の中で使い，理解させていく。

4）時間や季節などの時の経過を表す言語の獲得

　見通しをもって行動することが難しいので，時の経過を表現する言語獲得も難しい。1日の行動を理解することで「今日」を，好きなテレビ番組などで曜日や時間を，楽しみな事柄を待つことで「明日」を，同様にして「昨日」，月，年，季節など，時の経過を表現する言語を理解させていく。

5）疑問詞の理解

　「いつ」「どこ」「何」など疑問詞にどう答えてよいのか，とまどって答えられない。何について質問されているのか，焦点をはっきり示すことで疑問詞に答える学習をする。

6）副詞・形容詞の理解

　「ゆっくり」「はやく」などの副詞や，「大きい」「小さい」などの形容詞の理解が十分でなく，比較して考えることも苦手で，指示が的確に理解できなかったり，表現がぶっきらぼうになったりする。そこで，動作化や図示をして理解を促す。

7）感情を表現する言語を獲得する

　怒ったり泣いたり，感情的な行動になることがあるが，ひき起こされた状況の理解や感情について言語化できないで，よけいに混乱してしまう。そこで，「……して，悲しかったのね」など，その状況に合わせて，出来事の説明と感情を言語化して教えていく。

8）自分の体験を言語化する

　ある程度話せても，自分の体験を言葉で表現するのは苦手であることが多い。そこで，「いつ，どこで，誰と，何を，どうした」など思い出す項目を決めて，書くことで言語表現を定着させていく。

② 言語の遅れの目立たない場合

　人とうまく関係を結べない社会性の問題がクローズアップされる。このため，言語指導は，自分の状況を内言語化し自律的に行動していく助けにしていくことや，状況に合わせた言葉の遣い方や，相手の気持ちを推測して言語表現をしていくことなど，具体的な事柄を体験を通して学んでいく。

1）援助を求める表現を活用できるようにする

　困った状況になっても，「助けてください」など援助を求める表現が使えないことが多いので，具体的な表現を教えて使えるようにする。

2）体験を言語化し，自分を振り返る習慣をつける

　自分の体験を，抵抗のない短作文で書く習慣をつけていく。さらに，感想を書くようにして，自分の感情についても振り返ることができるようにしていく。

3）場面に応じた適切な言葉遣いと振る舞い方を教える

　「恥ずかしい」など社会的な事柄にまつわる言語理解，場面に応じた言葉の遣い方，相手を傷つけない言葉の遣い方など，言語の背景にある状況の理解を促しながらグループ学習でロールプレイで学習したり，その場その場でよい言葉遣いや行動を評価して，定着するようにする。

5 通常の学級・通級指導教室における指導

(1) 通常の学級の学級経営

① 自閉症の障害特性を理解する

　自閉症の児童生徒がいる学級経営において，担任教師は，まず対象となる児童生徒の障害について知っておく必要がある。自閉症の定義，学習上の特性，行動上の特性などを把握しておくことにより，担任として指導する時の手がかりが得られる。例えば，自閉症の多くは，耳で聞いたことよりも視覚からの情報の方が入りやすいという特性がある。10回繰り返して言うよりも，板書するなり，文字・絵・写真などをカード化して見せる方が効果的である。

　また，学校は，通常は規則通りに生活が進行していくが，行事や曜日変更など，予定が変更される場合も少なくない。自閉症の児童生徒は，予定の変更に人一倍不安を感じて，なかにはパニックになる場合もある。この場合は，あらかじめ変更内容を丁寧に教えておくなどの配慮により大きなパニックを起こさずにすむ。

② 多様な個性を認め合う学級の雰囲気づくり

　障害特性については，「個性」の範囲として認め合うことが大切である。少なくとも担任教師は，障害に起因する行動について理解し，その上で適切な指導を行うようにする。その指導する姿を学級の児童が見て，自閉症の児童への対応の仕方を学ぶのである（モデリング）。周囲の児童が自閉症の児童に適切に関わっていたら，見逃さずすぐにほめるようにすることが重要である。

　ときには，自閉症の児童にたたかれた，物を返してくれない，独り言が気になるなどの苦情を担任に言ってくる場合もあるが，この場合は聞き役に徹して，その児童の気持ちを理解した上で，どうしたらよいかの解決策を共に考えるようにすることが大切である。

③ 学習のルールを早期に定着する

　自閉症の児童生徒が多くの時間を過ごす教室でのルール化は，大変重要である。まずは，学習のルールを定着させるところから始めるようにする。最初に，手順を踏んで定着させることに時間をかけることが大事なのは，後に誤った学習をしてしまってから訂正するにはさらに労力を必要とするからである。

　例えば，教師や級友の方を向いて話を聞く，所定の学習用具が一人で準備できる，板書が視写できる，15分程度の学習のまとまりならばついていける，必要な時以外は離席しない，体育が嫌いという場合でも体操着に一人で着替えるなど

である。最初は嫌がり抵抗することもあるが，定着すると，他の児童よりも丁寧にできることが多い。

④ 保護者との連携

通常の学級にいる自閉症児の保護者と連携する際に留意することがいくつかある。まずは担任教師との信頼関係を築くことが第一である。それは教師の子どもへの愛情と指導に関する熱意によってしか形成されない。指導の経過には，児童生徒の実態のとらえ方，指導上の要望とのすれ違いなどもあるかもしれないが，気楽に相談，情報交換ができる関係ができていれば，自ずと解決するものである。

問題は，他の児童生徒の保護者との対応で苦慮することがある。傷つけられた，勉強が進まない，隣席を嫌がっているなどの苦情が寄せられることがある。こうした苦情には真摯に受けとめ，本人への指導とともに，早めに学年主任，管理職に相談することである。

(2) 通常の学級の集団活動における配慮

① 集団行動を身につけるようにする

一口に自閉症といっても，集団行動にすんなりついていける児童生徒と集団そのものに抵抗を示す児童生徒がいる。周囲に模倣する相手がいて同じ行動が取れる場合はそれでよいが，一人で判断して行動することや応用問題は苦手であることもみられる。また，模倣の相手がマイナスの行動をしていれば，その意味もわからずに行動してしまうことにも，留意する必要がある。

最近，自閉症やAD/HDなどの児童の動きに安易に影響される児童が増え，学級が荒れるなどの状況も一部に報道されているが，教師の指導力や家庭でのしつけなど総合的に判断すべき問題であり，障害のある児童に主原因を求めるような風潮には留意する必要がある。

② 係や当番活動を通して「生きがい」感を育てる

自閉症の児童生徒は，一定の仕事のやり方を身につけると，間違いが少なくやり遂げるようになる。日直や係活動など，手順を書いたものを掲示しておくなどして活動内容が明確になっていれば，確実に遂行する。むしろ手順を省いたりすることが難しい。こうした勤勉さ，実直さは，将来就労する時の基礎的な力となる。

適度な活動や仕事に対して賞賛を得られることは，自閉症児にとっても次の活動への意欲づけになるのである。しかし，与えられた仕事・活動に対してどの程度のストレスや疲労感を抱いているのかを絶えずチェックすることに留意する必要がある。周囲の過度の期待や仕事量が，自閉症の児童生徒の常同行動や多動をひき起こすことにもつながるからである。

③ 集団の中でコミュニケーション能力を育てる

本来的なコミュニケーション能力は集団の中でこそ育てられる。基礎的なコミュニケーション能力が形成されていない場合は，通級による指導で個別や小集団の

指導を受けることが望ましいが，実際の場面は多人数で，また多様な相手の中で生活している。そこで，通常の学級においても，一分間スピーチ，グループごとの学習発表の一部分担，先生のお使いで事務室に画用紙をもらいに行く，校長に手紙を届ける，などのコミュニケーション場面を意図的に設定するなどの工夫も大切である。その場合は，あらかじめ相手と，挨拶の仕方や会話の内容などを打ち合わせておくことが大切である。

(3) 通級指導教室の指導

① 通級指導教室の教育課程

1) 通級による指導とは

小学校または中学校の通常の学級に在籍している軽度の障害のある児童生徒に対して，主として各教科の指導は通常の学級で行いながら，障害に応じた「特別な指導」を特別な指導の場で行う教育形態である。

通級による指導の対象は，「言語障害，情緒障害，視覚障害，難聴，その他心身に故障のある者で特別の教育課程による教育を行うことが適当な者」となっている。自閉症に関する場合は，情緒障害通級指導教室で指導を受ける。

情緒障害通級指導教室の対象については，養護学校就学基準の改正に伴い，平成14 (2002) 年5月に出された「障害のある児童生徒の就学について」の通知に，以下のように示されている。

通級による指導（情緒）	1．自閉症またはそれに類する者で通常の学級での学習におおむね参加でき，一部特別な指導を必要とする程度のもの 2．主として心理的な要因による選択性かん黙等があるもので，通常の学級での学習におおむね参加でき，一部特別な指導を必要とするもの	（変更以前の278号通達） 「自閉，かん黙等情緒障害のある者で，通常の学級での学習におおむね参加でき，一部特別な指導を必要とするもの」

2) 特別な指導とは

通級による指導の教育課程編成については，平成5 (1993) 年1月の文部省告示第7号で，「特別の教育課程を編成するにあたっては，児童または生徒の心身の故障に応じた特別の指導を小学校または中学校の教育課程に加え，またはその一部に替えることができるものとする」と示している。特別の教育課程と時数については，次のようにまとめられる。

・心身の故障に応じた特別の指導は，心身の故障の状態の改善または克服を目的とする指導とする。授業時数は，年間35単位時間から105単位時間までを標準とする。

・ただし，特に必要があるときは，心身の故障の状態に応じて各教科の内容を補充するための特別の指導を行うことができる。上記の指導と合わせて，概ね合計年間280単位時間とする。

3）心身の故障の状態の改善または克服する指導とは

指導にあたっては,「盲学校，聾学校及び養護学校小学部・中学部学習指導要領の規定する自立活動の目標や内容を参考にする」となっている。

＜自立活動の目標＞

「個々の児童生徒が，自立を目指し，障害に基づく種々の困難を主体的に改善・克服するために必要な知識，技能，態度，および習慣を養い，もって心身の調和的発達の基盤を培う」

＜自立活動の内容：5区分22項目＞

健康の保持	心理的安定	環境の把握	身体の動き	コミュニケーション
(1)生活のリズムや生活習慣の形成に関すること	(1)情緒の安定に関すること	(1)保有する感覚の活用に関すること	(1)姿勢と運動・動作の基本的技能に関すること	(1)コミュニケーションの基礎的能力に関すること
(2)病気の状態の理解と生活管理に関すること	(2)対人関係の形成の基礎に関すること	(2)感覚の補助及び代行手段の活用に関すること	(2)姿勢保持と運動・動作の補助的手段の活用に関すること	(2)言語の受容と表出に関すること
(3)損傷の状態の理解と養護に関すること	(3)状況の変化への適切な対応に関すること	(3)感覚を総合的に活用した周囲の状況の把握に関すること	(3)日常生活に必要な基本動作に関すること	(3)言語の形成と活用に関すること
(4)健康状態の維持・改善に関すること	(4)障害に基づく種種の困難を改善・克服する意欲の向上に関すること	(4)認知や行動の手がかりとなる概念の形成に関すること	(4)身体の移動能力に関すること	(4)コミュニケーション手段の選択と活用に関すること
			(5)作業の円滑な遂行に関すること	(5)状況に応じたコミュニケーションに関すること

4）通級指導教室の教育課程

通級による指導を受ける児童生徒の教育課程は，在籍校の教育課程に加えて，または，その一部に替えて編成する。通級による指導を受けた授業も，在籍校の教育課程の一部とみなすことができる。通級指導教室は，軽度発達障害の児童生徒が，通常の学級に学びながら特別な指導を受けることができるシステムである。

通常の学級（在籍校）
各教科
道徳
特別活動
総合的な学習の時間

＋

通級指導教室
特別な指導
・自立活動
（年間35～105単位時間）
・各教科の補助指導
（年間280単位時間内）
｝標準週8時間

通級による指導の「特別の教育課程」は，盲学校，聾学校または養護学校の自立活動を参考にすることになっている。しかし，通常の学級に在籍する高機能自閉症児等の軽度発達障害に対する指導内容としては，必ずしも十分とはいえないことが文部科学省の研究開発学校等からも指摘があり，現在，中央教育審議会（中教審）等でも検討が進められている。

② **通級指導教室の教室経営**
　通級指導教室が対象とする高機能自閉症等の軽度発達障害の児童生徒は，一見して障害がわかりづらいことが特徴である。行動特性からくる言動も，「自分勝手」「我がまま」等と誤解されやすい。個々への深い理解，特別な教育的ニーズに合った適切な指導，通常の学級担任・保護者・関係者との密接な連携が大切である。

　1）個別理解を深める（アセスメント）
　一口に高機能自閉症といっても，生活環境も能力もつまずきも，一人一人それぞれ違っている。在籍の通常の学級の大きな集団場面では，なかなか的確な実態把握はできない。このため通級指導教室では，保護者からの聞き取り，在籍校での授業参観や担任との面談，医療機関との連携を含めた諸検査等によって，どのような特別な教育的ニーズがあるかを明らかにすることが求められる。こうしたアセスメントをもとに，限られた指導時間での指導であることを考えて，指導目標を絞って個別の指導計画を立てて指導を行っていくことが効果的である。

　2）ニーズに応じた適切な指導を行う
　ア．自信と意欲の回復を図る
　これまでの成育過程や通常の学級の生活では，他の幼児や児童生徒と比べて負の評価をされがちな高機能自閉症等の幼児や児童生徒である。このため，自信を失い学習意欲が減退して，できることにも取り組まなくなっている。そこで，「できた」「わかった」という経験ができるように通級指導教室の指導を組み立てていくことが基本である。

　イ．計画的な指導を行う
　誰でも，「できた」と本人が感じ，周囲からの賞賛があって初めて自信がつく。少し頑張ればできる課題を用意するという「ねらいの設定」「場の設定」が，通級指導教室における指導といえる。在籍校とは異なる特別な場だからこそできる「構成された場面」「計画的な指導」で，ニーズに応じた指導を行うことが重要である。

　ウ．指導の切り込みは楽しさから
　児童生徒一人一人の興味・関心，得意なもので楽しんで取り組めるような課題から入っていくことが大切である。特に，指導者も共に楽しむゆとりをもって接することで，信頼関係が築かれる。人と関係する快さを基盤に指導を進めることが大切である。

　エ．障害特性に応じた指導を行う
　自閉症の認知特性やこだわり，対人関係の乏しさなどに注目し，何を，どう育てていくか指導の見通しを立てて指導することが重要である。特に，視覚刺激の

優位性などを活用した教材教具の開発が同時に工夫される必要がある。

オ．学習態勢を培う

　情報をきちんと受けとめる態度づくりは，学習を積み上げていくための土台となるものである。「席に着く」「話し手を見る」「よい姿勢で聞く」などの基本的な約束事を身につけていけるよう根気よく指導していく必要がある。目当てや何をしたらよいかがわかりやすいように，絵カードやサイン等単純化し，視覚に訴える教材を使用することが有効である。

カ．言語コミュニケーション能力を育てる

　人と人を結ぶ言葉を意図的・計画的に獲得できていくよう指導していくことが大切である。挨拶，困った時や嫌な時の伝える言葉，頼む時の言葉，相手を不快にさせない言葉など，その児童生徒の社会生活に必要な言葉を整理しておくことが大事になる。

キ．対人的スキル・社会的スキルを身につける

　「こういう場面ではこうしてはいけないんだ」「こうした方がみんなも楽しいんだ」という具体的な場面で振る舞い方を，体験を通して学習していくことが効果的である。

3）保護者や在籍校担任との連携の橋渡し役になる

　一見して障害のわかりづらい児童生徒なので，周囲の人々の理解や思いのすれ違いはたくさんある。通級指導教室の担任は，教室で指導するだけではなく，積極的に通級児を取り巻く人々（保護者や学校の担任，校長，地域の関係者等）に会い，十分に話を聞き，互いがよりよい関係が築けるような仲立ちをしていかねばならない。また，孤立しがちな保護者同士を，保護者会・卒業した保護者との交流会などを通してつなげていく，ネットワークづくりの場を提供していくことも大切な役割である。

③ 通級指導教室における個別指導と小集団指導

1）個別指導

　集中の持続がない，状況や相手の気持ちを読み取れない，こだわりが強く次の課題に進めないなど，一人一人のつまずきは異なるが，学習を積み上げていく上での困難さをもっている。ともすれば，失敗感の積み重ねから，学習に取り組む意欲や自信を失っている場合がある。個々の児童生徒の特性や能力，認知の偏り等に応じて個別の指導計画を立案し，細かな学習ステップや指導法を工夫しながら力を伸ばしていくためには個別指導が大切である。

　〈主な指導内容例〉
　○ 認知特性に応じた学習方法の習得
　○ 自分の行動の振り返り
　○ 系統的な言葉の指導
　○ 相手の気持ちや状況の読み取り
　○ 自己認知と前向きな自己評価
　○ できることを増やす

2）個別対応しながらの小集団指導

　通級指導教室には，通常の学級での不適応が主訴となって通級してくる児童生徒がほとんどである。行動上の課題があ

るため，社会性スキルを身につけていくことが大きな目標となっている。

社会性のスキルの獲得には，場面やねらいを意図的・計画的に設定した小集団学習が必要である。小集団学習といっても，個々の課題や目当てを考え，個別対応を大切にしたい。個別の指導でできるようになったところで小集団での活躍場面をつくったり，小集団の時に見えてきた課題を個別にじっくりと指導したりするなど，個別指導と小集団の指導の双方を関連づけ，相乗的に効果が上がるように指導計画を編成することが重要である。

┌─〈主な指導内容例〉─────────
│ ○コミュニケーションの学習
│ 「聞く」「話す」という言葉を介しながらの学習を通してコミュニケーション能力の向上をめざすとともに，対人的スキル，社会性のスキルに関する指導を行う。
│ ○運動・動作の学習
│ 運動を通して，身体の部位や動きの意識化，動作の模倣，静と動のコントロール，身体の調整，協応動作ができるように指導する。同時に，指示を聞いて素早く行動する，まわりの動きに合わせて動くなど集団行動の基礎を学習する場面とし，ゲームや競技の経験の中で勝敗の受け入れや最後まで頑張る気持ちを養う。
│ ○ソーシャルスキルの学習
│ 遊びを通して，ルールを守る，集団の中での振る舞い方，適切な言葉遣い，気持ちや行動のコントロールの仕方を指導する。協力したり競い合ったりして，楽しい人間関係，仲間意識などを意図的に体験できるようにする。

〈一日のカリキュラム例〉

時 程 [月～金]			
A 時 程		B 時 程	
8：55～	ソーシャルタイム	8：55～	ソーシャルタイム
9：25～	コミュニケーションの学習	9：25～	コミュニケーションの学習
10：00～	運動・動作の学習	10：00～	運動・動作の学習
10：40～	ソーシャルタイム	10：40～	ソーシャルタイム
11：00～	自由時間	11：00～	自由時間
11：15～	個別学習	11：15～	個別学習
11：40～	自由時間	11：40～	自由時間
11：45～	個別学習	11：45～	個別学習
12：10～	清掃・給食指導・自由時間	12：10～	清掃・給食指導
12：55～	コミュニケーションの学習	12：55～	自由時間
13：10～	ソーシャルタイム	13：00～	個別学習
13：45～	（保護者との話し合い）	13：45～	コミュニケーションの学習
		14：00～	ソーシャルタイム
		14：35	（保護者との話し合い）

④ 通常の学級と通級指導教室との連携

週の大半を過ごす通常の学級における指導と，通級指導教室での指導が相互に関連づけられ，連続した効果的指導になっていくことが望ましい。

通級指導教室の担任が在籍校を訪問して授業参観や話し合いの機会をもつ，反対に，通常の学級の担任が通級指導教室に訪れて児童理解を深める，などが必要である。

刺激に左右されがちな特性をもつ自閉児は，場面や人の対応によって状態像が違うことが多々ある。在籍校と通級での双方の実態把握を重ねてみることも重要である。

昨今では，双方の指導の連続性を求めていくために，通級指導教室での個別の指導計画に合わせて，通常の学級での個別の指導計画を立てる試みがなされてきている。通常の学級と通級指導教室の両方の場での個別の指導計画を立てて指導することにより，指導が相乗的に効果を上げることができた指導事例が報告されている。

在籍校の個別の指導計画例

通級指導学級との関連	指導場面	課題	1学期		2学期		3学期	
			支援	評価	支援	評価	支援	評価
ソーシャルスキル	・清掃 ・給食 ・着替え	・好き嫌いを言わず，何でも食べる ・食事のマナーを身につける						
	・グループ活動 ・休み時間	・進んで友達と遊ぶ						
言語・コミュニケーション	・学級活動 ・係活動 ・発表	・自分の意見や考えを言う時は，手を挙げて言う						
運動・動作	・体育 ・体育的行事	・思うようにいかないことがあった時は，あせらずに気持を落ち着けてから話す ・苦手なことにも挑戦する						
学習 ・認知 ・教科	◎教科の授業	・字をわかりやすく丁寧に書く ・ノートをきれいに，見やすく書く ・わからない時は，手を挙げて質問する						
情緒 ・自信 ・意欲 ・自己認識	・反省カード (学期を振り返って)	・自分のよいところを見つける ・自分の目当てを忘れずに生活する						

6 特殊学級・養護学校における指導

(1) 特殊学級における教育

　特殊学級は，学校教育法第75条の規定により，小学校・中学校に設けられている（学校教育法上では，高等学校に設置することも可能であるが，設けられていない）。

---学校教育法第75条---
　小学校，中学校，高等学校及び中等教育学校には，次の各号のいずれかに該当する児童及び生徒のために特殊学級を置くことができる。
　一　知的障害者
　二　肢体不自由者
　三　身体虚弱者
　四　弱視者
　五　難聴者
　六　その他心身に故障のある者で，特殊学級において教育を行うことが適当なもの。
② 前項に掲げる学校は，疾病により療養中の児童及び生徒に対して，特殊学級を設け，又は教員を派遣して，教育を行うことができる。

　この規定のうち，その他の特殊学級として，言語障害と情緒障害がある。そこで自閉症の児童生徒については，既述のように，知的障害を併せる場合は知的障害特殊学級，知的発達の遅れがない場合は情緒障害特殊学級となる。

　全国的な状況では，知的障害特殊学級と情緒障害特殊学級が同一校に設けられている例もある。

　なお，情緒障害特殊学級の対象としては，環境との軋轢から生じるいわゆる情緒障害児と，発達障害である自閉症児の2タイプある。それぞれの状態像や指導内容，配慮等が異なるため，分ける方が望ましいが，地域の実情により，分かれていない例が多い。

(2) 学習指導要領に示す特殊学級の教育課程

　特殊学級は，前述のように多様な種類の学級がある。そこで学習内容については，各障害の種類ごとに規定せず，学校教育法施行規則第73条の19第1項において以下のように示している。

---学校教育法施行規則第73条の19第1項---
　小学校若しくは中学校又は中等教育学校の前期課程における特殊学級にかかる教育課程については，第24条第1項，第24条の2及び

> 第25条の規定並びに第53条から第54条の2までの規定にかかわらず，特別の教育課程によることができる。

また，さらに特別の教育課程を編成する場合には，「学校教育法施行規則の一部を改正する省令等の制定並びに高等学校，盲学校，聾学校，養護学校及び中等教育学校の前期課程における特殊学級において特別の教育課程による場合は，新しい小学部・中学部学習指導要領を参考として実施すること」（平成11年3月29日　文初高　第457号文部事務次官通達）とされている。

このことから，知的障害特殊学級や情緒障害特殊学級は，盲学校・聾学校及び養護学校小学部・中学部学習指導要領のうち知的障害者を教育する養護学校の各教科等を参考とすることとなる。

(3) 特殊学級の教育課程編成と配慮

自閉症の児童生徒は，その特性から学年相応の各教科の指導が可能な者，自立活動や生活科，領域・教科を合わせた指導が望ましい者，遊戯療法的な治療教育を中心に指導を組み立てる必要のある者まで様々である。このため，個々の児童生徒の状態に応じて教育的ニーズを把握し，教育課程の編成や配慮を行うことが大切である。

そこで，特殊学級の教育課程は，各教科，道徳，特別活動のほかに障害の状態の改善・克服のための自立活動の時間を位置づけたり，領域・教科を合わせた指導（日常生活の指導，遊びの指導，生活単元学習，作業学習など）の指導形態を組み合わせて教育課程を編成している点である。

また，通常の学級との関連を図り，学校全体の教育活動と密接に有機的に関連させることのできる教育課程編成を行っている点も特徴である。これは，小・中学校に設置されている学級の利点を最大限に生かし，交流教育の充実等を図り，児童生徒の社会性を育て，好ましい人間性を育てるための取り組みである。

① 自閉症児のための教育課程の編成

自閉症児は，状況把握の困難さや相手の感情理解の困難さなど，生活を営む上での対人関係，社会性を獲得する能力，言葉の理解や伝達の仕方に問題をもち，コミュニケーションを図ることや興味・関心の幅が狭く，こだわりや固執性が強いためスケジュールの変更や柔軟な行動が難しいといった行動上の問題に特徴がある。その一方で，知的能力には大きな障害のみられない場合がある。

教育課程を編成する上では，こうした特徴をふまえ，以下のような配慮をして教育課程を編成していく必要がある。

1) 子どもの能力や行動の特徴を把握し，教科や領域のどのような内容の指導が必要かを見極める。
2) 一度身につけた行動様式は変えにくいので，最初から固定された日課に従って指導が行えるよう準備する。

3）授業時間ごとの切り替えが難しいので，チャイムを鳴らしたり活動場所を変えるなどのわかりやすい区切りを入れる。
4）状況把握の困難さや固執性に対しては日々の日課を固定し，1週間の時程を帯にするなどして，生活しやすい日課表の作成を心がける。
5）知的能力が高いからといって教科・領域の指導を中心にしてしまうことなく，基本的生活習慣の獲得や社会性の伸長を図れるような教育課程にする。

以上のような配慮をするとともに，学級の構成メンバーとのバランスを考えて，具体的な指導場面を考えて教育課程の編成をしていく必要がある。

表Ⅱ－4　自閉症児のための特殊学級日課表例

校時	時　間	月	火	水	木	金
1	8：20～9：20	日常生活の指導 <<着替え>><<係仕事>><<朝の会>>				
2	9：25～10：10	生活単元学習				
3	10：30～11：15	国語	国語	国語	体育	音楽
4	11：20～12：05	体育	音楽	算数	算数	算数
給食	12：05～12：50	給食指導				
5	13：50～14：35	総合的な学習の時間	総合的な学習の時間	体育	国語	図工
6	14：40～15：25		特別活動 （クラブ・委員会）			図工
	15：30	帰りの会・下校				

② **特殊学級教育課程編成の実際**

特殊学級において教育課程を編成する時には，学校の教育目標を具現化する方向で進める。学校教育目標から学級目標を設定し，それをもとにして児童生徒の実態に応じた指導目標を定め，その実現のための教育課程を編成する。

自閉症児の指導においては，基本的生活習慣を身につけるための指導と知的能力や知識技能の発達を促すための教科学習の時間，社会性や集団性などを高めるための指導の時間等を位置づける必要がある。

そうした指導内容を行うためには，ま

ずどのような領域・教科や，領域・教科を合わせた指導の形態を設定するかを決めることが必要である。その教科や指導形態での指導内容を考え，各教科等それぞれの授業時数を割り当てたものが，週時程表となる。

各教科，道徳，特別活動及び領域・教科を合わせた指導などで具体的に取り上げる指導内容は，以下のようなものが考えられる。

1) 日常生活の指導……着替えができるようにしたり食事のマナーを身につけたり持ち物の整理等ができるようにするための指導を行う。
2) 各教科の指導……基礎的な知識技能を獲得したり，読み書きや計算ができるように能力を伸ばしたり，音楽や絵画等を楽しんだり，基礎体力や運動機能を発達させるための指導を行う。
3) 生活単元学習……領域・教科等で学習した内容を生かし，生活に即した活動の中で生活を楽しんだり，友達と協力することや社会の規範に従って行動することを身につけて，社会生活に適応していくための力を身につけるための指導を行う。
4) 作業学習……働く力を育成するために，作業態度を身につけさせ作業能力を伸ばしていくための指導を行う。
5) その他……道徳の時間や特別活動，自立活動などの時間では，障害の内容や程度に応じて，社会規範や対人関係のあり方，係活動やボランティア活動などの内容を取り上げ指導を行う。

上記のような指導内容を具体的な題材や単元に置き換え，年間の指導計画を立てていくと，教育課程が完成する。しかし特殊学級では，単に児童生徒の教育的ニーズだけで教育内容が決定するのではなく，通常の学級や学校全体の動きに合わせた教育活動に参加するための指導も重要な部分を占める。したがってこの年間指導計画には，学校全体の行事や活動が組み込まれる必要がある。

(4) 自閉症児の生活指導

学校生活を送る上では，教科等の指導のほか，生活指導が重要である。ここでは指導上の留意点のみを示す。

1) 自閉症児は，学校生活になじむまでは教室から飛び出したり，好きな場所に行って過ごしたりすることがあるが，探索が終わり環境に慣れると教室で生活できるようになるので，待つことが必要である。
2) 他の子の話し声や泣き声に敏感に反応し，パニックを起こしたり教室に入るのを怖がったりすることがあるので，クラス編成や机の位置等に注意する。
3) パニックを起こしたり奇声を発したりしている時には，必ず原因があるので我慢させたり慣れさせたりするのではなく，原因を取り除くようにする必要がある。
4) 一日のスケジュールを固定し，時間ごとの区切りを明確にして生活しやすい環境構成をする。

5）予定を変更する場合は事前に伝えるとともに、新しい経験をさせる時は事前に準備体験を仕組んでおくことが大切である。

(5) 養護学校における自閉症児教育

自閉症で知的障害を併せる者は、知的障害養護学校に多く在籍している。知的障害養護学校小学部においては 30〜50％が在籍しており、学校によって異なっている。また同高等部においては、20〜25％程度であり、中学校特殊学級（一部には中学校の通常の学級）から進学してくる者もいる。また、一部の高等部には、学力の遅れから高機能自閉症や LD 等の生徒も進学してくる現状がある。

他方、盲学校・肢体不自由養護学校・病弱養護学校においては、わずかながらも自閉症を併せている児童生徒が在籍している。

このような中で各学校では、個別の指導計画を作成し、個に応じた指導の充実を図るべく、教育課程編成においても工夫が行われている。

(6) 学習指導要領における養護学校の教育課程の示し方

① 学習指導要領の種類

我が国の教育の基準となる学習指導要領等には、幼稚園教育要領、小学校学習指導要領、中学校学習指導要領、高等学校学習指導要領、盲学校、聾学校及び養護学校学習指導要領の5種類がある。

盲学校、聾学校及び養護学校学習指導要領においては、各学校の教育内容を示しており、幼稚部教育要領、小学部・中学部学習指導要領、高等部学習指導要領の3つがある。そこでは例えば、小学部・中学部は、各教科、道徳、特別活動、自立活動、総合的な学習の時間について示している。

学習指導要領は、障害種別の学校で示してあるために、自閉症のみを取り上げて示していない。自閉症の児童生徒の場合は、家庭生活や社会生活における諸技能の向上、そこで必要とされるコミュニケーション能力の向上が求められており、知的障害を併せる自閉症の児童生徒の場合は、知的障害養護学校の各教科等の指導について、自閉症の児童生徒の学習特性に応じた配慮が必要である。

② 知的障害養護学校の各教科

知的障害養護学校の教育課程の特色は、社会参加・自立をめざし、生活に結び付いた実際的な内容を、具体的な活動を通して指導するよう編成している。そこで、盲学校、聾学校及び養護学校小学部・中学部学習指導要領においては、知的障害者を教育する養護学校の各教科の目標と内容は、小・中学校とは異なり、児童生徒の実態に即して独自に示してある。また、道徳、特別活動、自立活動の領域も示してある。

各教科の内容には、発達段階が1〜2歳程度の内容も含まれており、例えば、小学部国語では「日常生活に必要な国語

を理解し，表現する能力を養う」ことを目標とし，内容は3段階に分けて示してあり，1段階では「友達と一緒に，紙芝居やテレビを見て楽しむ」ことなどが示されている。

知的障害養護学校小学部の各教科は，生活，国語，算数，音楽，図工，体育の6教科である。中学部は，国語，社会，数学，理科，音楽，美術，保健体育，職業・家庭を必修とし，外国語は学校が設けることができる選択教科となっている。また，高等部は，国語，社会，数学，理科，音楽，美術，保健体育，職業，家庭を必修教科とし，情報と外国語は学校が設けることができる選択教科である。さらに高等部の専門教育を主とする学科の教科として農業，工業，家政，流通・サービスの4教科を示している。

また，道徳，特別活動及び自立活動は，小学部，中学部，高等部に設けられ指導されている（学校教育法施行規則第73条の7，8，10）。

③ 領域・教科を合わせた指導

各学校における教育課程編成では，指導要領においては，教科別に示してあるが，対象とする児童生徒の精神発達が未分化のため，教科別に細分化しないで，生活に沿った様々な活動を中心とし，教科別の指導は補完的に位置づけて編成している。つまり，学校教育法施行規則第73条の11第2項において示された各教科，道徳，特別活動，自立活動の一部または全部を合わせて授業を行うことができるという規定を用いて指導している。

これは「領域・教科を合わせた指導」と呼ばれ，「日常生活の指導」「遊びの指導」「生活単元学習」「作業学習」の4つの形態がある。

1) 日常生活の指導

日常生活の指導は，児童生徒の日常生活が充実し，高まるように日常生活の諸活動を適切に指導するものであり，衣服の着脱・洗面・手洗い・排泄・食事などの基本的生活習慣の内容や，挨拶や言葉遣い，時間や決まりを守るなど集団生活をする上で必要な内容である。この指導は，生活の流れに沿って実際的な状況の下で指導を行うものであり，登校・用便・朝のしたく，係の仕事，朝の会，給食，終わりの会，下校等の日々繰り返される中で指導される。

2) 遊びの指導

遊びの指導は，遊びを学習の中心に据え，身体活動を活発にし，仲間との関わりを促し，意欲的な活動を育てていくものである。

遊びの指導は，自由遊びと課題遊びに分けることができる。自由遊びは，一定の条件や遊びの場が限定されることなく，児童が自由に取り組む遊びである。他方，課題遊びは砂遊び，水遊び，粘土，段ボール，積み木，ボールなどの設定した場や遊具で，一定の課題に沿って取り組む遊びである。これらの遊びの指導の課題は，生活単元学習，音楽，体育，図画工作などの学習の課題につながっていくものである。

3) 生活単元学習

　生活単元学習では，児童生徒が生活上の課題の処理や問題解決のための一連の目的活動を組織的に経験することによって，自立的な生活に必要な事柄を実際的，総合的に学習するものである。特に，児童生徒の生活上の課題に沿って組織されることが重要であり，その活動を通して身につけた内容が生活に生かされることが重要である。

　例えば，遠足や宿泊行事の実施にあたっても，観光バス利用ではなく，公共交通機関を使用し，目的地への交通機関の利用方法（乗り換えも含む），切符の購入，列車時刻表の読み方，電車の中でのマナーなどが指導される。また，必要に応じて駅に集合するなどの学習や，昼食のお弁当を作るなどの学習が事前指導段階から組まれる。

　このような，目的に合わせて一連の活動をひとまとまりの単元活動として計画・実施し，これらの活動を通して，個々の社会生活に関する技能を広げたり，高めたりするよう展開する。

4) 作業学習

　作業学習は，作業活動を学習の中心に据え，児童生徒の働く意欲を培い，将来の職業生活や社会的自立をめざし，生活する力を高めることを意図している。作業学習では，様々な種目が取り上げられ，以下のような例がある。

　農業では野菜・果実・草花など，紙工では和紙のはがき・名刺・紙箱など，木工では飾り物・本立て・コースターなど，織物ではさおり織り・刺繍など，陶芸では食器・飾り物などの作業種目が取り上げられるほか，リサイクル，オフセット印刷，地場産業など，生徒の実態や学校，地域によって異なっている。

　なお，作業学習の一部または発展として行われる産業現場等における実習（現場実習）については後述する。

(7) 知的障害養護学校における教育課程

　小学校・中学校においては，各教科ごとに指導内容が学年別に示され，各教科等の授業時数も示されている。しかし，児童生徒の障害の実態が多様であることから，実態に応じた教育内容が選択され，必要な授業時数を充てて教育課程が編成されている。

　小学部低学年では，日常生活の指導，遊びの指導，生活単元学習を中心に指導し，高学年になるに従って，国語，算数，音楽，体育などの教科別の指導が加わってくる。

　中学部では，日常生活の指導，生活単元学習，作業学習を中心とし，教科別の指導を加えている。

　高等部では，学校教育終了後の自立的な生活をめざして，将来生活に必要な内容が精選されて，実際的な場面で具体的な経験を重視した指導が行われており，作業学習，生活単元学習を中心とし，教科別の指導を加えている。

　特に，各学部とも教科別の指導では，

個人差が大きいため，学習の習熟の状況に応じて，集団を再編成して指導している。

なお，一部の養護学校において，自閉症の児童生徒を対象として自立活動の時間を設け，言語指導を中心とした指導を行っている。

(8) 高等部教育と職業教育

知的障害養護学校高等部は，義務教育ではないために基本的には選抜制がとられ，入学考査が行われる。しかし，現状としては，ほとんどすべての者が中学部卒業後に高等部に進学し，高等部も希望者を受け入れている。なお，高等養護学校や一部の職業学科では，定員を設け，入学考査を実施している。

高等部普通科では，普通教育を行うものであるが，各教科の授業時数はそれぞれの学校で定めるため，生活単元学習や作業学習（職業，家庭を中心として他の教科や領域を併せて指導を行う）を中心として編成されている。また，国語，数学，音楽，美術，保健体育等のほか，選択教科である情報や外国語（主に英語）が指導されている。

職業教育を主とする学科では，農業・工業・家政関係の学科が置かれ，専門教科が指導されるが，普通科に比べて職業教育の授業時数が多くを占めている。

(9) 職業教育と産業現場における実習（現場実習）

高等部では，作業学習の一部もしくはその発展として産業現場における実習が行われ，将来の職業人としての基本的な知識や技能や態度などを学ぶよう，企業や作業所等において指導される。

現場実習は，第1学年から実施する学校もあれば，第2学年から実施するところもある。実習期間は，生徒の実態や卒業後の進路を考慮して，3日～2カ月程度実施されている。特に，企業における実習では，様々な職業があることを知る，職業人として必要な知識や技能や態度を学ぶことなどをねらいとして行われ，卒業後の進路先に円滑に移行できるよう，教師による巡回指導など様々な配慮が行われる。

自閉症の生徒の場合は，新しい環境への円滑な移行を促すために，指導担当者を決めてもらうほか，特に，毎日の予定表による業務内容の確認，本人向けの業務指示書，製品や材料の色分けしたケースの導入，製品製造工程や作業工程の図示など，学校における様々な配慮と同様の配慮を行っており，成果を上げている。

(10) 養護学校における集団編成と個に応じた指導

養護学校においては，個々の児童生徒の教育的ニーズを把握し，個別の指導計

画が作成され，これをもとにして集団の編成が行われている。

養護学校の学級集団は，普通学級と，視覚障害・聴覚障害・肢体不自由などの他の障害を併せる重複障害学級がある。重複障害学級は，学校教育法施行令第22条の3に定める5つの障害のいずれかを2つ以上併せている場合に限られているため，自閉症の場合は，知的障害を併せていても，基本的には普通学級となる。

① 一般的な編制

養護学校の普通学級は，基本的には学年別に学級編制され，これを基本とした学習活動が行われる。しかし，個々の児童生徒の興味・関心や，身につけてきた学習内容の個人差が大きいため，国語や数学などの知的な学習については，個々の生徒の学習の習熟状況に応じた集団の再編成を行い，指導している。さらに，中学部や高等部においては，生徒の興味・関心等を考慮し，外国語や情報などを選択教科として学習するよう教育課程を編成している学校もある。

また，作業学習では，いくつかの学年を合わせて作業種目ごとの学習集団を再編成しているのが一般的である。

知的障害養護学校では，すべての学部において個別の指導計画の内容を考慮し，これをもとにして，学習内容による集団の再編成を行い，個に応じた指導を進めている。

重度重複学級は，他の障害を併せている児童生徒の学級であり，肢体不自由を併せている児童生徒の学級が多く，ここでは，併せている障害に関する機能訓練などの指導が行われている。また，作業学習などでは，普通学級と一緒に再編成し，望ましい社会性の育成を図っている。

② 自閉症児の学習集団

近年，小学部において自閉症の児童の占める割合が高くなり，一部には自閉症の児童のみで基礎集団をつくる試みもみられる。ここでは自閉症の特性を考慮した様々な配慮が行われており，行動の基準についてもそれぞれの児童の実態に合わせた指導が行われている。このことについては，自閉症の児童生徒相互のコミュニケーションは，ホームルームの時間などでやりとりをする場を設定しても指導内容面で十分とは言い切れないこと，友達と一緒に遊ぶことや作業的な共同活動が進めにくいことなどが指摘されているが，彼らなりのコミュニケーションの方法の獲得や，十分な環境を用意することにより，発達がみられるという報告もある。今後，より一層の実践研究が必要である。

(11) 養護学校における自閉症の児童生徒に対する様々な配慮

日々の学校生活を見通しをもって活動しやすいものとするために，学校生活全体では次のような配慮が行われている。

① 行動の手順を明確にし，繰り返す

日々繰り返される活動は，行動手順を

明らかにし，これを繰り返すことにより，生活に必要な活動を身につけていくこととなる。例えば，靴の脱ぎ履きの手順は，「靴を下足箱から出す，玄関の土足部分に揃えて置く，しゃがむ（座る），右足の靴を持つ，右足から履く，靴のかかと部分を持ってかかとをきちんと入れる，……」となる。同様に，上着やスモックなどの衣服の着脱なども手順を明確にするが，その着衣によってファスナーやボタンなどの違いもあるので，着衣一つ一つについて留意する必要がある。

また，児童によって好みがあり，それぞれの家庭で身につけてきた手順もあるため，学校と家庭との連携が必要である。

② 日々繰り返される活動は，手順を明確にする

例えば，朝，登校したら，靴を履き替える，教室に行く，かばんを下ろして家庭と学校との連絡帳を取り出す，連絡帳を所定の場所（教卓など）に置く，トイレに行く，係の活動を行う，チャイムが鳴ったら着席して先生が教室にくるのを待つ。このような活動手順が明確にされることにより，手順を理解し，さらに繰り返されることにより定着化と活動時間の短縮化を図ることとなる。

③ 個別の収納場所

学校生活を送るために必要な学用品，私物などを収納するための，下足箱，ロッカー，帽子かけなどは，個別に用意され，氏名ラベルが貼られるが，児童の実態から，好きな動物名・目印となるシールで示されることもある。

なお，学用品ロッカーの収納を確実にするために，用品を描いた箱を用意し，確認しながら収納させている例もある。

④ 一日の予定の見通しをもたせる

学校の生活時程（日課）は，月曜から金曜日まで，朝の会の後，毎日，音楽・体育などの活動を組むことによって，児童生徒にとって単純化された活動は見通しがもちやすいし，次の活動への準備もできる。このような生活時程は，小学部低学年や，小・中学部の重度の児童生徒が多い学級，一部には自閉症の児童が多くいる学級で取り入れられている。

次に，朝の会では，一日の予定を確認していく。この場合，絵カードや写真を貼付したカードを示し，短時間に活動内容や準備するものなどを視覚的にとらえさせ，理解を促すよう指導している。なお，自閉症の児童生徒が多い学級では，特に，朝の会で知らせた予定は急な変更がないよう留意している。

なお，運動会前の臨時時間割，短縮授業期間の時間割などは臨時的・一時的であるが，自閉症の児童生徒には，これを理解して対応していくことが難しい場合がある。

また，避難訓練は，生徒に事前連絡なしで行われることもあり，このときは予定外の活動であり，一時的にせよ非常放送やサイレンを鳴らすこともあるので，自閉症の生徒には大きな戸惑いが見られる。なお，知的にも高く経験を積んだ高等部の生徒は，非常時に取るべき行動の方法を身につけてきている。

⑤ 場所の表示と利用に対する配慮

教室以外の,特別教室や共同利用部分(トイレ等),管理部分(倉庫)などの表示をするとともに,挿絵を入れて示すなどにより,児童生徒が理解しやすいようにしている。また,小学部では,安全の確保を行うため図工などの活動も教室で行い,機械や道具のある特別教室は使用しないようにしている。なお,自閉症の児童のために,一つの教室を共同活動スペース,共同学習スペース,個別学習スペースに区分して,活動内容によって場所を区分している学級もある。

このような環境上の配慮は,小学部において特にきめ細かく行われ,中学部・高等部に進むに従って,将来の生活や一般的な社会生活を想定し,徐々に配慮を少なくし,いろいろな場で状況を判断し円滑に活動できるよう指導している。

⑿ 交流教育

① 小・中学校等との交流

養護学校と小学校・中学校・高等学校との交流は,同年齢の児童生徒との交流を通して相互に望ましい社会性を育てていくとともに,障害児・者への理解を進めることをねらいとして行われている。

特別活動における交流会,学校行事への招待などの直接的な交流のほか,手紙や絵画の交換などの間接的な交流も行われている。また,最近は,インターネットを利用したメールや絵画のやりとりなど,学校間の交流も行われてきている。

② 地域との交流

養護学校の児童生徒が地域で生活していくために必要な知識や技能・態度などを学習する機会として,公共施設(図書館・郵便局)の利用,商店等での買い物など,学校周辺の地域での学習が進められている。さらに,運動会や学芸会の招待,老人施設訪問(高等部ではボランティア活動)など,地域の人々との交流が行われている。

③ 個別的な居住地の小・中学校との交流

養護学校に在籍し,居住地の小・中学校で一部の教科等の学習を行う,いわゆる居住地校交流は,知的障害児の実態やニーズから考え,各教科の指導内容や学習進度に適合するかどうか,生活リズムが異なっていることが適切であるかどうか,在籍関係や指導体制などの問題から,あまり行われていない現状である。なお,居住地の小・中学校の運動会などの行事に参加している例はある。他方,小・中学校に在籍し,一部の学習を養護学校で受けるという交流も,上記の理由から,ほとんど行われていない現状である。

今後,高機能自閉症の児童生徒で,小・中学校の通常の学級に在籍しつつ一部の特別な授業を養護学校で受けることは考えられるが,個別の教育支援計画や,具体的な個別の指導計画の作成段階において,教科学習とともに,集団参加や社会性の育成などについても十分に検討していく必要がある。

7　個別の教育支援計画・個別の指導計画

(1) 様々な支援計画や指導計画の定義と関連

「個別の支援計画」「個別の教育支援計画」「個別の指導計画」「個別移行支援計画」などの用語がいろいろなところで使われている。これらの用語の定義と関連について説明すると次のようである。

① 個別の支援計画

障害者基本計画の中で使われている用語である。「教育・育成」の「(2)施策」の基本的方向の中で，「障害のある子どもの発達段階に応じて，関係機関が適切な役割分担の下に，一人一人のニーズに対応して適切な支援を行う計画（個別の支援計画）を策定して効果的な支援を行う」とあり，さらに，「障害のある子どもの社会的・職業的自立を促進するため，教育，福祉，医療・保健，労働等の幅広い視点から適切な支援を行う個別の支援計画の策定など障害のある子ども一人一人のニーズに応じた支援体制を構築する」と示されている。

個別の支援計画は，障害のある子ども一人一人について，乳幼児期（障害があるとわかった時点）から学校卒業後までの長期にわたり，医療・保健，福祉，教育，労働等の幅広い視点から支援を行うためのものであるといえる。

② 個別の教育支援計画

個別の教育支援計画について，『盲・聾・養護学校における「個別の教育支援計画」──「全国特殊学校長会　中間まとめ」ビジュアル版』（全国特殊学校長会編集）では次のように解説している。

> 「個別の教育支援計画」は，障害者基本計画における「個別の支援計画」と同じものであり，「個別の支援計画」を教育機関が中心となって作成する場合に，これを「個別の教育支援計画」と呼ぶ。つまり，「個別の教育支援計画」は，「個別の支援計画」の中に含まれるものであり，「個別の支援計画」を学校等の教育機関が中心となって作成する場合の呼称である。
>
> 「個別の教育支援計画」は，障害のある児童生徒を取り巻く，福祉，医療，労働等の各機関等との密接な協力体制の下で，学校等の教育機関が中心となって作成する。このことは，障害のある児童生徒を，地域社会に生きる個人として，社会全体として支援していくという考えを背景とし，児童生徒一人一人を見つめてそのニーズに対応するために，地域社会の支援体制の中で生涯にわたる支援をすることを考えの基本にして

いる。

また,「小・中学校における LD（学習障害），ADHD（注意欠陥／多動性障害），高機能自閉症の児童生徒への教育支援体制の整備のためのガイドライン（試案）」において，次のように説明している。

> 個別の教育支援計画とは，該当の児童生徒に対して，乳幼児期から就労までの長期的な視点で部局横断的に関係機関（教育，福祉，医療等）が連携して作成するものです。作成に当たっては，例えば，「個別の教育支援計画」策定検討委員会を設置して検討を行うことも考えられます。また，作成作業においては保護者の積極的な参画を促し，計画の内容や実施について保護者の意見を十分に聞いて，計画を作成・実施し改善していくことが重要です。
> （略）
> 個別の教育支援計画については，これまでの取組がほとんど行われていないことなどから，児童生徒の状況や学校の実情等に応じて，まず保護者との連携を図りながら情報を収集して作成にとりかかることとし，作成・実施・評価のプロセスを通して改善を加えていくことが大切です。

③ 個別の指導計画

前記ガイドライン（試案）においては，個別の指導計画について次のように解説している。

> 一方,「個別の指導計画」は，児童生徒一人一人の障害の状態等に応じたきめ細かな指導が行えるよう，学校における教育課程や指導計画，当該児童生徒の個別の教育支援計画等を踏まえて，より具体的に児童生徒一人一人の教育的ニーズに対応して，指導目標や指導内容・方法等を盛り込んだものです。平成11年3月告示の盲学校，聾学校及び養護学校学習指導要領において，重複障害者の指導，自立活動の指導に当たり作成することとされました。小・中学校における LD，ADHD，高機能自閉症の児童生徒についても，必要に応じて作成することが望まれます。

個別の指導計画は，国語，算数・数学などの各教科ごとに，あるいは，基本的な生活習慣等を身につける日常生活の指導などについて，作成される。その際，保護者も作成に関わり，願いや思いを述べたり，自分の子どもに関する最新で的確な情報を提供したりすることが大切である。

④ 個別移行支援計画

個別移行支援計画について前記の「盲・聾・養護学校における個別の教育支援計画」では，次のように説明している。

> 個別移行支援計画は，卒業後の就労・生活支援への円滑な移行を見通し，在学中から関係機関等と連携して一人一人のニーズに応じた支援をするための計画であり,「個別の教育

支援計画」の一部である。卒業後への移行の時期の計画であると言える。

個別移行支援計画という用語は，学習指導要領，各種の報告（文部科学省関係の審議会，協力者会議等によるもの）においてこれまでに使われていないものである。

個別の支援計画，個別の指導計画等の関係は，図Ⅱ－1のようになる。

図Ⅱ－1　個別の支援計画，個別の指導計画等との関係

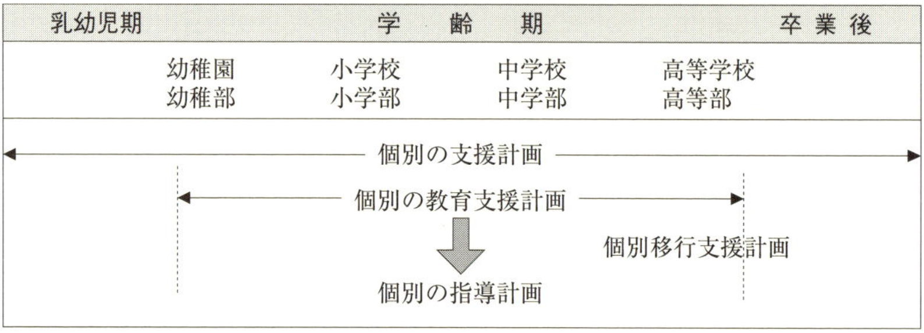

乳幼児期	学　齢　期			卒業後
幼稚園 幼稚部	小学校 小学部	中学校 中学部	高等学校 高等部	

←――――――――個別の支援計画――――――――→
　　　←―――――個別の教育支援計画―――――→
　　　　　　　　　　　　　　　個別移行支援計画
　　　　　　　　↓
　　　　　　個別の指導計画

(2) 個別の教育支援計画の内容

個別の教育支援計画の内容は，「今後の特別支援教育の在り方について（最終報告）」の参考資料の中で，次のように示されている。

> (3) 内容
> 　計画の作成を担当する機関を明らかにして，以下の内容を盛り込んだ計画を作成・改訂を行う。
> 　1）特別な教育的ニーズの内容
> 　2）適切な教育的支援の目的と内容
> 　　障害の状態を克服・改善するための教育・指導を含め必要となる教育的な支援の目標及び基本的内容を明らかにする。福祉，医療等教育以外の分野からの支援が必要となる場合はその旨を併せて記述する。

なお，従来より，盲・聾・養護学校において学期毎又は年間の具体的な指導の目標，内容等を盛り込んだ指導計画として毎年作成されてきた個別の指導計画は，一人一人の教育的ニーズに対応して指導の方法や内容の明確化を図るものであり，学校でのきめ細かな指導を行うために今後とも有意義なものと考える。この個別の指導計画は，乳幼児期から学校卒業後までを通じて長期的視点で作成される「個別の教育支援計画」を踏まえ，より具体的な指導の内容を盛り込んだものとして作成される。

なお，この個別の指導計画が既に「個別の教育支援計画」の内容を包含するなど，同様の機

> 能を果たすことが期待される場合には，その学校の個別の指導計画を「個別の教育支援計画」として扱うことが可能である。
> 3）教育的支援を行う者・機関
> 　保護者を含め，教育的支援を行う者及び関係機関と，その役割の具体化を図る。

個別の教育支援計画の内容は，次のようにまとめることができる。

1. 本人のプロフィール
   - 生育歴，相談歴
   - 家庭環境
   - 障害の状況等
2. 現在の生活・将来の生活についての思いや願い
   - 本人
   - 保護者（家族）
3. 必要と考えられる支援の内容
   - 身辺生活，人との関わり，健康・安全
   - 学校生活，家庭生活，地域生活での支援
4. 具体的な支援の内容
   - 学校での生活：個別の指導計画
   - 家庭生活：生活支援
   - 地域生活：放課後の活動

(3) 個別の指導計画の作成と実際

個別の指導計画の立案・作成については，前記「ガイドライン（試案）」では，次のように説明している。（「ガイドライン（試案）」p.36～37）

個別の指導計画の立案，作成は，主に次のような手順で行うことが考えられます。

情報の収集

担任が観察した様子，保護者や関係者の情報（少人数でのチームによるケース会議記録），個別に蓄積されたファイル等から，配慮や支援が必要な実態を把握します。例としては，「文字読みが苦手」「文字がうまく書けない」「集中が続かず他のことに気をとられてしまう」などです。

目標の設定

児童生徒にとっての具体的目標を設定します。例えば「指示を理解する」「机上を整理する」「ワークシートの枠中に文字を書く」などが考えられます。ただし，目標は焦点を絞った方がよいでしょう。通常，目標の設定に当たっては，単元，学期，学年ごとに行うことが大切です。

手立ての工夫

目標に対する具体的な手立てを設定します。例えば，配慮としては，「保護者と一週間ごとに情報交換をする」「さりげなく応援してくれる友達を同じグループにする」「座席の位置を前にする」などです。支援としては，「全体への指示の後，その子に指示をして理解したかどうかチェックする」「1時間目の開始までに机上に学習の準備ができるよう特製のチェック表を導入する」「大き目のマス目のワークシートを用意する」などです。児童生徒一人一人の教育的ニーズに応じて，目標，手

立てや実施の方法，実施期間等を具体的に書きます。

個別の指導計画の立案・作成の手順，内容については，次のようにまとめることができる。その際，保護者が必ず参画する，保護者とともに立案・作成することを基本とすることである。
① 情報の収集——実態を把握する
　・観察記録，過去のデータ等
　・保護者からの情報
② 目標の設定
　・長期の目標——1年，3年，6年，9年……
　・短期の目標——単元，題材，学期

③ 手立て
　・本人に対するもの
　・クラス，グループのメンバーに対するもの
　・保護者に対するもの
④ 作成，実施，評価（Plan-Do-See）
　個別の指導計画の様式については，「ガイドライン（試案）」に例示されているものを参考にして，各学校で使いやすいものを工夫する必要がある。

そして，作成した計画をもとに授業（指導）を展開し，評価をすることである。評価をもとに，計画を改めたり，新たに作成したりして，より適切な計画を作成するようにする。

資料　個別の指導計画の様式例

<例1>　・現在の実態を詳しく書き込むようになっている
　　　　・長期目標や主な指導の場と学期ごとの取り組みを分けて書き込んでいくようになっている
　　　　・収集した実態を分析し，指導の方向性を検討するようになっている

（H　．．　作成）担任名

氏名			生年月日		年　月　日　歳	第　学年　組
諸検査						
現在の実態	子どもの願い	保護者				
	健康面					
	運動手先					
	学習態度					
	学業	国語				
		算数・数学				

	その他の教科	
	社会性・情緒面等	
実態の分析と指導の方向性		

	今年度の目標（長期目標）	主な指導の場
学習面		
生活面		
社会性・対人関係		

（　　）学期の取り組み			
	指導計画		指導結果
学習面・生活面・社会性・対人関係		変容と課題	
具体的手立て		手立てについての評価	
評価の観点		来学期の方向	

7　個別の教育支援計画・個別の指導計画　　101

8 移行期における指導と個別移行支援計画

⑴ 進路指導とは

これからの学校教育においては、生徒自らが国際化・情報化などの社会の変化に主体的に対応できる能力の育成を図ることが求められている。このことから、進路指導の充実を図っていく必要があり、とりわけ心身に障害のある生徒に対しては、生徒の実態、地域の実態等を十分に考慮し、「個別の指導計画」及び「進路に関する移行支援計画」を作成し、計画的に進めることが重要である。進路指導の充実に関しては、高等学校学習指導要領において次のように示されている。

> 生徒が自己の在り方生き方を考え、主体的に進路を選択することができるよう学校の教育活動全体を通じ、計画的組織的な進路指導を行うこと。

また、職業教育の充実を図る観点から、「職業教育に関して配慮すべき事項」として以下のように示している。

> (1) 普通科においては、地域や学校の実態、生徒の特性、進路等を考慮し、必要に応じて、適切な職業に関する各教科・科目の履修の機会の確保について配慮するものとする。

さらに、「就業体験の機会の確保」として、以下のように示してある。

> 学校においては、地域や学校の実態、生徒の特性、進路等を考慮し、就業体験の機会の確保について配慮するものとする。

⑵ 学校における進路指導計画

学校における進路指導計画は、3年間を見通して計画され、各学年における目標、進路に関する学習、進路先の見学、産業現場における実習（現場実習）、進路講演会、個人面談、関係機関との連絡協議会などが示されている。

① 進路に関する学習

進路指導計画において中心的な内容は進路に関する学習であり、作業学習の時間、特別活動の時間、総合的な学習の時間等において行われるが、最近は、「進路」の時間を特設して指導している例もある。その主な内容は、次のようである。

1) 自己理解……住所・氏名ほか、履歴書に記載する事項、企業や作業所の面接で聞かれる事項、自分ができる業務、興味ある仕事などがある。自閉症の場合、抽象的な質問ではどのように表現をしたらよいか混乱す

ることがみられるので実際に経験した事柄などから，二者択一・三者択一で回答する方が無理がない。
2）進路に関する情報の収集と活用……就労や福祉などの相談・支援機関，就職に関する情報の収集が挙げられる。自閉症の場合，自分で収集できるよう経験を積ませることが望ましいが，固執性により，情報範囲の拡大が難しい例が多い。このため，保護者との連携を図り，具体的な就労体験を通した方が効果的である。
3）生活設計……1年後・卒業後・5年後・10年後などを想定し，家族状況の変化などを考慮した生活設計が望ましい。しかし，自閉症の生徒の場合，「数年後の生活状況の推測」が難しい場合が多い。

② 関係諸機関との連携

　学校と就労に関するハローワークや発達障害者支援センター，障害者就労支援センター，入所・通所施設，通所作業所，福祉事務所，医療機関などの進路指導に関わる関係機関は多岐にわたる。学校がこれら関係機関との連携を図り，進路指導会議などをもつことが重要である。また，生徒一人一人の進路先が異なることから，個別にネットワークをつくり，卒業後も継続して就労生活・家庭生活・社会生活（余暇を含む）などの支援を行っていくことが重要である。

(3) 個別移行支援計画

① 養護学校高等部においては，個別の指導計画のうち，進路指導に関する事項を中心として「個別移行支援計画」が作成され，本人・保護者に示されている。ここには，「本人の希望」「保護者の希望」「進路に関する学習の記録」「関係機関からの情報の記録」「福祉・労働・医療・余暇などの社会資源に関する情報」等が示されている。また，進路先に提供される様式を作成している例もある。

② 個別の指導計画の作成にあたっては，福祉事務所・福祉施設等の福祉関係機関，ハローワークや職業センターなど労働関係機関等の協力を得ながら，高等部3年間の長期計画のほか，各学年ごとの短期計画も作成されることが多い。

③ 個別移行支援計画は，卒業後の福祉機関に情報提供され，施設入所（通所）した際の指導計画に活用されることが多くみられるが，企業においてはその活用が不十分である。

④ 自閉症の生徒の移行支援計画の作成にあたっては，行動特徴に対する背景や，受け止め方，適切な対応方法について示す必要がある。特に，企業等における実習では，自閉症への正しい理解が進んでいないことがみられ，このために行動特徴から受ける印象から，誤解を受けやすい。行動特徴（言語や

コミュニケーションの問題も含む）とともに，表出言語の理解の方法，対応の考え方と適切な対応方法を明確にしておくことが，物理的・人的な環境の整備につながっていくこととなる。

(4) 自閉症の生徒の卒業後の進路と課題

1) 中学校・高等学校に在籍する高機能自閉症・LD・AD/HD等の診断基準が示されたのは，平成15（2003）年であり，その実態は明らかでない。このことから，これらの者の卒業後の実態を明らかにした調査報告はない。なお，一部には，診療機関・相談機関などから事例報告が出されている。他方，養護学校高等部在学者のうち，自閉症と診断された者は20～25％程度である。また，養護学校高等部卒業生のうち自閉症の生徒の進路についての調査によれば，自閉症の生徒の22.7％程度が企業に就労しており，残る者のほとんどは更生施設・授産施設であり，病院に入院している者はわずかにいる。

2) 自閉症の生徒の就労者を見た場合，知的発達の遅れの程度は，軽度と中度がほぼ同じ割合であり，障害の程度は大きく影響していない。

3) 事業所規模は，100人以下の事業所が多く，製造，検査，倉庫管理などがあり，比較的単純な作業に従事している。

4) 企業への定着状況は，高等学校卒業生よりもよい傾向である。

5) 事業主から指摘された「就労後の伸長点」としては，「作業量の増加」「作業態度の向上」「業務内容の拡大」「対人関係の改善」などの順である。

6) 卒業後の就労において，事業所から指摘され課題となった点は，「業務内容の変更が困難」「パニックを起こす」「あまり話さない」「特定の人以外，言うことを聞かない」と言う点が挙げられる。これらについては，後述する「現場実習と就労」において，対応等を述べてある。

(5) 現場実習と就労

養護学校高等部においては，卒業後の進路先への円滑な移行を図るために，職業教育の一環として，産業現場における実習（現場実習）が計画・実施される。

① 現場実習の計画と実際

現場実習のねらいとしては，いろいろな職業に関心をもち，働く意識をもつとともに，働きながら生きていくことを知るなどを，具体的な体験を通して学んでいくこと等が挙げられる。

高等部1年生段階の目標は，職業に関する基本的な事項であり，例えば「いろいろな職業があることを知る」「卒業後は働きながら生きていく意識を育てる」「職業生活に必要な基本的な態度を育てる」等の体験・経験をする段階である。

高等部2年生段階では，「自分に合っ

た仕事をつかむ」「働くことの厳しさや楽しさを知る」，高等部3年生段階では，「卒業後の進路先を具体的に考える」「職業人として必要な知識や態度を育てる」などが挙げられる。

現場実習の期間としては，1週間から1カ月程度が計画され，特に3年生段階では，卒業後の進路先決定につながるため，年2回程度，2週間～2カ月に及ぶこともある。

② 実習事業所の環境

自閉症の人たちの実習環境としては，次のような配慮が必要である。

1）事業主の障害者への理解：事業主が，従業員全体の人間的な伸長を図り，障害のある人に適切な配慮をすること，障害があっても一人の従業員であることを他の従業員に示すことにより，円滑な実習につながる。
2）現場の指導者を決め，作業面のみならず，休憩時間等も含めた指導を依頼する。
3）危険な場所・機器等を明確にし，立ち入らないよう指導する（事業所によっては，床や機械のスイッチ等にペイントして明示している）。
4）人の出入りや不連続音などの外界刺激が少ない作業場所が望ましい。
5）作業の変更が少ない業務とする。
6）同時にいくつかの業務を進めることは難しく，接客等のやりとりのある仕事は，場面や状況に応じた適切な対応が難しい。

③ 実習における作業指導

現場実習では，生徒にとってこれまで経験したことのない新たな業務に携わることとなる。この際には，次のような点に留意して作業指導に当たることが重要である。

1）作業の標準工程を図示するなどして示し，本人がどの作業を行うのかを知らせる。
2）本人が携わる作業手順を明確にし，手順を具体的に図示する。特に，材料の配置，道具の配置方法，できあがった品の並べ方・置き場・部品がなくなった時の対応，報告等を本人に合わせて指導する。
3）良品と不良品を並べ，比較して判断できるようにする。
4）作業終了後の片付けの方法，トイレや休憩時間のときの対応方法を指導する。
5）実習期間中に業務の変更を行う場合は，「新たな仕事を知る」観点から，円滑な作業ができるよう配慮する。

④ 実習における生活指導

1）実習は，新しい生活リズムになるため，保護者との連携を図り，起床時間の変更・通勤経路の知識とマナー，緊急時の対応など，十分な事前指導を行う必要がある。
2）実習当初には，出社後，タイムカード・更衣（ロッカーキーの扱い）・作業場に入るなどの行動手順を確実にする必要がある。さらに，一日の

作業への見通しをもつことができるよう，当日の作業内容を示す配慮を行っている例もある。
3）休憩時間は，本人の興味・関心が限定されているため，時事問題やスポーツなどの話題に入っていけない，話題の変化に付いていけないなどから，他の従業員との雑談が少ないことがみられる。本人の興味を考慮した過ごし方を指導する必要がある。

⑤ **現場実習中の教員による指導**

生徒の実態や実習経験，事業所の実態などから，教員が付き添う場合と巡回指導による場合がある。とりわけ，自閉症の生徒の実習にあたっては，事業所の指導者に対して，業務内容の検討はもちろん，作業指導や諸指示の方法，本人の話の受け止め，やりとりなどを，実際の場面で具体的に伝えることが重要である。また，パニックなどのトラブルが生じた場合は，その背景をつかむと同時に，本人に対しては対応方法の指導，実習先の指導者に対しては本人の理解の方法と対応を伝えることが重要である。

⑥ **実習から就労へ**

高等部卒業後，就労につなげていくための実習の場合は，本人・保護者・事業主等が連携のもとに十分な理解を図って行く必要がある。就労につなげる場合は，以下の点を十分に考慮していく必要がある。
① 本人に対しては，社会人としての意識や態度，働く意欲の継続，作業上の技能や知識などを向上させていく。
② 本人の適性や希望，保護者の希望。
③ 企業側からは，職業人としての期待，雇用条件，雇用のための環境整備などについて検討される。とりわけ自閉症の場合は，就労生活にあたっての支援者が必要となる場合が多いため，十分な理解を図る必要がある。
④ 雇用については，ハローワークとの連携を十分に図って業務を進める必要がある。なお，卒業時に雇用関係が成立しない場合で，卒業後にトライアル雇用制度を活用してその後に正式採用となる例もある。

⑦ **社会生活の支援**

卒業後の家庭生活・就労生活・余暇生活については，様々な支援が必要である。特に，余暇生活に関しては，学校の同窓会，地域の障害者の青年学級等への参加もある。いずれにせよ，学校がすべての卒業生について様々な支援を行っていくことにも限界があることから，地域における支援組織を整えていくことも重要である。

⑧ **最近の動向**

① **障害者自立支援法案**

障害者の地域生活と就労を進め，自立を支援する観点から，これまで障害種別ごとに異なる法律に基づいて自立支援の

観点から提供されてきた福祉サービス，公費負担医療等について，共通の制度のもとで一元的に提供する仕組みを創設することとし，自立支援給付の対象者，内容，手続き等，地域生活支援事業，サービスの整備のための計画の作成，費用の負担等を定めるとともに，精神保健福祉法等の関係法律について所要の改正を行うものとしているが，関係団体等からも議論を呼んでいる。

1) 給付の対象者は，身体障害者，知的障害者，精神障害者，障害児である。
2) 給付の内容は，ホームヘルプサービス，ショートステイ，入所施設等の介護給付費及び自立訓練（リハビリ等），就労移行支援等の訓練等給付費（障害福祉サービス），心身の障害の状態の軽減を図る等のための自立支援医療（公費負担医療）等。
3) 給付の手続きは，給付を受けるためには，障害者又は障害児の保護者は市町村等に申請を行い，市町村等の支給決定等を受ける必要がある。

② 発達障害支援法

平成17（2005）年4月から施行された発達障害支援法の一部を示す。

> 第1条（目的） この法律は，発達障害者の心理機能の適正な発達及び円滑な社会生活の促進のために発達障害の症状の発現後できるだけ早期に発達支援を行うことが特に重要であることにかんがみ，発達障害を早期に発見し，発達支援を行うことに関する国及び地方公共団体の責務を明らかにするとともに，学校教育における発達障害者への支援，発達障害者の就労の支援，発達障害者支援センターの指定等について定めることにより，発達障害者の自立及び社会参加に資するようその生活全般にわたる支援を図り，もってその福祉の増進に寄与することを目的とする。
>
> 第2条（定義） この法律において「発達障害」とは，自閉症，アスペルガー症候群その他の広汎性発達障害，学習障害，注意欠陥多動性障害その他これに類する脳機能の障害であってその症状が通常低年齢において発現するものとして政令で定めるものをいう。
>
> 2　この法律において「発達障害者」とは，発達障害を有するために日常生活又は社会生活に制限を受ける者をいい，「発達障害児」とは，発達障害者のうち十八歳未満のものをいう。
>
> 3　この法律において「発達支援」とは，発達障害者に対し，その心理機能の適正な発達を支援し，及び円滑な社会生活を促進するため行う発達障害の特性に対応した医療的，福祉的及び教育的援助をいう。
>
> 第3条（国及び地方公共団体の責務）　略

第4条（国民の責務）　国民は，発達障害者の福祉について理解を深めるとともに，社会連帯の理念に基づき，発達障害者が社会経済活動に参加しようとする努力に対し，協力するように努めなければならない。

第5条（児童の発達障害の早期発見等）　略　／第6条（早期の発達支援）　略　／第7条（保育）　略　／第8条（教育）　略　／第9条（放課後児童健全育成事業の利用）　略　／第10条（就労の支援）　略　／第11条（地域での生活支援）　略　／第12条（権利擁護）　略　／第13条（発達障害者の家族への支援）　略　／第14条（発達障害者支援センター等）　略

〈参考文献〉

文部省（1996）『知的障害養護学校高等部の指導の手引』海文堂出版

文部省（1995）『作業学習指導の手引』東洋館出版社

全日本手をつなぐ育成会（2000）『働くために・働きつづけるために――働く・はたらく改訂版』

全日本手をつなぐ育成会（1996）『就労へのためらいにこたえる』

高齢・障害者支援機構編（2004）『障害者雇用ガイドブック（平成16年版）』雇用問題研究会

9　就学相談・校内体制・研修

(1) 児童生徒の就学

児童生徒が，学齢期に達し，就学するにあたっては，就学相談や，就学時の健康診断等が行われる。

① 就学手続き

児童が小学校に就学するにあたっては，その前年に学齢簿が作成され，就学時の健康診断が行われる。そこで，「市町村の教育委員会は，毎年10月31日までに，10月1日現在において，その市町村に住所の存する新入学者について，あらかじめ，学齢簿を作成しなければならない」（学校教育法施行令第2条，学校教育法施行規則第31条）と規定されている。さらに，就学時の健康診断については次のように規定され，保護者あてに健康診断の通知が行われている。

学校保健法第4条（就学時の健康診断）
　市（特別区を含む）町村の教育委員会は，学校教育法第22条第1項の規定により翌学年の初めから同項に規定する学校に就学させるべき者で，当該市町村の区域内に住所を有

> する者の就学に当たつて，その健康診断を行わなければならない。
>
> 同第5条
> 　市町村の教育委員会は，前条の健康診断の結果に基き，治療を勧告し，保健上必要な助言を行い，及び学校教育法第22条第1項に規定する義務の猶予若しくは免除又は盲学校，聾学校若しくは養護学校への就学に関し指導を行う等適切な措置をとらなければならない。

　これを受け，学校保健法施行令により，就学時健康診断の時期や，検査項目，健康診断票が示され，さらに，学校保健法施行規則において，就学時の健康診断の方法及び技術的基準が定められている。

② 就学指導委員会

　小学校特殊学級や通級による指導，盲学校，聾学校，養護学校への就学については，障害の種類，程度の判断は，教育学，医学，心理学等の観点から総合的に行われる必要がある。このために都道府県や市町村教育委員会には，条例や規則等で就学指導委員会が設けられている。

　とりわけ，障害のある児童生徒一人一人の教育的なニーズに応じた教育を受けさせる視点が一層重要であり，個々の児童生徒の障害の状態や保護者の意向を把握する必要がある。このため，市町村の教育委員会が障害のある児童生徒の就学すべき学校を決定するにあたって早期からの教育相談の成果を活用すること，希望に応じて障害のある児童生徒の障害の状態やそれに適した教育内容について保護者が意見表明する機会を設けること等が大切となっている。

(2) 就学相談

① 就学相談の趣旨

　平成16(2004)年度現在，多くの区市町村教育委員会では「就学指導委員会」を設置して，「就学相談」を実施している。

　この「就学相談」の趣旨，意義については，東京都教育委員会の就学相談の手順を著した冊子『平成16年度　児童・生徒一人一人の適切な就学のために──就学相談の手引き（義務教育）』にふれられている。

　その中の一節，「Ⅰ　総論［就学相談の新たな展開］」に「……障害のある児童・生徒の可能性を最大限に伸張し，自立し，社会参加するための基盤となる生きる力を培うためには，児童・生徒一人一人の特別な教育的ニーズに応じた適切な教育を保障する必要があります。そのためには，単に障害の種類や程度だけで就学先を決定することなく，相談の過程において保護者や本人の意向に十分に耳を傾けた上で，教育学・医学・心理学等の観点から総合的かつ慎重な判断を行い，児童・生徒一人一人のライフステージを見通した適切な相談を進めることが重要です。……」とあり，この一節が「就学相談」の趣旨であり，意義であるととらえることができる。

　このことは「就学相談」に限らず，自

閉症等（本節では煩雑さを避けるため，自閉症スペクトラム，LD，AD/HD等を含めて「自閉症等」と略記する）の子どもの支援活動を進める上でも重要である。特に保護者との相談を進める際には，常に念頭に入れておきたい。

② **就学相談の手順**

自閉症等の支援活動を進める上で，当該地区教育委員会の「就学相談」の手順，あるいは流れを把握しておくことは大事なことである。

ここでは，東京のA区の例を参考にして，就学相談の流れをみることとする。

1. 申し込み
    ○ 保護者が自ら申し込む（区の広報を見たり，幼稚園，保育所（園），福祉機関で聞いて申し込む）
    ○ 就学時健康診断の結果から該当児童を学校長が区教育委員会に報告する（事前に保護者の了解を得る）
2. 就学相談
    ○ 就学相談員が「申し込み」の受け付け（相談）をする
    ○ 就学相談当日
      医師の診察……保護者，子どもとの面談，診察
      教育相談員A……保護者の意向，希望の確認等
      教育相談員B……当該の子どもの知能検査，行動観察等
    ○ 就学相談員による資料収集（保護者の了解を得た上で，幼稚園，保育所（園），医療機関等から関連資料を集める。情報提供を拒否する機関もある）
3. 就学指導委員会
    ○ 教育職，心理職，医師，心身障害学級（特殊学級）設置校長・担任，幼稚園園長等，保育所（園）長等，療育機関，教育委員会等から28名で構成（詳細は略）
    ○ 資料をもとに協議し，就学先を判定する
4. 結果の処理
    ○ 都立盲，ろう，養護（肢体不自由，知的障害，病弱）学校が適当と判定されたケースは，東京都就学相談室へ申請する（保護者に区の判定結果と，今後は都との相談に移る旨を伝える）
    ○ 区立の心身障害学級あるいは通常の学級と判定されたケースは，就学相談員が結果を電話等で伝え，後日，教育委員会学務課より就学通知書を郵送する
    ○ 保護者の意向と判定が異なった場合は，引き続き相談が続けられる

大方，このような流れで「就学相談」を進めている地区は多い。

③ **自閉症等の就学にあたっての課題**

ここで注意したいのは，自閉症等のうち，高機能自閉症，アスペルガー障害等といわれる，ある程度，知的能力の高い一群の子どもたちである。

こうした子どもは，「就学相談」とは関わりなく，小学校に就学してくること

が多い。その理由としては，
- ○ 就学時健康診断で知能検査をしている学校が多いが（A区は実施），それをクリアするケースが多く，就学相談に結び付かない
- ○ 言葉があり知的能力の遅れがないため保護者が気がつかず，就学相談に結び付かない

などが挙げられる。

「就学指導委員会」で協議するのは，知的障害養護学校もしくは知的障害特殊学級への就学の適否である。

したがって，知的能力の遅れのない高機能自閉症，アスペルガー障害といわれる子どもたちは「通常の学級へ就学」と判定されることとなる。

A区には，いわゆる通級制の情緒障害学級がある。通級の申し込みは，就学後の様子を見てから保護者と学校とが相談し，学校長を通して申し込むシステムをとっている。通級の適否は「就学指導委員会」の一部会，「就学指導小委員会」で協議し，判定する。

通級する，しないの判断はもとよりであるが，このような子どもたちを受け入れた学校は，いち早く適切な対応を求められていることを忘れてはならない。

(3) 就学指導基準

知的障害や自閉症についての就学指導基準については，平成14（2002）年5月に学校教育法施行令第22条の3（盲者等の心身の故障の程度）が改められ，その中に養護学校に就学する障害の程度等が示されている。また，特殊学級や通級による指導の程度等については，「障害のある児童生徒の就学について（通知）」（14文科初第291号　平成14年5月27日）において示されている。

なお，情緒障害教育の対象は，発達障害である自閉症等と，選択性かん黙等心理的な要因の関与が大きいものであるが，自閉症等の原因や指導法が，後者のそれとは大きく異なることが明らかになってきていることから，今回の基準においては，それらを明確に2つに分けて示している。

① 知的障害養護学校の対象

	改　正　後	改　正　前
知的障害者	一　知的発達の遅滞があり，他人との意思疎通が困難で日常生活を営むのに頻繁に援助を必要とする程度のもの 二　知的発達の遅滞の程度が前号に掲げる程度に達しないもののうち，社会生活への適応が著しく困難なもの	一　知的発達の遅滞の程度が中度以上のもの 二　知的発達の遅滞の程度が軽度のもののうち，社会的適応性が特に乏しいもの

従前の基準では，知的発達の程度について「中度」「軽度」として示されていたが，知的障害とは，知的機能の明らかな発達の遅れと日常生活及び社会生活への適応上の機能の障害の程度の双方の視点から総合して判断される障害であり，国際的にも，知的機能の発達に明らかな遅れがあること及び適応機能の障害によって意味づけられていることから，改められた。

　改正後の基準については，就学指導資料において以下のように解説している。

・知的発達の遅滞があり，他人との意思疎通が困難で日常生活を営むのに頻繁に援助を必要とする程度のもの	・言葉の意味を理解したり，意思を伝達したりすることが特に困難であり，また，日常生活活動（食事，衣服の着脱，排泄，簡単な片づけ，身の回りの道具の活用等）にほぼ常に支援を必要とする。 ・単語を使った簡単な会話はできるが，抽象的な言葉の意味を理解するのは困難であり，また，日常生活活動（食事，衣服の着脱，排泄，簡単な片づけ，身の回りの道具の活用等）に頻繁に支援を必要とする。
・知的発達の遅滞の程度が前号に掲げる程度に達しないもののうち，社会生活への適応が著しく困難なもの	・通常の日常的な会話がほぼ可能であるが，抽象的な概念を用いての複雑な思考をすることが困難であり，また，他人とかかわっての遊びをする，自分から他人に働きかける，友達関係をつくる，決まりを守って行動する，身近な危険を察知し回避する，ルールに沿った行動をしたり，他人と適切にかかわりをもちながら社会生活を送ったりするなどが特に難しい。

② 知的障害特殊学級の対象者

　知的障害特殊学級の対象者は，前述の趣旨をふまえ，次に示す程度のものである。

	改 正 後	改 正 前
知的障害	知的発達の遅滞があり，他人との意思疎通に軽度の困難があり，日常生活を営むのに一部援助が必要で，社会生活への適応が困難である程度のもの	（309号通達） 「施行令の表精神薄弱者の項に規定する程度に達しない精神薄弱者は特殊学級において教育すること」

　知的障害特殊学級の対象者の適応機能の状態は，その年齢段階に標準的に要求される機能に比較して，他人との日常生活に使われる言葉を活用しての会話はほぼ可能であるが，抽象的概念を用いて複雑で論理的な思考をすることが困難な程度である。例えば，単純な比較的長い文章を読んで全体的な内容を理解し短くまとめて話すことなどや，計算はできるが，問題文を読んで問題の解き方を発見し，立式して正しく解答することが困難であることである。また，同時に，家庭生活

や学校生活におけるその年齢段階に標準的に求められる食事，衣服の着脱，排泄，簡単な片づけ，身の回りの道具の活用などにほとんど支障がない程度である。

③ 情緒障害特殊学級の対象

	改 正 後	改 正 前
情緒障害特殊学級	一　自閉症又はそれに類するもので，他人との意思疎通及び対人関係の形成が困難である程度のもの 二　主として心理的な要因による選択性かん黙等があるもので，社会生活への適応が困難である程度のもの	（309号通達） 「精神薄弱，病弱などに伴って情緒障害を有する者は，その障害の状態及び程度に応じて養護学校又は精神薄弱者若しくは病弱者のための特殊学級において教育すること。その他の情緒障害者は，そのための特殊学級か又は通常の学級において留意して指導すること」

なお，一においては，代表的な自閉症のほか，知的障害を伴わない自閉症と同様の行動特性を有するが，言葉の発達の遅れが目立たないアスペルガー障害などを含められるように，「又はそれに類するもの」が加えられた。このことは，以下の「通級による指導」でも同様である。

④ 通級による指導（情緒障害）の対象

	改 正 後	改 正 前
通級による指導（情緒障害）	一　自閉症又はそれに類するもので，通常の学級での学習におおむね参加でき，一部特別な指導を必要とする程度のもの 二　主として心理的な要因による選択性かん黙等があるもので，通常の学級での学習におおむね参加でき，一部特別な指導を必要とする程度のもの	（278号通達） 「自閉，かん黙等情緒障害のある者で，通常の学級での学習におおむね参加でき，一部特別な指導を必要とするもの」

(4) 校内体制

① 学校の困惑

自閉症等の子どもを受け入れた学校がまず気がつくのが，子どもの「多動」である。列に並ばない，教室からとび出すなど，そのたびに右往左往させられることが多い。また，指示が伝わらない，会話が成り立たない，あるいは特定の場面，音楽が流れると耳を押さえ，パニック状態になる，時間割が変わると泣いて大騒

ぎをするなども、比較的、状況のとらえやすい行動である。やがて、学習の問題、生活上の問題、友達関係の問題等が次第に見えてくる。学校がこのような状況や事態に、どう対応したらよいのか、どのように指導を進めたらよいのか、見当のつかない状態が生じてくる。

例えば、「教室をとび出していったとき」、学級担任が追いかけていった場合、その間の学級の指導が空白となってしまう。"学級の指導が大事"と放っておけば、安全管理上の問題が起こる。応援を頼もうとしても身近に人がいない、といったことがみられる。

② 学校の組織

学校は、規模の大小にかかわらず、都市部、僻地等の地域にかかわらず、通常、1人の職員はいくつもの校務を担当している。なかで最も大きいのが、学級担任であり、教科担当である。各人がそれぞれの担当校務を、責任をもって遂行することで、学校は機能し、学級の、学年の、学校の教育活動が展開され、推進されていくのである。

また、学校には、全教職員で構成される職員会議のほか、各種委員会、研究会や研修会、PTAや地域との定例会などがある。そこでは、新しい企画を検討したり、調整を図ったり、情報交換をしたり、共通理解を深めたり等々が行われる。これらの会議や会合を通して、運営を円滑にしたり、教育活動の充実を図ったりしていくのである。

学校の組織は、学級の、学年の、学校全体の子ども（児童生徒）を対象として、全体に視点を当てて編成したものである。このことは究極的には子ども一人一人を伸ばす、力をつけることにつながるが、しかし、特定の子どもに対象を絞ったものではないことも確かである。もちろん、事故や事件が起きたときは、特定の子どもに対して素早く適切に対処している。これは子どもの安全確保、生活指導の対応が体系化され、組織化されているからである。学校は組織体である。組織が機能して、日常の教育活動が展開されている。また、突発的な事態にも対処できる体制が整えられている。

今日、特別支援教育に向けて各学校は校内体制を見直し、特別支援教育コーディネーターを位置づけるほか、相談体制・研修の充実などが求められている。

③ 校内での対応の実際

自閉症等の子どもを受け入れている学校は多い。それぞれの学校なりに受けとめ、対処し、指導をしているが、体系的なものではなく手探りという現状もある。以下にその例を挙げてみたい。

ア．**小学1年　男子**……すぐに教室をとび出す。当初、担任がすぐに追いかけるため、学級が留守になり、そのうち残った子どもたちが騒ぎ出すということが多かった。そのうちの何人かもつられて教室を脱け出すまでに至った。他の教員たちも教室が騒がしいので気づくという状態であった。職員会議で話し合い、「子どもがとび出したときは、担任はすぐに職員室に知らせる」「職

員室にいる教員，主事が子どもを捜しにいく」という体制をとった。やがて当該の子どもも，とび出しが減ってきた。

イ．**小学1年　男子**……同じく教室をとび出す。この子どもは行き先が，「他のクラス」と，ほぼ決まっていた。職員間で話し合い，しばらくは認めることとした。そのうち，子どもはトントンとノックをし，「他人の教室に黙って入ってきてはいけます」と挨拶をし，しばらく（ほんの数分）遊んで，というよりあっちを見たり，こっちを見たりする程度で，教室に戻るようになった。

ウ．**小学3年　男子**……同じく教室をとび出す。この学校は，授業にTT（ティームティーチング）を採用している。この学級にできるだけ多くのTTの時間をとるようにし，またその時間は，当該の子どもの個別指導をするようにしている。TTの時間にとび出すことはない。

上記3例は「とび出し」の事例である。それぞれの対処のよしあしは意見の分かれるところである。ただ一つ言えることは，子どもの安全確保をどうするか，他の子どもの授業の保障をどうするかという視点からの対処である。いずれにしても，議論の後の最大限の共通理解の結果である。

エ．**中学1年　男子**……女子便所に入り込み，大騒ぎになった。本人は「まだ入ったことがないので，どういうところか見てみたかった」という。関係教員数人，養護教諭，スクールカウンセラー，区の教育相談員も参加して話し合った。"生活年齢や社会生活を考慮し，その場で，一つ一つ，よい，わるいを教えていこう"ということを確認した。

オ．**小学4年　男子**……勉強がわからなくて学校を休むようになった。父親が無理に連れていこうとすると「それでも父親か。死ねー」と罵声を浴びせる。その場面に合った言葉は使うが，会話にはならない。担任（学校）と保護者と区の教育相談員と，今後の教育について話し合いを重ねた。心身障害学級が適切と判断し，転学した。心身障害学級に行ったその日から，以前からそこにいたような元気さで過ごしている。

上記2例は，学校での指導を工夫して継続する例（エ）と，転学し教育の場を変えた例（オ）である。

(5) 研　修

① 研修の形

"日々の授業が研修である"といわれるように，教員の研修にはいろいろあるが，ここでは形として，図式的にまとめておきたい。

- **命令による研修**……これは学校長が職務遂行上，必要と認めた研修で，公務出張扱いで参加する。地区教育委員会が指定する研修会も同様である。A区の「教育相談室」では毎年夏季に「教育相談講座」を実施している。

○ **職免による研修**……教員には職務に専念する義務があるが、研修内容によっては、勤務時間内であっても職務専念の義務を免除して（手続きをとって）参加することができる。
○ **自主的な研修**……勤務時間外に個人の意思で、任意に参加する研修である。

これらは個々の教員の資質を高め、ひいては学校全体のレベルアップを推進させる大事な研修である。

一方で、学校全体で取り組み、所定の目的を達成させるための研修がある。
○ **研究会**……「子どもの自主性を伸ばす」「○○の力を育てる」等の研究テーマを掲げ、全校で取り組む。教員個々の力を伸ばすとともに、学校としての指導の態勢が確立されるメリットがある。研究会を公開する場合も多い。これも研修の一形態である。
○ **研修会**……一つのテーマで全校や、グループが勉強し合う会である。メリットは共通理解が図られ、次の行動がとりやすくなる、連携が緊密になる、などである。

自閉症等の支援活動を進める上で、どの形が適切か、子どもの実態、教員の構成、時間の確保等々を配慮して、決めていくことである。

② **研修会で出された教員の悩み**

以下は、区の教育相談員、あるいは医師を招いての研修会で、教員から出たつぶやきであり、悩みの一例である。研修会の構成は、全校で、部会などのグループで、2～3人でと様々であり、多くは対談形式で行った。

○ 自閉症スペクトラムとは何か。
○ 高機能自閉症とアスペルガー障害と、どこがどう違うのか。
○ 障害は薬で治らないのか。病院で治療することが大事ではないか。学校での指導の対象外ではないのか。
○ 計算はできるが、文章題はできない。どうしたらよいか。
○ 友達にいじめられているのに、本人は"なかよし"と思っている。
○ 本人が関心をもった子をぶつようになった。
○ 保護者が「障害」を受容できない。
○ 「あの子がいるために、クラスの学習が進まない」と苦情を言われた。
○ 学級の指導が優先されるべきだ。現実には当該児童まで手がまわらない。
○ 「教室からとび出すのは担任の指導が悪いからだ」と陰口を言われた。

このような担任の悩みにどのように対応していったらよいのだろうか、考えておきたい課題である。

〈参考文献〉

東京都教育委員会（2004）『平成16年度 児童・生徒一人一人のための適切な就学のために――就学相談の手引き（義務教育）』

10　今後の特別支援教育について

(1) 中央教育審議会における今後の特別支援教育の検討

　平成17 (2005) 年5月現在，中央教育審議会において，今後の特別支援教育についての検討が進められているが，平成16 (2004) 年12月に「特別支援教育を推進するための制度の在り方について（中間報告）」が示された。

　今後は，審議会の検討を経て，最終報告が出された後，学校教育法をはじめとする関係諸法令の改正が行われていくこととなる。

　以下は，発表された中間報告の概要である。

○ 特別支援教育の理念と基本的な考え方
・「特別支援教育」とは，障害のある児童生徒等の自立や社会参加に向けた主体的な取組を支援するという視点に立ち，児童生徒等一人一人の教育的ニーズを把握し，その持てる力を高め，生活や学習上の困難を改善又は克服するため，適切な指導や必要な支援を行うもの。また，「特別支援教育」においては，特殊教育の対象となっている児童生徒に加え，小・中学校において通常の学級に在籍するLD・ADHD・高機能自閉症等の児童生徒に対しても適切な指導及び必要な支援を行うもの。
・今後，特別支援教育の理念と基本的考え方の一層の普及・定着を図るため，学校教育法等における「特殊教育」の用語を改めることを含め，関係法令への位置付けを検討することが必要。
○ 盲・聾・養護学校制度の見直しについて
・盲・聾・養護学校に在籍する児童生徒のうち，半数近く（肢体不自由養護学校においては約4分の3）の児童生徒が重複障害学級に在籍するなど，障害の重度・重複化への対応が喫緊の課題となっており，現在の盲・聾・養護学校を，障害種別を超えた学校制度（特別支援学校（仮称））とすることが適当。
・特別支援学校（仮称）の機能として，小・中学校等に対する支援などを行う地域の特別支援教育のセンター的機能を明確に位置付けることの検討が必要。
○ 小・中学校における制度的見直し
・「特別支援教室（仮称）」(注) の構想が目指しているシステムを

実現する方向で、制度的見直しを行うことが適当であり、研究開発学校やモデル校などによる先導的な取組を早急に開始するとともに、固定式の学級が有する機能を維持できるような制度の在り方や教職員配置及び教員の専門性の確保の在り方について、具体的に検討を進めることが適当。

(注)「特別支援教室(仮称)」:LD等も含め障害のある児童生徒が通常の学級に在籍したうえで、その必要に応じ指導等を受ける形態

・新たな制度の円滑な実施を図る観点から、特殊学級及び通級による指導等にかかる現行制度の弾力化等を行うことも併せて検討するとともに、小・中学校における総合的な体制整備を着実に進めることが必要。
○教員免許制度の見直しについて
・教員養成部会に「特殊教育免許の総合化に関するワーキンググループ」が設置されており、盲・聾・養護学校教員の免許制度について、協力者会議最終報告を踏まえた制度的見直しに関連する事項も含め、引き続き教員養成部会において総合的な審議を行い、その結果を答申に反映することが適当。

(2) 特別支援教育の理念と基本的な考え方

これまでの特殊教育から特別支援教育への転換にあたり、中間報告において理念と基本的な考え方については、次のように示されている。

第2章 特別支援教育の理念と基本的な考え方
協力者会議最終報告では、特殊教育の果たしてきた役割や障害のある子どもの教育をめぐる諸情勢の変化を踏まえつつ、「特別支援教育」の理念と基本的な考え方が提言されている。
これまでの「特殊教育」では、障害の種類や程度に応じて盲・聾・養護学校や特殊学級といった特別な場で指導を行うことにより、手厚くきめ細かい教育を行うことに重点が置かれてきた。
「特別支援教育」とは、障害のある児童生徒等の自立や社会参加に向けた主体的な取組を支援するという視点に立ち、児童生徒等一人一人の教育的ニーズを把握し、その持てる力を高め、生活や学習上の困難を改善又は克服するため、適切な指導や必要な支援を行うものである。
また、すでに述べたとおり、現在、小・中学校において通常の学級に在籍するLD・ADHD・高機能自閉症等の児童生徒に対する指導及び支援が喫緊の課題となっており、「特別

支援教育」においては，特殊教育の対象となっている児童生徒に加え，これらの児童生徒に対しても適切な指導及び必要な支援を行うものである。

すでに，文部科学省においては，平成13年の組織再編により「特別支援教育課」が設置されており，都道府県教育委員会等の組織においても「特別支援教育」を用いる例が増加してきている。

また，平成15年度から開始された全都道府県教育委員会に対する委嘱事業等を通じて，各都道府県等では，「特別支援連携協議会」，「専門家チーム」の設置，「巡回相談員」の実施などが，また，各学校では，「校内委員会」の設置，「特別支援教育コーディネーター」の指名，「個別の教育支援計画」の策定（注3）などが推進され，特別支援教育の実施体制整備が着実に進められている。

今後，特別支援教育の理念と基本的考え方の一層の普及・定着を図るため，学校教育法等における「特殊教育」の用語を改めることを含め，関係法令への位置付けを検討する必要がある。

（注3）「個別の教育支援計画」とは，障害のある児童生徒の一人一人のニーズを正確に把握し，教育の視点から適切に対応していくという考えの下，長期的な視点で乳幼児期から学校卒業後までを通じて一貫して的確な支援を行うことを目的として策定されるもので，教育のみならず，福祉，医療，労働等の様々な側面からの取組を含め関係機関，関係部局の密接な連携協力を確保することが不可欠であり，教育的支援を行うに当たり同計画を活用することが意図されている。なお，「新障害者プラン」（障害者基本計画の重点施策実施5か年計画）の中では，盲・聾・養護学校において「個別の支援計画」を平成17年度までに策定することとされている。この「個別の支援計画」と「個別の教育支援計画」の関係については，「個別の支援計画」を関係機関等が連携協力して策定するときに，学校や教育委員会などの教育機関等が中心になる場合に，「個別の教育支援計画」と呼称しているもので，概念としては同じものである。

このことは，従来の特殊教育が果たしてきた役割や実績を否定するものではなく，むしろ，これを継承・発展させていこうとするものである。したがって，特別支援教育は，これまで特殊教育の枠組みの下で培われてきた教育水準や教員の専門性が維持・向上できるような方向で推進されることが必要である。

また，LD・ADHD・高機能自閉症等の状態を示す児童生徒等が，いじめの対象となったり不登校になる場合があり，それが二次的な障害を引き起こしているとの指摘もあることから，特別支援教育の推進により，いじめや不登校を未然に防止する効果も期待される。さらに，これらの児童生徒等については，障害に関する医学的診断の確定にこだわらず，常に教育的ニーズを把握しそれに対応した指導等を行う必要があるが，こうした考え方が学校全体に浸透することにより，障害の有無にかかわらず，当該学校における児童生徒等

の確かな学力の向上や豊かな心の育成にも資するものと言える。こうしたことから，特別支援教育の理念と基本的考え方が普及・定着することは，現在の学校教育が抱えている様々な課題の解決や改革に大いに資すると考えられることなどから，積極的な意義を有するものである。

我が国が目指すべき社会は，障害の有無にかかわらず，誰もが相互に人格と個性を尊重し支え合う共生社会である。その実現のため，障害者基本法や障害者基本計画に基づき，ノーマライゼーションの理念に基づく障害者の社会への参加・参画に向けた総合的な施策が政府全体で推進されており，その中で，学校教育は重要な役割を果たすことが求められている。その意味で，特別支援教育の理念や基本的考え方が，学校教育関係者のみならず国民全体に共有されることを目指すべきである。

(3) 中間報告における自閉症等の記述

ここでは，この中間報告における自閉症・LD・AD/HD等について示してある部分を抽出して掲載する。全文は，文部科学省ホームページの「審議会情報」の中に掲載されている。

第1章 障害のある児童生徒等に対する教育の現状と課題

さらに近年，医学や心理学等の進展，社会におけるノーマライゼーションの理念の浸透等により，障害の概念や範囲も変化している。平成14年に文部科学省が実施した全国実態調査では，小・中学校の通常の学級に在籍している児童生徒のうち，LD・ADHD・高機能自閉症により学習や生活の面で特別な教育的支援を必要としている者が約6％程度の割合で存在する可能性（注2）が示されており，これらの児童生徒に対する適切な指導及び必要な支援は，学校教育における喫緊の課題となっている。

（注2）この調査結果は，医師等の診断を経たものでないため直ちにこれらの障害と判断することはできず，あくまで可能性を示したものである。

第2章 特別支援教育の理念と基本的な考え方

これまでの「特殊教育」では，障害の種類や程度に応じて盲・聾・養護学校や特殊学級といった特別な場で指導を行うことにより，手厚くきめ細かい教育を行うことに重点が置かれてきた。

「特別支援教育」とは，障害のある児童生徒等の自立や社会参加に向けた主体的な取組を支援するという視点に立ち，児童生徒一人一人の教育的ニーズを把握し，その持てる力を高め，生活や学習上の困難を改善又は克服するため，適切な指導や必要な支援を行うものである。

また，すでに述べたとおり，現在，小・中学校において通常の学級に在

籍するLD・ADHD・高機能自閉症等の児童生徒に対する指導及び支援が喫緊の課題となっており，「特別支援教育」においては，特殊教育の対象となっている児童生徒に加え，これらの児童生徒に対しても適切な指導及び必要な支援を行うものである。
（略）

また，LD・ADHD・高機能自閉症等の状態を示す児童生徒等が，いじめの対象となったり不登校になる場合があり，それが二次的な障害を引き起こしているとの指摘もあることから，特別支援教育の推進により，いじめや不登校を未然に防止する効果も期待される。さらに，これらの児童生徒等については，障害に関する医学的診断の確定にこだわらず，常に教育的ニーズを把握しそれに対応した指導等を行う必要があるが，こうした考え方が学校全体に浸透することにより，障害の有無にかかわらず，当該学校における児童生徒等の確かな学力の向上や豊かな心の育成にも資するものと言える。こうしたことから，特別支援教育の理念と基本的考え方が普及・定着することは，現在の学校教育が抱えている様々な課題の解決や改革に大いに資すると考えられることなどから，積極的な意義を有するものである。

第3章　盲・聾・養護学校制度の見直しについて
　対象とする障害種別に関し，LD・ADHD・高機能自閉症等については，小・中学校等における特別な指導内容・方法が十分に確立されていない現状にかんがみ，これらの児童生徒等に対する適切な指導や必要な支援の在り方についても，特別支援学校（仮称）が，後述のセンター的機能の発揮等を通じて先導的役割を果たすことが期待される。

なお，自閉症については，その特別な指導内容・方法に着目し，知的障害養護学校において自閉症のある児童生徒等の学級を設ける運用も行われており，また，平成16年度から筑波大学附属久里浜養護学校が自閉症のある幼児児童を受け入れる学校に転換したところである。今後，これらの実績も踏まえ，知的障害と自閉症を併せ有する児童生徒等に対し，この2つの障害の違いを考慮しつつ，障害の特性に応じた対応について，引き続き研究を進める必要がある。

第4章　小・中学校における制度的見直しについて
　2. LD・ADHD・高機能自閉症等の児童生徒に対する指導及び支援の必要性
　協力者会議最終報告においては，通常の学級に在籍しているLD・ADHD・高機能自閉症等の児童生徒について，これらの定義と判断基準（試案）等を示しつつ，適切な指導及び必要な支援を行うための小・中学校の体制整備の具体的在り方が

提言された。

これを受け，文部科学省においては，平成16年1月に教育支援体制の整備のためのガイドライン（試案）を作成し，すべての教育委員会及び小・中学校に配布するとともに，平成15年度から開始された全都道府県教育委員会に対する委嘱事業などを通じ，教育委員会に「専門家チーム」を設置することや，すべての小・中学校において「特別支援教育コーディネーター」（後述）を指名すること等を内容とする推進体制整備が行われることを目指している。

通常の学級に在籍しているこれらの児童生徒への指導及び支援は，学校教育における喫緊の課題となっており，引き続き小・中学校の体制整備を推進することが必要である。その際，厚生労働省における発達障害者支援施策との連携を図るとともに，小・中学校の教職員や保護者に対する理解と啓発を一層推進することが重要である。また，医師をはじめとする専門家の絶対数が不足していることから，その養成・確保の方策についても検討されることを期待したい。

LD・ADHD・高機能自閉症等の児童生徒の状態像は様々であり，周囲の環境によって変化することも多いため，個別的かつ弾力的な指導及び支援が必要となる。このため，各学校における教育課程の実施の形態についても，通常の学級における教員の適切な配慮，ティーム・ティーチングの活用，個別指導や学習内容の習熟の程度に応じた指導等の工夫などに加えて，必要に応じて，通常の学級を離れた特別の場での指導及び支援を受けられるようにすることが有効である。

このため，後述のとおり，LD・ADHD・高機能自閉症等の児童生徒に対する特別の場での指導及び支援を制度的に位置付けることを含めて，現行制度の見直しを行うことが必要である。その際，特別の教育課程を編成して指導することが適当な者の範囲・要件や，その具体的な指導内容・方法について国立特殊教育総合研究所における研究等を推進しつつ，検討を進める必要がある。

(4) 小・中学校におけるLD（学習障害），ADHD（注意欠陥／多動性障害），高機能自閉症の児童生徒への教育支援体制の整備のためのガイドライン（試案）

平成16（2004）年1月に標記のガイドラインが文部科学省から公表されている。このガイドラインの策定の背景及び趣旨は，以下のように公表されている。

> 平成15年3月の「今後の特別支援教育の在り方について（最終報告）」において，「小・中学校においてLD，ADHD，高機能自閉症の児童生徒への教育的支援を行うための総合的な体制を早急に確立することが必要」と提言された。
> また，平成14年12月24日に閣議決定された「障害者基本計画」に

基づき決定された「重点施策実施5か年計画」においては、「小・中学校における学習障害（LD），注意欠陥／多動性障害（ADHD）等の児童生徒への教育支援を行う体制を整備するためのガイドラインを平成16年度までに策定する」ことが提示された。

これらを受け，平成15年8月から本ガイドラインの策定に着手し検討を進め，このたび，試案としてとりまとめ公表することとした。

本ガイドライン（試案）は，各教育委員会や学校等において，小・中学校におけるLD，ADHD，高機能自閉症の児童生徒への教育的支援を行うための総合的な体制を整備する際に活用されることを目的として作成したものである。

内容構成は，以下の5部である。
第1部　概論（導入）
第2部　教育行政担当者用（都道府県・市町村教育委員会等）
第3部　学校用（小・中学校）
　○校長用
　○特別支援教育コーディネーター用
　○教員用
第4部　専門家用
　○巡回相談員用
　○専門家チーム用
第5部　保護者・本人用
　○保護者用
　○本人用

文部科学省HP
http://www.mext.go.jp/b_menu/houdou/16/01/04013002.htm
　なお，本ガイドラインの全文は，以下からダウンロードできる。
http://www.mext.go.jp/b_menu/houdou/16/01/04013002/017.pdf

Ⅲ 福　祉

1 障害者や自閉症児・者の福祉制度概論

(1) 福祉の2つの立場

広辞苑によれば，「福祉」とは字義的に「幸福」を意味し，社会的扶助やサービスによる生活の安定，充足をさすものとされている。平たく言えば，1）社会的に生きていくことに深刻な困難さや不都合がある人に対して，2）社会的な支援や助力によって，3）生活に安心，安定，安全を軸とする生きやすさをもたらす営みである。

人間社会は，こうした支援や助力を必要とする人々に虐待や排除などの残酷な扱いを行った長い歴史をもつ一方で，慈悲深い愛情や宗教的庇護を示す歴史事実も内包している。そして近代国家の成立とともに，社会制度としての福祉をもつようになった。このような援助を求める主たる人々は，第一に心身に病気や障害をもつ人，第二に失業や貧困状態の人たち，第三に庇護されるべき子どもや高齢者であり，いわば「社会的弱者」として特別な烙印（stigma）を押された，傷つきやすい少数派の人々である。こうした支援は，一般に狭義の福祉といわれる。

これに対して，広義の福祉の立場がある。それは広く国民一般を対象としたもので，社会保障，教育，住宅，医療，雇用といった生活インフラ諸政策と公的責任である。福祉の語源的意味に該当し，国や地方自治体の最も主要な役割機能の一つとなっており，さらにはNPOやボランティアなどの組織や住民の活動も加えて展開される。

この狭義と広義の福祉は，一見すると別問題のように思えるが，単純に二分できない内的共通性や人間的普遍性がある。つまり福祉は基本的に「お互いさま」の精神であり，ある個人の生きにくさの支援は，いつか生きにくくなった自分たちの支援につながり，だれもが地域や文化環境を住みやすいものにする課題を分かち合う，という狭義と広義の2つの立場の福祉—個別性と普遍性—の相互共存的理解が大切である。

(2) 障害者福祉の考え方

障害者福祉の土台には，博愛・人権思想や人道主義など，様々な思想的源泉があるが，特に今日的な考え方のベースになる事柄にふれておく。

① 障害観

欧米語では「障害」に該当する用語はそれぞれの意味やレベルに応じて多様に表現されるが，邦語ではいずれも「障害」が当てられて混乱しやすい。医学・生物

学的な障害を狭義の障害，社会生活レベルの困難さを広義の障害，とする考えもある。

1980年，WHOは国際障害分類（ICIDH）を提示し，3つの障害レベルを示した。

疾病・疾患 disease
↓
機能障害 → 能力障害 → 社会的不利益
impairment　disability　handicap

このモデルは，個人の障害の構造の理解には好都合であるが，個体医学的な側面が強く，「医学モデル」と解された。

これに対して，環境因子や相互作用を重視した改訂版（国際生活機能分類ICF）が2001年に提唱された。

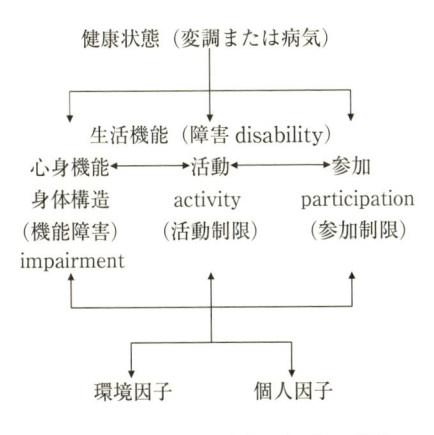

健康状態（変調または病気）

生活機能（障害 disability）
心身機能 ←→ 活動 ←→ 参加
身体構造　　activity　　participation
（機能障害）（活動制限）（参加制限）
impairment

環境因子　　個人因子

このモデルでは，障害は個人の機能や能力の障害要因だけでなく，社会環境的要因も影響すること，活動や参加といった人間の生活が相互に影響しあう本質的意味が考慮されていて，「社会モデル」と解される。

こうした2つのモデルから，生物・心理・社会的に総合的アプローチをする必然性と必要性が把握される。

②2つのリハビリテーション

元来，権利や資格，名誉の回復や復権を意味するリハビリテーション（例えば「魔女の烙印を押されたジャンヌ・ダルクのリハビリテーション」）の語が，医療の分野に正式に登場するのは1917年の米国陸軍病院からである。特に第二次大戦後は広く機能回復，社会復帰の技術システムであると認められて，理学，作業，言語などが専門化された。また身体障害の領域のみでなく，精神障害や小児の領域にも拡大されて，今日では全人的な機能回復や自立的社会参加を促す技術系となった。

こうした歴史経過から，リハビリテーションは病院施設という特定の場所で専門家によって有期限的に行われるものと一般に考えらるが，この施設リハビリテーションの対極に地域リハビリテーションという概念がある。これは，医療施設やスタッフに乏しい発展途上国でのリハビリテーションの展開として考えられたが，近年はむしろ，障害者の機会均等と社会的統合をめざす地域社会開発の一つの戦略であり，本人・家族・地域と保険・教育・労働・社会サービスが一体となって努力するノーマライゼーション－インテグレーションの新しい取り組みとして再注目されている。WHOは「障害者自身

やその家族，地域社会の既存の資源に入り込み，利用し，その上で構築されるアプローチ」と定義づけている (1981)。

この2つのリハビリテーションは，ともに障害者福祉に欠かせないものであるが，発症率の高さと社会性障害をその特性とする自閉症などの発達障害では，地域リハビリテーションが社会モデル的実践の主軸として重視されるべき方向だと考えられる。

今日のリハビリテーションの技術的分野は，1) 医学，2) 職業，3) 教育，4) 社会の4つの主領域が挙げられる。

③ ノーマライゼーション及びコミュニティケアの思想

障害者福祉，なかでも知的障害者福祉は，長い間，施設の中で保護・指導しようとする考えが中心を占め，プロテクショニズム（収容保護主義）と称された。20世紀に入って知能や遺伝学の発見から，欧米では優生思想に基づく社会防衛や障害者排除の機運が強まり，知的障害者は巨大施設やコロニーに収容されたり，断種の対象とされた。こうした処遇のあり方に対して，20世紀中葉から新しい人権と施策のための運動が展開された。

デンマークの知的障害者親の会の人権擁護と施設改革の要求は，バンク=ミッケルセンらの手により「1959年法」に結実し，「知的障害者の生活を，できる限り通常の生活状態に近づける」基本原理が示された。これはやがて，「すべての市民と同様の法的・人間的権利の保障」に方向づけられた。スウェーデンではニルジュらによって1968年に同様の人権擁護と QOL (quality of life) の尊重を謳う新スウェーデン法が整えられた。こうした思潮や機運は，人種差別撤廃や知的障害，精神障害に対する新しい国策の推進下にあった米国にも影響を与え，当初の北欧の思想よりも脱施設化を促進した。また米国カリフォルニア州の自立生活運動と相まって，自己決定に基づく自立的生活と社会的支援システムを進めた。

我が国では第二次大戦後の新憲法に国民の人権と生存権が謳われ，また新憲法公布の翌昭和22 (1947) 年に児童福祉法を制定し，近代的な障害福祉の端を開いた。敗戦後の厳しい財政下で，保護・更生と家族救済として着々と福祉の充実が図られた。また当然ながら，措置制度による施設福祉が中心であった。我が国のプロテクショニズムは欧米のそれと異なって社会防衛的側面が強くなく，あくまで保護と更生をめざすものであったとする説もあるが，後年，欧米のノーマライゼーション原理や運動の成果に照らされると，マイナス面は同じことであった。こうして1980年代，国際障害者年や国連・障害者の十年などの強い影響から，我が国でも本格的にノーマライゼーションの基本思潮の波を受けるようになり，平成7 (1995) 年，厚生省は「障害者プラン—ノーマライゼーション7カ年戦略」を策定するに至った。さらに平成12 (2000) 年の社会福祉基礎構造改革を経て，ノーマライゼーション思潮を土台に，支援つき自立と自己決定を基調とする地域生活

支援への転換を一層進めている。

　ノーマライゼーションは人権的発想を核にするが，コミュニティケアの思想はケアの担い手や効果・効率という臨床技術的なウェイトをもち，地域精神医療や非行青少年対策，高齢者や障害者施策での実績や評価を核としている。今日，多くの障害者は地域でのケアが可能でQOLも高いが，地域ケアが困難な場合には施設を利用するという脈絡と，施設も閉鎖的ではなく，地域とともに連携する方向性が当然視されている。

(3) 我が国の障害者福祉制度の概要

　傷痍軍人，生活困難者，浮浪児など戦後の疲弊と大混乱の状況下で始まった障害者福祉は，児童福祉法，生活保護法，身体障害者福祉法，精神衛生法，学校教育法などの関連法整備が行われて，さらに昭和30年代後半には精神薄弱者福祉法（後に知的障害者福祉法），老人福祉法，母子福祉法が成立して福祉六法の体制が整った。昭和45（1970）年には障害者施策の基本理念として「心身障害者対策基本法」が整えられ，以後の福祉施策の柱になったが，平成5（1993）年，「障害者基本法」として改正されて「障害者」を定義づけ，身体障害，知的障害，精神障害の3つの障害者施策の土台となっている。前述の基礎構造改革から，さらにバリアフリーと障害者社会参画を図る平成14（2002）年の「障害者基本計画」，自立支援と地域福祉の実現をめざす平成16（2004）年の「福祉グランドデザイン」へと改革が進められ，今後も「自立支援法」など大幅な制度的改革や転換が図られようとしている。

　現在の主な福祉サービスを障害児・知的障害者を中心に以下に概括する。

① 障害児へのサービス

ア．**福祉サービス**……児童福祉法を中心に提供され，主として厚生労働省が主管する。小児という特性や今後の高齢化社会を鑑みると，家族支援，子育て支援が障害児福祉の最大の要点と考えられる。具体的内容は，1）早期発見（妊婦健診，新生児スクリーニング，乳児健診，1歳半・3歳児健診など）や療育的支援に関する事業（障害児通園施設，デイサービス事業など），2）相談支援（児童相談所，家庭相談室，保健所など），3）在宅サービス（地域療育等支援事業，障害児ホームヘルプサービス事業，障害児保育，ショートステイ，特別児童扶養手当や税制優遇などの経済的援助，など），4）施設サービス（知的障害児施設，自閉症児施設など）の内容からなっている。また，地域の障害学童保育やNPO子育て支援活動も実施されている。

イ．**教育的サービス**……学校教育法に基づく特別支援教育や統合教育が主な内容である。地域生活や放課後支援，就労のための教育指導，なども含まれ，障害児の自立や福祉に大きく関わっている。自閉症や類縁障害の地域リハビリテーションの立場からは，最大の療育

機関は学校と考えられ，その充実や支援ネットワーク強化が課題である。

② **知的障害者への福祉サービス**

措置制度から支援費による選択・自己決定へと変更された。厚労省が主に主管し，知的障害者の場合は知的障害者福祉法が主たる法的根拠になるが，関連する法律は多い。県や市町村の福祉事務所，知的障害者更生相談所が主な相談機関で，手帳交付を担っている。障害者のニーズに基づくケアマネジメント手法でサービス調整が行われる。福祉サービスの内容には直接的サービスとセーフティーネットなどの間接的支援があるが，1）地域生活支援として，在宅サービス（ホームヘルプ事業，デイサービス事業，ショートステイ事業，地域生活援助事業＝グループホーム）や通所援護事業（小規模作業所），生活支援事業（生活支援センター）がある。また，2）就労関係施策には，福祉工場や職親委託制度などがあり，また最近は特例子会社やジョブコーチの制度化がある。3）施設サービスには，知的障害者福祉法における知的障害者援護施設として，デイサービスセンター，更生施設（入所・通所），授産施設（入所・通所），通勤寮，福祉ホームがある。4）その他，手帳の交付や生活保護，障害年金，減免税などがあり，新たに公営住宅（国土交通省）の入居も可能となった。「障害者110番」運営事業，地域生活移行支援としての自活訓練事業や障害者雇用を促進するための事業が進められており，またソーシャルファームの研究も始まり，障害者就業・生活支援センター（図Ⅲ－1），障害者雇用支援センター，トライアル雇用事業，啓発活動など，数多くの事業がある。

在宅福祉の概容を，図Ⅲ－2に示す。

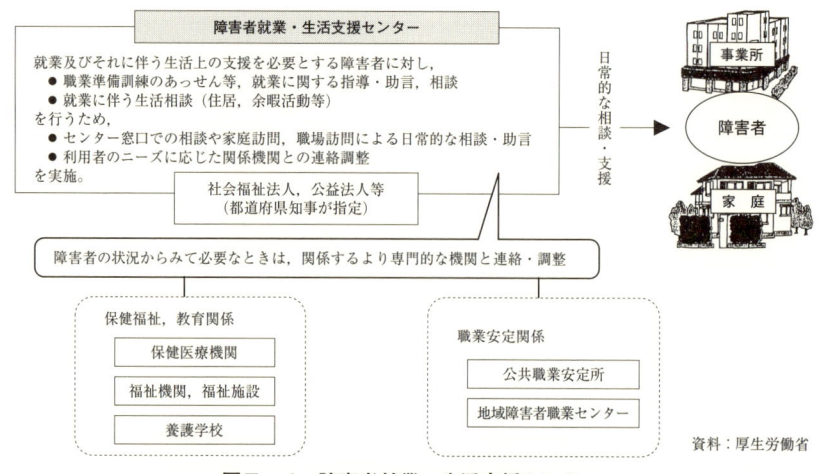

図Ⅲ－1　障害者就業・生活支援センター

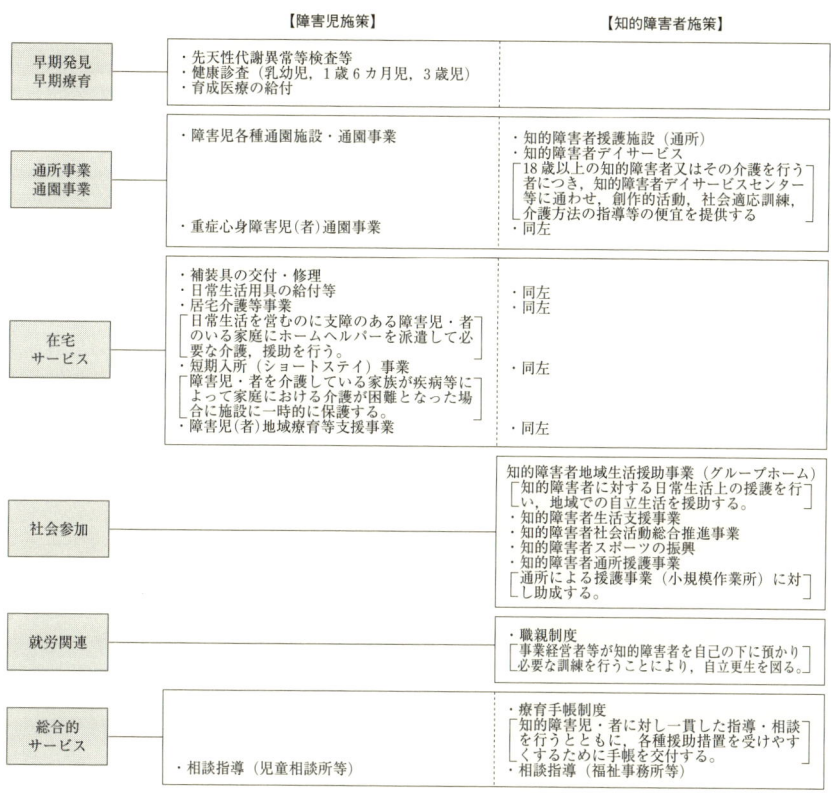

	【障害児施策】	【知的障害者施策】
早期発見 早期療育	・先天性代謝異常等検査等 ・健康診査（乳幼児，1歳6カ月児，3歳児） ・育成医療の給付	
通所事業 通園事業	・障害児各種通園施設・通園事業 ・重症心身障害児(者)通園事業	・知的障害者援護施設（通所） ・知的障害者デイサービス 「18歳以上の知的障害者又はその介護を行う 者につき，知的障害者デイサービスセンター 等に通わせ，創作的活動，社会適応訓練， 介護方法の指導等の便宜を提供する ・同左
在宅 サービス	・補装具の交付・修理 ・日常生活用具の給付等 ・居宅介護等事業 「日常生活を営むのに支障のある障害児・者 のいる家庭にホームヘルパーを派遣して必 要な介護，援助を行う。 ・短期入所（ショートステイ）事業 「障害児・者を介護している家族が疾病等に よって家庭における介護が困難となった場 合に施設に一時的に保護する。 ・障害児(者)地域療育等支援事業	・同左 ・同左 ・同左 ・同左
社会参加		・知的障害者地域生活援助事業（グループホーム） 「知的障害者に対する日常生活上の援護を行 い，地域での自立生活を援助する。 ・知的障害者生活支援事業 ・知的障害者社会活動総合推進事業 ・知的障害者スポーツの振興 ・知的障害者通所援護事業 「通所による援護事業（小規模作業所）に対 し助成する。
就労関連		・職親制度 「事業経営者等が知的障害者を自己の下に預かり 必要な訓練を行うことにより，自立更生を図る。
総合的 サービス	・相談指導（児童相談所等）	・療育手帳制度 「知的障害児・者に対し一貫した指導・相談 を行うとともに，各種援助措置を受けやす くするために手帳を交付する。 ・相談指導（福祉事務所等）

資料：厚生労働省

図Ⅲ－2　障害児・知的障害者在宅福祉の概要

(4) 自閉症スペクトラムの福祉制度

自閉症スペクトラム(Autistic Spectrum Disorder：以下 ASD と略)に特定された制度は従来きわめて乏しく，主だった制度処遇は2つしかなかった。その一つは，昭和55（1980）年の児童福祉施設最低基準の一部改正で設置された「自閉症児施設」である。これは「自閉症を主たる症状とする児童を入所させる精神薄弱児施設」の位置づけで，第一種（医療型）と第二種（福祉型）がある。ASDの障害特性に対応する固有のサービスが提供できる場で，全国に医療型は5施設，福祉型は3施設あったが，現在はそれぞれ4施設と2施設に減少している。

昭和56（1981）年，年長・成人期の自閉症者へのサービスを目的とした保護者の運動が結実し，法制度的には知的障害

者援護施設を利用した「自閉症者施設」が立ち上げられた。こうした施設が全国自閉症者施設協議会を結成し，約40施設が加盟しているが，制度上は知的障害者の施設のままである。家族からの潜在的ニーズは高いが，施設経営の難しさや脱施設化の時代的流れから，今後は入所目的以外により多彩な機能と組織形態をもつと予想される。

ASDに特化されたものではないが，平成5（1993）年に「強度行動障害特別処遇事業」が設けられいる。これは，特異な不適応行動を頻回に示し，日常の生活に困難を生じている事例に対して，指定入所施設で特別処遇体制を整え，適切な指導・訓練を3年間という有期限で行う制度で，行動障害の改善をめざしたものである。この処遇を実際に受けた対象の約80％がASDと考えられ，事実上ASDに準じる制度になっているが，法令的には限定されない。この事業は平成10（1998）年から「強度行動障害特別加算費」になり，支援費制度以降も続けられている。

このように自閉症に特化した支援やサービスに乏しいのは，平成5（1993）年の「障害者基本法」の行政説明が端的に理由を示している。すなわち，1）自閉症は，その概念が必ずしも十分確立している段階とは考えられておらず，また自閉症の症状をもつ者の多くは知能の障害を有するため，自閉症と知的障害の区分にあたっては困難な点が多い。2）知的障害者福祉法においては，「知的障害者」

の定義を設けておらず，自閉症による日常生活上の支障があり援助が必要な場合には，知能が一定以上あっても知的障害者として法律の対象として必要な援護措置を講じている。3）以上のことから，改正法における「知的障害」の中で「自閉症」をとらえることができる，と説明されている。

つまり，知的障害の処遇の中に含めることで事は足りるというのが従来の基本的スタンスであった。しかし今日，ASDの家族の希求や療育の世界的潮流はそれとは異なってきたため，新しい対応が必要となったが，ASDを特化することへの抵抗はまだ根強い。また，ASDは高機能であっても援護措置ができると説明されるが，実際の高機能ASDの療育手帳の交付には地域差があり，児童福祉法にも特例の記載はない。

もう一つのASDに特化した制度は，自閉症・発達障害支援センターの設置であったが，これについては後述する。

(5) 自閉症スペクトラム児・者に利用できる福祉制度

先に述べたように，知的障害を伴うASDは，知的障害者福祉法でカバーされ，その福祉制度の利用が可能である。その詳細については，次節以降の各ライフステージでの解説に譲る。

新しい福祉の制度になって日も浅く，また地域生活支援の体制も不十分なままであるが，ホームヘルプ事業の活用には

地域差が大きく、制度利用の啓発、サービス資源の地域的偏在、支給決定の地域差などが影響していると思われる。また地方自治体による独自の支援制度やNPO法人の活動などにも地域差がある。ASDでも福祉の地域的格差がこれからの注目点になる。

知的障害を伴わない高機能ASDに対して、精神障害者の福祉を利用することは論理的には可能であり、すでにカウンセリングや障害告知、家族指導、あるいは作業所利用をしている事例もある。しかし、この流れがASDの福祉として本格化するかどうかは定かではなく、各地域の考え方や活用如何にかかっている。

(6) 発達障害支援法

前述のように、ASDの新しいニーズは、旧来の知的障害福祉では充足されず、ギャップが生じた。つまり、①早期療育や特化した教育による重度化・行動障害の防止、②子育て支援や就労支援などによる地域生活の継続、③高機能自閉症やアスペルガー障害などへの新たな支援、④支援の一貫性や専門性、地域福祉ネットワークの強化、といったノーマラーゼーション-コミュニティケアモデルの希求があった。これをふまえて平成14(2002)年に自閉症・発達障害支援センターの設置が開始された（発達障害は広汎性発達障害をさす）。在宅支援、就労支援、関係機関への支援、地域ネットワークの調整などを主業務とした。しかし2年後の平成16(2004)年に、議員立法により発達障害支援法が成立した。この法令は発達障害をASDに限定せず、学習障害、注意欠陥／多動性障害などの周辺障害を含めると定義し直し、①早期発見、②早期の発達支援、③統合保育、④適切な学校教育、⑤放課後健全育成、⑥就労支援、⑦地域生活支援、⑧権利擁護、⑨家族支援、⑩専門的医療機関の確保、を国及び地方自治体の責務とすることを謳っている。これに伴いセンターは「発達障害者支援センター」に改称され、機能や業務の対象が拡張された。

〈参考文献〉

内閣府（2004）『平成16年版 障害者白書』
全国社会福祉協議会（2003）『障害者福祉論』
大川弥生（2004）『新しいリハビリテーション』講談社
宮田広善（2001）『子育てを支える療育』ぶどう社
肥後祥治（2003）「地域社会に根ざしたリハビリテーション（CBR）からの日本の教育への示唆」『特殊教育学研究』41
奥野宏二（1997）「自閉症をめぐる福祉サービスの現状」『自閉症と発達障害研究の進歩』1、日本文化科学社
奥野宏二（2000）「自閉症と強度行動障害問題」『ibid』4、星和書店
門田光司ら（2003）『知的障害・自閉症の方へのケアマネジメント入門』中央法規

2 自閉症児・者のトータルケアプランと地域の人たちとの支え合い

　自閉症への理解と援助の取り組みは、はかばかしくない。同じ人間としての立場から、自閉症児・者とともに同じような喜びや生き甲斐をもち合いたい。人間同士の対等のつきあいを行うべきこの社会の中で、自閉症児・者は依然として異端視され、差別されている。この社会において、ノーマライゼーションの実現の道は遠い。

　ここで自閉症児・者の生涯を通したケアプラン（トータルケアプラン）という課題を考えることになるが、まずその大前提として、自閉症児・者へのトータルケアプランの概念を明確にしておこう。

(1) 自閉症児・者への　トータルケアプラン

① 最善の人生を過ごすための援助

　最近よく使われるトータルケアプランという言葉は、一人の被援助者がその人生を送る場合、生涯を通して、最善と考えられ得るような目標をもった適切なケアの計画である。それは、人生における基本的な幸福論議からはじめ、現実を把握し、制度による援助の仕組みを考えていくという、かなり多様化された事柄を整理統合して、その人のよりよい人生を創造することである。

　ただ、この障害者にとってのよりよい人生とは、いつの時期においても差別を受けない理想的なノーマライゼーションの実現にほかならない。ノーマライゼーションとは、「普通になること」「社会の差別を取り除くこと」ということであるから、多くの障害者が生活できるような社会の生活設備、慣行、制度を改善して、その上で、まだ不足する人には、個別的な基準を設けて、それにかなうように援助方法を考えていくことであろう。

　自閉症は障害の中でも重い障害で、個別に援助を必要とすることが多い。援助する上での人間関係をつくることだけでも援助者の苦心と努力が必要であるという不利な状況を、どう改善していけるかという最重要な課題を提示している存在である。このための療育・リハビリテーションに関しての考え方を明確にして、ケアのプログラムを考えることが求められている。その場合には、自閉症がどのような心理的な障害の特質をもつのかということと、この社会で人間としての機能を働かせて活動していく場合に問題とされることは何かということ、さらには、社会参加をいかにして図っていけるかということなどの観点からの援助の必要性が挙げられよう。そこには、現実社会において、いかなる実践モデルが存在して

いるかということを問題としなければならない。おそらく、地域支援で成果を上げているところは知的障害が主になっていて、自閉症への取り組みはまだなされていないと思われる。

② **現実生活の吟味**

ここでよく考えなければならないことは、国の文化的問題である。社会文化の違いは、具体的な障害児・者支援に関わる方法論の違いをもたらしているので、そのことについての比較検討が必要である。各国の状況を部分的なことだけを取り上げればよいというものではなく、トータルに各国の実践を比較研究すべきことと考えている。その意味で、米国ノースカロライナ州におけるTEACCHの紹介の仕方は注目に値する。

我が国の自閉症者にとってのよいケアプランをめざす場合、自閉症者が現に生活している我が国の社会文化的な課題に取り組まなければならない。そしてさらに、ケアマネジメントという方法論自体に対しての検討を行うことが求められてくるのである。国や地域において、現在を生きている障害者としての自閉症者が、どのような実態であるのか、この実態の把握によって自閉症に関わるトータルケアの意味を考え、そこからケアプランが立てられることが地道な考え方ではなかろうか。そして、現実のケアに関わる制度や、社会資源をどのように利用していけばよいかということになる。そして、ケアの原則であるその時々の本人の意思や意向や意欲をよく理解したり確かめたりしていき、本人が納得できる生活が送れるものでなければならない。そのためには、現実の自閉症児・者や家族の生活が少しでも改善されるための資源の利用という考えが認められるが、むしろその発想を深めて、我が国の社会文化の中で、自閉症児・者が現実の生活で出会う諸課題を改善するために必要な制度や資源としてつくり直していく必要がある。そのためには、まず、自閉症に関する援助の基盤の原則となる考えを明らかにしていくことが求められるのである。

(2) 自閉症児・者の援助基盤となる考え

① **自閉症児・者援助の基本を考える**

自閉症にも知的発達の遅れを伴うことが多い。しかし、精神遅滞が知的発達とそれに伴う適応行動を中心に据えた障害であるのに対して、自閉症は対人的相互作用の質的障害を中心に据えた広汎な障害と考えられる。したがって、精神遅滞においては諸機能の全般的な発達の遅れととらえているのに対して自閉症は、「広汎な領域における歪んだ発達の障害」ととらえている。

DSM-Ⅳでは自閉性障害として、1）対人的相互反応における質的な障害、2）意思伝達の質的な障害、3）行動、興味及び活動の制約、4）発症の時期が3歳以前などという事項を挙げている。自閉症の心理特性の理解の基本として、まずその障害を人間関係の発達の障害を中核と

してとらえ（対人的相互作用の質的障害），精神発達，とりわけ自我機能の発達に着目して理解を進めることが重要であろう。

そのためには，まず障害者援助の基本的な改革から取り組まねばならない。すなわち，教育や福祉の援助において基本的に警戒しなければならないことは，強者から弱者に対する不遠慮な姿勢である。強者は弱者に対して，強制，強圧を加えやすい。つまり障害者援助の基本には，常にこのような障害観や援助観があり，実践的にこれを克服していくことから始めなければならないのである。

次いで，「ADL」とか「身辺自立」という生活能力を第一義の目標におく社会福祉や，教育界の硬直した方法論である。最近の社会福祉援助という観点から強調されるようになってきた「QOL」や「自己決定」とか「自己実現」などという価値観を受け入れて，援助の根本を学び直すとしたら，自閉症児・者の自発性を求めていく弾力性のある対人援助という原点に立って，障害児・者との関係づくりということに焦点を当てて学び直していくことが必要であろう。

自閉症児・者の立場になって考えてみると，例えば，日常生活において精神的に不安や混乱状態に陥ってしまうことが多い。その本人たちの不安とか混乱というような感覚的なとらえ方が援助者側にできないことが問題なのである。このような自閉症児・者への内面的な理解に基づく実質的な援助ができる人間関係の形成こそ必要であり，そこから援助的なインプット方法を獲得していくのである。

援助のインプットを行う手がかりは受容観である。必要とわかっても，現在の教育，社会福祉の現場においては，受容という考えを実践的に確立していくことが困難である。それは，自閉症児・者が援助者の介入について理解できず，防衛的になるからである。したがって，援助者の方から受容観をもって接することを心がけて，無理強いしないで，療育的に交流する場を形成することを積極的に設けることであろう。そこから始めて，次の段階としての関わりとしての課題の実施が可能となっていくのである。自閉症のトータルケアの基本にこの関わりの実効性という評価基準で再検討してみることが必要であろう。

② 我が国の自閉症関係制度とその問題点
1）早期発見・早期療育

自閉症への福祉援助のシステムを考える場合，自閉症児にとって大切なことは，他の障害児と同様に，まず第一に適切な早期発見・早期療育の機会に出会えるかどうかということであろう。これは生後，家庭のみで生活してきた自閉症児が経験する社会生活の第一段階となる。その後，自閉症児たちも社会的な集団生活の場に入っていくようになる。つまり，保育所（園）・幼稚園・学校という社会生活の進展に伴い，異なった生活状況に出会うことになるのである。

我が国の子どもたちは，医療的に早期からの有効な関与がなされている。制度としては，生後6カ月健診をはじめとし

た定期健診制度があるので,そこで大半の自閉症児が発見されてくる。しかしながら,療育に関しては,自閉症についての専門分化と統合化がまだ確立されていない。保育所(園)における障害児保育も制度化され,保育所(園)に自閉症児を受け入れるようになったとはいえ,依然としてその対応は,困難とされている。

2) 学校教育

自閉症児・者への福祉援助は,自閉症教育をも含めて自閉症療育と称するが,療育については,生涯にわたって系統的な展開を考えていく必要がある。前述したように療育システムとして他の療育機関,保育所(園),幼稚園や小学校などという関連機関との連携を考える視点が必要である。また自閉症児への教育や療育的な実践が進むようになってから,自閉症児・者への逐年的な追跡的観察が行われるようになってきているので,幼少期における保育・教育観や保育・教育目標が必ずしも達成されるものでないことがわかったり,青年期あるいは壮年期の状態像から逆に,幼少期における保育・教育の留意点や方法のあり様が考えられるようになってきている。その最大なものは,行動障害が早期における誤った考えに基づく圧力の多い生活経験から形成されてくることである。

また現在,文部科学省が推進している特別支援教育は,「差別を教えない学校づくり」を行うことであり,「インクルーシブ(包み込める)教育」の開発なのであるが,既に堅く作られている受験教育へのかなり強い傾斜にも対応できる個別的な教育構造へと改革していかなければ,この特別支援教育も実現できない。特に自閉症児が現に出会っている学校内の「いじめ」や「ネグレクト」,さらに家庭内の過剰緊張(虐待や暴力的な応酬等を生じやすい)などにも注意して,総合的に自閉症児・者の人権が守られ,教育成果が得られることが切望される。

特に教育方法としては,言葉の聞き方と話し方,社会的常識などの初歩的な学習をロールプレイング等を用いて,人間関係の体験的な学習が行えるようにしていくことが必要である。

そして,卒業までに行われる就労支援は,高等学校期における社会的な参加学習が困難であるため,就労意欲すらもてずに引きこもったり,家出して気ままに暮らすことなどが多くなりがちになる人も少なからず目にされる。このようなことが少なくなるように,学校外の余暇生活についても配慮することが求められてくる。要は従来切り捨てられ,いじめられ,疎外されていたこの発達障害児の学習権を保障していくことを求めたい。

3) 福祉援助

自閉性障害が障害福祉援助において,大幅に立ち遅れてきた理由の一つには,国の障害分類として知的障害に入れられていたことがある。この障害が実質的に,多くの生活面における精神的な不安定な状況をもたらすものであるにもかかわらず,知的障害という能力量不足に対する諸配慮を主とした障害援助観では適応で

きなかったのである。知的障害関係施設や，授産施設，作業所などにおいても，自閉症児・者が，能力向上の訓練的な指導になじめないどころか，多くの行動障害を多発させるに至っているという悲惨な状況をもたらしたことも気づいてほしいことであった。

また，「障害者雇用」も発達障害者に対しては，多くの困難を伴う。問題は，人付き合いのできにくい自閉症者や，高機能自閉症やアスペルガー障害の人たちのように，言語認知能力に比して現実の動作が成熟していなかったり，非常識な言動も目立つなど，当たり前とされる就労条件を満たし得ないことがあるという点である。このようなことについて支援者は配慮し，この人たちへの就労意欲を高めることを丁寧に行うという労働環境の整備も求められてくる。そして，これに併せて余暇生活への配慮も求めていきたい。

このように，自閉症児・者への独自な施策が遅れたため，地域で生活していく上で，親たちは，公的な措置制度の下でも，適切な福祉援助が得られないため，自ら入所施設を造って我が子の居場所を確保しようとした。しかしこれらの自閉症児・者のための施設は，社会からの避難を行う消極的な意味での隔離収容の施設にすぎないものと批判され，今や社会福祉基礎構造改革の流れで，その存在意義が不明確にされつつある。地域社会が自閉症児・者の受け入れを行わない以上，これらの施設は，生涯生活施設とならざるをえない。現に，親たちによって，40年前に造られた自閉症児・者のための入所更生施設は，今や，高齢者施設化しつつある。

今，新たに，地域における家族援助の中に，入所型の福祉援助資源を組み込むことが検討されており，その成果が早く上がることが期待される。

(3) 自閉症児・者の地域生活と家族支援

① 地域生活の変動

今後，地域における自閉症児・者への自立支援を考えて，まず行うべきことについて論を進めていきたい。この障害者福祉改革の流れに沿って，これからの障害者施策・制度には，地域社会の中でどのような障害児・者でも支援できるようにするという気構えで住民の啓発を行い，その意識改革を行うことが求められている。

② 我が国の社会変化と自閉症児・者への対応

顧みれば，我が国の家庭や地域社会での生活は，戦争を境にして非常に大きく変わってきている。戦前まで，家族制度を中心とした社会生活が存在していた。これは地域が共同体として，その中の家族をさらに大きな親族として結合させる状況をもたらしていたのであった。これが敗戦によって占領下生活による子育て文化の混乱を経験したり，さらに高度経済成長を経ての急激な国民生活の変動に

よって，地域共同体と家族制度は崩壊していき，家庭や地域のもっていた社会福祉機能を失わしめてきたのであった。そして今日は，社会環境・構造の変化，少子化の問題等に影響を受けて，一世帯の構成人員が少数化し，いわゆる「核家族化」されてきた。

かつまた，我が国の高齢化の傾向は，少子化とあわせて急激に生じてきている。21世紀前半には4人に1人が65歳以上の高齢者になるという「超高齢化社会」が現実に到来する。このような状況では，子育ての支援や障害者の保護や高齢者介護が年金問題に関連して重要な課題となることが予想されるし，同時に，生活困難な家庭支援を強力に行わなければならない状況も到来してくることになろう。

この核家族化傾向，高齢者のみの世帯が増え続けて，その人口が大都市に集中する状況に，社会産業構造の変化等と相まって新たな都市問題の発生に拍車をかけている。市町村の地域性は衰退し，都市の地域性（近所づきあいの状況）も形骸化させられてきている。

③ 社会福祉施設の効用

このような激しい社会の変動は，自閉症のような養育困難な子どもを抱える家庭を大きく圧迫しだしている。その上，障害福祉計画は，自閉症児・者にもさらに地域における自立を求めている。前述したように，自閉症児・者を抱える親が自分たちで拠金して，自閉症児・者を受け入れる福祉施設を建設し運営してきたが，この事実は，自閉症児・者の地域生活を進める中で，今後どう吸収されていくものであろうか。

繰り返すまでもなく，今後の福祉資源としての福祉施設について，基本的に以下のような事柄を心得ておかなければならない。

社会福祉政策の動向を考えてみると，社会福祉施設における隔離的保護による生活改善，発達援助という緊急性に対応してきたことがわかる。反面，在宅の福祉援助に十分な手を尽くしてこなかったことが指摘され，今後在宅援助のための地域福祉政策の強化が行われるようになってきている。このような社会福祉政策の動向により，従来放置されがちであった自閉症のような困難な発達障害に対して社会福祉施設のもつ療育機能の活用を図ることが必要である。この際，社会福祉施設としては，従来の自己完結的な施設内ケアサービスのみに力を尽くすだけでなく，施設の諸機能を地域の在宅援助のために活用していくことが望まれる。

そのためには，社会福祉施設の対人援助や専門的な福祉援助能力をさらに向上させていくことが望まれるのである。かくして，臨床心理学や社会福祉方法論に基づく実践的な生活援助に関する研修が必要になってくる。社会福祉施設は，本来職業として自己の理論技術に誇りをもっている人たちの集合体であって，それが長い間，生活水準の低いことによって発揮させられなかったものと考えられる。今後の方向として，他の専門職と協力競合しながら，その特性を形成していくこ

とになるであろう。例えば，本題の自閉症の家庭支援対策において，当然ながら，発達障害支援法に基づいて増加されてくる「発達障害者支援センター」と協働活動の展開が期待されてくる。そのためには，教育機関や医療機関と協力体制をつくっていかなければならない。現状において協力できる機関として，児童相談所や障害福祉関係機関や，教育相談機関とか，特別支援教育におけるコーディネーターや，養護学校等がある。さらに医療機関においても，児童精神医学や小児神経学，あるいは心療内科や小児保健学等の新しい発達障害に対応する医学の分野もできてきているので，このような専門的な立場の人たちとは十分手を組んでいくことが可能になってくるであろう。

社会福祉施設は，通所・入所・ショートステイあるいは在宅支援などの機能をもつが故に，自閉症児・者援助の一つの援助拠点として，他の専門機関との連携を保つことが期待される。この際，このような人間理解の実践的な現場を共有する人たちは，実践的な事実をめぐって論議しあうことが必要であるが，それにしてもこの多くの専門職と関係をつなぐ理論を共有していかなければならない。

社会が制度疲労を起こしたり，地域生活が人工的に歪曲されてくることから，社会生活を営む上での弱者が様々な抑圧を受けることになりやすい。社会的に救済していくという社会福祉サービスが必要になってくるわけである。かつては，篤志家によってサービスの提供がなされてきていたが，それが一般の地域社会に普遍化しないうちに，公的な機関がそれを奪ってしまってきている。新たに社会福祉活動を行う福祉施設やNPO等が核となって公益事業が展開され，その考え方や効果が地域社会に普及されてくることが望まれるのである。

これは市場的に事業所化してきている社会福祉施設の再生をめざすものであり，その突破口は利用者の家族と協力することから生じてくる理念なのである。家族に対する援助活動には，開拓的な公益思想が求められてくるものといえよう。それは保護者や家族介護者との共感と根気ある継続的な関係づくりが必要であるからであろう。

④ 自閉症児・者のいる家族支援

前述の如く自閉症の特質として挙げられている現実生活の不適応は，生活に関わる常識的な規範が成り立ちにくいことであり，普通に生活している人と比べてみると，態度や言動が際立って非常識であることが認められている。この非常識さは，人間関係の学習の不足によってもたらされたものである。すなわち，人間関係の不全が基本的に存在するものと考えてよい。自閉症児・者は，相手の主観を感じたり理解することができにくいといわれる。また，他人に対して，その相手の状況が理解できないために，自分の不安や不満の情緒に基づく関わりを行ってしまうことになりやすい。これについては，自閉症児・者に，その具体的対人場面における対処の仕方を学んでもらう

ことであろう。それでもその学習には限度があることがわかっているので、社会に対しても、自閉症児・者やその家族の苦労に関する理解を求め続けていかなければならない。

さて、家族や援助者たちに必要な自閉症の理解を求めることは当然なことであるが、現実的には、親やその他の家族が自閉症児・者を抱えていくことで生じている心理的な負担や生活上のストレスに関して、援助者が基本的にこの重さを理解していなければならない。そしてできる限りの社会的な資源を増やすことが必要になってきている。子どもを生んだ親に、子どもを育てる責任が生じてくることは当然であり、法的にも規定されているところであろうが、これが自閉症のように養育困難なことが多い場合に関して、多くの社会的な支援が必要になってくることは言うまでもないことであろう。社会的支援は、大別すると保健、福祉、教育、医療、労働の五分野に分かれてくるが、この五分野は理念的にも、また援助計画実施にも整合性が求められてくる。

現在の地域社会には、かつての優れた機能は存在していない。かつては子育てにしろ、高齢者への介護にしろ、また障害者の受け入れにしても、家族が単独で行ってきたものとは言い切れない。そこには表に現れないような多くの地域の人間関係や、親戚縁者の支持が存在していたと思われるのである。つまり社会体制の中において、ごく自然に親の役割がとれる仕組みが地域にできていたのである。

このような状況が理解できないと、現代社会においての親の精神的な困難性を把握することができにくい。家族支援においても多様な社会資源との結び付けが必要であろう。

それにしても親たちが属しているコミュニティが職場集団であったり、趣味や地域における諸活動の仲間であったりする場合、このような多種のコミュニティのいずれにも属すことのできない孤立した家族に対する働きかけこそ、地域福祉援助の課題というべきであろう。そこに社会福祉団体が、その機能を動員して、社会福祉施設を核とする新しいコミュニティの創出を図り、地域の家族援助の仕組みを作っていくことも積極的に進められるべきである。

理念的に重要なことは、できるだけ家族が分離しないような支援を考えることと、矛盾することになるが、家族の生活を大きく犠牲にしないように年限を考えた分離方法に関しての見解を明示することである。ただこの場合は、自閉症への理解者による生活の運営を図ることが最も重要である。援助計画は理想的には、認知不自由な人たちが脅かされず安定できる社会を構想している。そのためには、地域社会の人たちの障害者観の改革を求めていくことが必要であろう。

段階的に考えれば、現在は、不安定な家族機能を補完できる家族援助の専門性の拡大が必要である。それは、本人以外の家族の生活を大きく犠牲にしないように、柔軟性をもった分離方法に関しての

見解を明らかにすることであろう。この援助計画には，本人の意向を損ねないように，配慮されたケアプランに基づいて行うことであろう。つまり本人の最善の利益を考慮することは言うまでもないことである。本人が十分な意思表現ができない場合の代弁機能は，必ずしも家族のみに任せられるものではない。といって現在行われつつある援助機能でも不十分といえよう。まず，親の選択の重視とそこに関わる専門職の存在の重要性に気づかなければならない。まずこの専門職は，保護者のもつ責任機能に関しての理解と支援を行うことになるわけである。さらに，家族の危機的状況の改善に努めるのみでなく，社会に対して，自閉症の理解を訴えて，その受け入れの状況の改善に努めるという，ノーマライゼーションの推進への役割意識をもつべきであろう。そして最後の段階として，地域が発達障害者にとって暮らしにくい生活の場となっていることの改善である。一見おかしく見える発達障害児・者の言動に対する周囲の人たちの差別や，いらざる警戒心の強化などについても，日頃から配慮して改善努力していき，地域の人々が，発達障害児・者やその家族を温かく受け入れ，支援してほしい。そのためには，発達障害児・者を理解し，社会的な障害観を改革できる人材の養成と配置を求めていきたい。そして地域生活の改善が行われることから，グループホームや居宅支援，さらにはデイケア等の活用により，家族から離れた自立生活支援が可能となるであろう。

〈参考文献〉

E.ショプラー・G.B.メジボブ編著／田川元康監訳(1987)『自閉症児と家族』黎明書房

山岸裕・石井哲夫（1988）『自閉症克服の記録』三一書房

石井哲夫（1993）『自閉症とこだわり行動』東京書籍

石井哲夫（1993）「自閉症児者を持つ家族への援助」『精神療法』19（4），金剛出版

石井哲夫（1995）『自閉症と受容的交流療法』中央法規

M.K.ディスマイヤー著／久保紘章・入谷好樹訳（1986）『自閉症と家族 児童篇』，（1987）『自閉症と家族 青年篇』岩崎学術出版社

内山登紀夫・青山均・古屋照雄編（1994）『自閉症のトータルケアー――TEACCHプログラムの最前線』ぶどう社

石井哲夫（2002）『自閉症児の心を育てる』明石書店

3 幼児期の福祉制度

子どもの行動に気になるところがあっても，年齢が低いほど専門機関を直接訪れ相談に出向く親はまだ少数であろう。なかには保育機関の担当者や健診時の保

健婦から専門機関の受診を勧められることもあるようだが，初期の受診や相談には，親の勇気ある決断が必要になっている。

近年，自閉症の診断を受ける時期が低齢化し，なかには生後18カ月で確定診断を受ける例もあるようである。診断に当たる多くの医師は，若い親には即座に受け入れがたい厳しい告知をしなければならず，そのような親の心情を慮りきわめて慎重に伝えているものと考えられる。多くの親は，「谷底へ落ちる思い」や「目の前が真っ暗になった」などと告知時の感想を述べている。さらに「診断に続く子育てに対する支援のアドバイスが得られず，どうしたらよいか困惑した」と語っている。地域によっては，専門的な支援システムがなく，告知後孤立する場合もあり，福祉制度を含め的確な情報提供と療育支援体制づくりが急務であろう。

(1) 療育支援の場と事業制度

① 保育所(園)，幼稚園

障害児保育を行う保育所(園)は，全国に多数ある。保育所(園)では障害児保育事業として，幼稚園では障害児受け入れに対し補助制度が設置されている。保育所(園)の事業は昭和48（1973）年に国の事業としてスタートしたが，平成15（2003）年度から地方自治体の事業として一般財源化された。都道府県の独自性を盛り込んで事業内容を決定し実施することができるようになり，障害児保育担当保育士の加配などが行われている。同様に幼稚園にも障害児担当教諭の加配がなされている。

なお，最近では子どもの未来を支える見地から，障害児を含む子ども全体の枠組みで施策が組み立てられている。

② 地域療育センター

設置事業所によって名称が異なるが，医師や言語療法士，理学療法士，心理士，作業療法士，保健師，看護師，栄養士，歯科衛生士などの専門職を配置し，個別的な療育や相談が受けられる機関である。自閉症の場合には心理士によるアセスメントも受けられ，それに続く療育プランが作成されることもある。医療機関を併設している場合は保険受診ができるが，療育内容によっては有料となることがある。受診にあたっては，予約が必要である。

③ 児童デイサービス事業

この事業は，平成15（2003）年度から始まった居宅生活支援費制度の適用を受けている。事業所は，1日当たりの利用人数や開設日などを地方自治体に申請し，認可を受け開設する。利用にあたっては市町村の支援費支給決定を受ける必要があり，利用料も保護者の収入に応じ1日当たりの負担額や月額上限額が決定される。事業所の多くは母子通園の形態をとり，週1〜3回通園し，集団保育，個別保育などが展開されている。母子の形態をとることから，親が子育てを学ぶ場としても大きな成果が期待されている。事業所によっては学童の利用も可能となっ

ているが，基本的には幼児期中心に活動がなされている。

なお，保育所(園)や幼稚園との並行通園が，最近可能となった。

④ 障害児(者)地域療育等支援事業

この事業は平成12(2000)年にスタートし，国の目標では人口30万人に2カ所設置するとしていたが，平成15(2003)年度から一般財源化され，最大設置事業所数が全国で約580カ所になった時点で，地方自治体に委譲されたものである。

したがって，現在は名称も都道府県によって異なり内容も若干の相違が見られるが，国の事業内容をベースに独自の内容で継続実施しているところが多いと考えられる。事業の実施に対してはコーディネーターと呼ばれる職員を配置している。地域の関係機関との連携調整や個々に提供するサービス内容の調整なども実施している。この事業では在宅支援訪問療育等指導事業，在宅支援外来療育等指導事業，施設支援一般指導事業と呼ばれる3つの事業が展開されている。個別に訪問し療育を提供するもの，事業所の外来で療育や相談を受けるもの，そして支援機関に出向き療育の方法を支援者に提供するものとなっている。

コーディネーターの活動には，100名程度の利用者登録がなされている。また，事業の一部を他の事業所に再委託していることもあるので，幼児期の支援だけ別法人が担っていることもある。原則として利用料負担はなく，最近は市町村と都道府県が財政負担をしている。

⑤ 知的障害児施設，自閉症児施設

日本知的障害者福祉協会の調査によると平成16(2004)年12月1日現在，自閉症児施設を含む知的障害児施設は，全国に249カ所あり，利用定員数は1万2654名である。このうち自閉症児の数はわからないが，1～5歳の幼児期児童の利用は130名，1.3%となっている(平成15年4月1日，日本知的障害者福祉協会児童分科会実態調査)。

自閉症児施設は医療型(第一種)，福祉型(第二種)に分類され，昭和55(1980)年に知的障害児施設の中に位置づけられ，スタートした。福祉型は現在，北海道，千葉，神奈川などに設置されている。また，医療型は東京，札幌など精神科をもつ病院に設置されている。24時間の居住施設であるため，幼児期の利用は少ないものと考えられる。しかし，幼児期の場合でも，時には家庭崩壊をひき起こすほどの不眠や奇声，食事，排泄など生活習慣に対する厳しい行動障害が出現している場合には，家族の身体的精神的負担を軽減する目的を含め本人の行動安定の目的で活用されている。

これらの施設利用は，各地に設置されている児童相談所の判定を受け措置を受ける必要がある。手続きは児童相談所が説明するが，保護者の所得に応じ徴収金負担がある。この他，遠隔地健康保険証，特別児童扶養手当の支給停止，市町村発行の医療券停止などがあるので事前にその内容を熟知することが必要であろう。

それぞれの施設には定員枠があるので

利用時に空床の確認も必要である。また，これらの施設と幼稚園を除いて他の療育機関の併用は認められていない。それぞれの施設では個別支援計画を作成し行動障害の改善や日常生活に関わるスキルを細かく支援していく。生活習慣や行動改善を図るためにセミステイ（3カ月間）の枠を設定している施設もある。有期限有目的施設利用のセミステイも利用手続きは長期入所と同様である。

⑥ 幼児通園施設

平成16（2004）年12月1日現在，全国で253カ所，利用定員は9239人である（日本知的障害者福祉協会調べ）。このうち，自閉症（傾向を含む）幼児の利用が2698名，28％に及んでいる（同協会通園分科会 平成15年度実態調査）。幼児期には確定診断を受けていないケースもあり，自閉症児がきわめて高い率で通園している。

知的障害児施設，自閉症児施設と同様，利用にあたり児童相談所の措置決定が必要である。いうまでもなく利用者のほとんどが就学前年齢である。

個別療育計画を作成し，子育てを親も共に学ぶ視点を柱の一つにして，療育を進めている。認知障害など自閉症の特性に配慮し専門的療育を早期に進める場として，最近では高機能自閉症を含む発達障害児の療育の場としても活用され始めている。近隣の保育所や幼稚園と統合保育や交流保育を実施している施設もある。保護者の収入に応じて徴収金負担があるが，在宅のため特別児童手当は支給される。この施設の場合も定員枠がある。

通園が基本であるため，通園バスの運行をしている施設も多い。

幼児通園施設は利用する子どもの障害バリアがないので，肢体不自由児の利用も増加し，看護師の配置を受けている。このほかの専門職として各種療法士や心理士，ケースワーカーなどを配置している施設もある。

保育所（園）や幼稚園との並行通園が認められている。

⑦ 短期入所（ショートステイ）事業

在宅で支援する家族の都合でショートステイ指定事業所を利用し，一時的に支援を依頼できる制度である。平成15（2003）年度から支援費制度に位置づけられたので，児童デイサービス，ホームヘルプ事業などの利用と同様に市町村へ申請し支給決定を受ける必要がある。

利用は，4時間未満，8時間未満，宿泊を伴う，などに分類され，利用内容を希望することができる。事業所とは1年単位で利用契約をすることができるが，事業所側に定員があるので，事前の予約が必要である。利用料負担については親の所得に応じて1日単位で決められ，1カ月の負担上限額も設定される。24時間型の知的障害施設などの利用児童は，利用できない。保護者の入院など緊急または特別の理由によって支給量の変更を希望する場合は，市町村窓口で相談する。

⑧ 母子（親子）療育事業

短期入所事業を利用し，親子が実施事業所内に3泊4日または5泊6日宿泊し，

支援者と共に障害児の個々の特性に合わせた子育てや療育を学ぶ。

時には両親のほかに、障害児の兄弟姉妹や祖父母、地域の保育所(園)やデイサービスの支援者も共に参加することもある。

児童は、居宅生活支援費の適用を受け食費等の自己負担があるが、その他の参加者は食費等実費負担が求められる。事業所では年間計画に沿って開催するので、事前の申し込み予約と利用契約が必要である。

⑨ **ホームヘルプ事業**

在宅で支援する家族の都合に合わせ、家事援助や身体介護、移動介護、行動援護(自宅見守り、移動介護等)の4項目の支援にヘルパーが派遣されるものである。家族が外出する間の介護、余暇活動の場への移動などに活用ができる。居宅生活支援費の対象になる事業であるため市町村の支給決定を受けることが必要である。

市町村によって幼児・児童期に制度を拡大していないところもあるが、運用の幅を拡大し利用しやすい制度の工夫を各市町村がしているので、窓口で確かめる必要がある。

⑩ **発達障害者支援センター事業**

平成14(2002)年から国の事業としてスタートした自閉症・発達障害支援センター事業は、平成17(2005)年度からは発達障害者支援センター事業に変更され、全国に設置が進んでいる。

平成19(2007)年度までには60カ所とする国の計画だが、平成16(2004)年度末で23カ所の指定がなされている。

自閉症を含む広汎性発達障害の相談、療育、就労支援、研修、関係機関の連絡調整など発達障害児・者地域生活を支える活動をしている。これらの活動のため、職員配置がなされ、アセスメントや個別支援、親や支援者のための相談研修が進められている。保育所(園)など幼児期の自閉症が療育支援を受ける機関へ直接出向き支援方法を助言することもある。相談はメールや電話、ファックスなどでも可能である。しかし、まだ設置数が少なく、広域支援を余儀なくされている状態である。

(2) その他

国には、障害児も0歳から介護保険に移行する計画があり、また、市町村の役割を重視するとしているので、情報を見逃さないように心がける必要がある。

4 学齢期の福祉制度

(1) 学齢期の障害児

児童福祉法第4条では「児童」を「満18歳に満たない者」とし，さらに「小学校就学の始期から，満18歳に達するまでの者」を「少年」と分類している。しかし障害児の福祉を考えるとき，学校との関連性を抜きにして語ることはできない。ここでは「少年」と定義される年齢層をあえて「学齢期」（18歳以上の場合もある）と呼ぶことにする。

児童福祉法では障害の有無により事業利用の可否は問われないことになっている（第1条②「すべて児童はひとしくその生活を保障され，愛護されなければならない」）。しかし，現実的には障害児の福祉施策はいまだ十分に整備されているとはいえない。また，「自閉症」を対象とした福祉制度はきわめて少なく，主に知的障害に対する制度を利用しているのが現状である。

(2) 学齢期障害児が対象となる主な制度

学齢期の障害児に関する支援としては，金銭面では障害児福祉手当の支給，学齢期には就学奨励費の支給などが用意されている。福祉的支援としては療育手帳の所持を前提とした施設福祉（入所・通園）と生活支援等がある（就学前も含む）。

	施設・事業・施策・その他			
	入所型	通所型	自閉症関連施策（併設型）	
施設福祉	知的障害児施設 肢体不自由児施設 盲ろうあ児施設 重症心身障害児施設 児童自立支援施設 情緒障害児短期治療施設	知的障害児通園施設 肢体不自由児通園施設 心身障害児総合通園センター 児童デイサービス事業 （簡易マザーズホーム）	強度行動障害特別処遇事業 第一種自閉症児施設（医療型） 第二種自閉症児施設（福祉型） その他（併設型） 重症心身障害児（者）通園事業	
療育機関 相談機関	発達障害者支援センター，児童相談所，児童家庭支援センター 家庭児童相談室（福祉事務所内設置），心身障害児総合通園センター 保健所・保健センター（自治体設置），療育センター（心身障害児（者）施設地域療育事業） 在宅重症心身障害児（者）療育相談・訪問指導（保健所） 疾病等長期療養児童療育指導（保健所） 障害児学校教育相談，障害者施設内相談センター，地域生活支援センター（自治体設置）			
生活支援	児童居宅介護支援事業（ホームヘルプ事業）・児童短期入所事業（日帰りショートステイ）			
放課後支援	現行法定事業	放課後ケア事業	民間事業	一般型
	放課後児童クラブ 児童館 児童センター 児童デイサービス	障害児放課後クラブ （※タイムケア事業）	学習塾 スポーツ教室 文化的事業 （ピアノ教室等） 家庭教師型支援	ガイドヘルプ利用外出 ボランティア利用外出 おもちゃ図書館 団体関連サークル 団体レクリエーション

さらに成人期にはない「放課後支援」や，自閉症児に関連した施策もいくつか設置されている。また，各種の相談機関・療育機関も設置されている。

① 自閉症児に関する施策

平成6 (1994) 年，当時の厚生省が「強度行動障害特別処遇事業」を設置した。国内数カ所の知的障害者施設が事業を実施し，平成11 (1999) 年には一部制度の見直しも行われている。これは「強度行動障害判定指針」を参考とし，得点が概ね20点以上の知的障害児(者)を特別処遇の対象とすることとされている。事業を実施している施設では場の構造化，カード・写真など情報の視覚化を徹底し，医療とも連携を図った上で，情緒の安定を回復するためのトレーニングを行うなどしている。

また，知的障害児施設には児童福祉法を根拠とし自閉症を対象にした「第一種自閉症児施設（医療型）」と「第二種自閉症児施設（福祉型）」がある。

平成16 (2004) 年12月には国会で発達障害支援法案が可決され，新規に発達障害者支援体制整備事業の創設や発達障害普及啓発費として約2億5000万円を予算化された。発達障害者支援センターの設置拡充に約4億4000万円の予算が計上され，平成17 (2005) 年で全国36カ所まで増設する計画である。センターの機能としては「相談支援」「療育支援」「就労支援」「普及啓発・研修」などが主となっている。

② 入所型施設福祉

障害児の施設入所については支援費制度外となり，いわゆる「措置」として自治体等の仲介を経て決定される場合が多い。対象となる入所型施設としては知的障害児施設，肢体不自由児施設，盲ろうあ児施設，重症心身障害児施設，児童自立支援施設，情緒障害児短期治療施設などがある。

知的障害児施設等には家庭環境に種々の事情がある児童が入所しているケースが多いが，最近では経済的な問題だけではなく，虐待を受けて緊急に収容されるケースなども増えてきている。また，児童自立支援施設や情緒障害児短期治療施設については最近の傾向として，発達障害の二次障害から非社会的・反社会的行動を起こしてしまった児童が収容され，各種のスキルトレーニングなどを実施するケースも増えている。

③ 通園型施設福祉

知的障害児・肢体不自由児通園施設，病院または障害児(者)施設に設置できる重症心身障害児(者)通園事業，心身障害児総合通園センターなどがあり，各々で障害種別を超えた指導，訓練を受けることも一部可能となっている。

学齢期については放課後に児童デイサービス事業を利用できるケースが増えている。従来は就学前の幼児を利用対象としたいわゆる「簡易マザーズホーム」等の設置根拠として機能していたが，平成10 (1998) 年の厚生省（現厚生労働省）通知により市町村長が認める場合は学齢児

の利用も可能，と確認された。
　今は支援費制度に位置づけられ，障害のある小学生が放課後や長期休業中に利用できるようになっている。ただ，この事業を中高生の障害児が利用できない，という問題もあり，事業の柔軟な運用が待たれるところである。

④ 生活支援型福祉
　学齢期障害児の生活支援施策については必ずしも障害種（領域）別に分けられてはいない。したがって，自閉症児に特化した生活支援，というのも現状では存在しない。
　地域生活支援としては児童居宅介護支援事業（ホームヘルプ事業）が典型的である。身体介護，家事援助，移動介護など利用のニーズは高い。支援費対象なので利用料にも割安感はあるが，事業者の絶対数が不足している，という問題がある。
　また，学校登下校時の移動介護や一般の放課後児童クラブでヘルパーを伴いながら活動に参加する，といった学齢期にはきわめて重要な支援がこの事業では認められていない。障害児の保護者からは，地域の小・中学校にヘルパーの介助（授業中も）を受けながら子どもを通わせたい，とする願いもあり，課題は多い。
　児童短期入所事業（ショートステイ）は「入所」の文字はあっても生活支援に位置づけた方がよいだろう。養護学校等から体験実習を兼ねてこの事業を利用し，卒業後への移行支援を円滑に進める進路指導が行われることもある。
　中高生が利用できる支援費・デイサービス事業が存在しないため，短期入所訓練事業の「日帰りショートステイ」を学校の長期休業中に利用する家庭も増えている。

⑤ 障害児の相談・療育機関
　子どもの障害に関する相談機関としては児童相談所，児童家庭支援センター，家庭児童相談室（福祉事務所内設置），心身障害児総合通園センター（療育機能含む），保健所，市町村の設置する保健センター等がある。巡回相談を実施しているセンターもある。最近では各種障害者施設にも相談センターが併設されている場合があり，センター機能はなくても福祉相談にはほとんどが対応している。
　また療育機関としては，国の心身障害児(者)施設地域療育事業を利用した障害児童向けの療育センターがある。保健所中心に実施する身体に障害のある児童に対する療育指導や在宅重症心身障害児(者)に対する訪問指導，疾病により長期にわたり療養を必要とする児童に対する療育指導等も法に位置づけられている。
　相談機関の充実度は自治体によって千差万別ではあるが，国の障害児(者)地域療育等支援事業を引き継ぐ形で生活支援センター等を設置していく動きもある。また保健センター，福祉行政（障害福祉・子育て支援等），教育行政などが連携して自閉症児の問題解決に向けて努力している自治体も現れ始めている（滋賀県など）。
　特別支援教育の分野では地域支援体制の充実ということで養護学校等での教育

相談機能が強化されつつある。今後は地域のどの相談窓口に話をもっていっても、相互の連携から相談が「たらい回し」にされることは減少していくのではないか、と考える。

⑥ 放課後（休日）支援

1）放課後児童クラブ（学童保育）・児童館・児童センター

法的根拠をもつ学齢期障害児の放課後支援策は、現状では放課後児童健全育成事業による放課後児童クラブ（学童保育）のみである。障害児の受け入れに関する児童福祉法上の記述は平成10（1998）年に新設され、平成15（2003）年度からは2名以上の障害児がいるクラブに補助が加算されることになっている。

しかし加算額は年間で68万9000円と少額であるため、障害児の受け入れが積極的に進められる、といった状況にはない。また、1クラブ2名以上、という規程があるが、運営形態自体が小規模であるところも多いため、保育している障害児が1名、というクラブも多数あり、制度上の様々な見直しが必要とされている。

障害児の利用を認める児童館・児童センターも増えている（以前は「心身ともに健全な児童」を利用条件とし、利用を制限しているところも少なくなかった）が、保護者の付き添いを必要とするなど、気軽に利用できる場所とはなっていない。

2）障害児の放課後支援（放課後ケア事業）

放課後児童健全育成事業では「小学校に就学しているおおむね10歳未満の児童であって、その保護者が労働等により昼間家庭にいないもの」（児童福祉法第6条の2⑦）が利用対象となっている。これではすべての障害児家庭が対象とはならない。

そこで特に利用条件を制限しない障害児対象の「放課後ケア事業」に対するニーズが年々高くなっている。平成13（2001）年6月段階で全国130カ所（在籍3082名）であったものが、平成16（2004）年8月には473カ所（在籍5394名）にまで激増している（調査は京都放課後ネットワーク・鈴村敏規氏による。図Ⅲ－3参照。対象とする団体の幅は広い。児童デイ事業者も一部含む）。

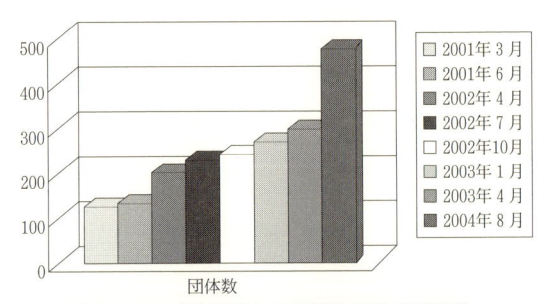

図Ⅲ－3 「放課後ケア事業」団体の設置数

これら放課後ケア事業は，いまだ法的根拠を有している活動ではない。補助制度のある都道府県は平成13 (2001) 年7月現在で7カ所だったのが平成16 (2004) 年8月には19カ所にまで増えているが，補助のない自治体はまだまだ多い。国は全国的なニーズに応えようと平成17 (2005) 年度から「障害児タイムケア事業」を新規創設し，放課後ケア事業を法的に位置づけることを決めた。初年度予算総額は約8億円。内容は「障害児の放課後のケア」という新たな視点に基づいたものとなっている。

(3) 放課後の地域での生活

① 放課後支援（地域活動支援）の必要性

公立の小・中学校，養護学校の年間授業日数は概ね190日から200日程度と思われる。登校しても1日の拘束時間は7，8時間というところが多い。学齢期といってもこの年代の障害児が学校にいる時間は，想像しているよりも短い。

ある県の自閉症協会支部が実施した意識調査では「福祉に対する要望」の中で，学齢児の保護者がその最上位に「障害児学童保育の設置」を挙げた。学齢期自閉症児の日常を考えれば，放課後支援の機会，場所を増やすことは急務の課題といえる。

障害のある子どもたちの地域における主体的な取り組みに対する機会，場所が保障され，マンパワーでの支援が可能な選択肢を広げていかなければならない。

また，子どもを預けた母親の自己実現に向けた取り組みを支える目的（就労支援，文化的活動の支援，レスパイトケア等）も重要である。

② 学校教育との連携

自閉症児の安定した生活，発達を支えるには学校，家庭，放課後支援（地域活動）の連携は不可欠である。子どもへのアプローチには一貫性をもたせなければいけない。しかし学校側の理解はいまだ十分ではなく，連携も困難な状況にある。

文部科学省中央教育審議会が平成16 (2004) 年12月に「特別支援教育を推進するための制度のあり方について（中間報告）」を公表したが，その中に今後の特別支援教育は「障害のある子どもの放課後のケア」と十分連携するように，との一文がみられた。学校と放課後支援の場の十分な連携が可能になれば，そこは「生きる力」を実践的に学べる場にもなるだろう。

③ 様々なケアの形

放課後に障害児が利用できる地域資源は確実に増えている。子どもにとっても家族全体にとっても，地域に放課後支援の場ができるだけでライフスタイルが大きく変容していく事例も数多く報告されている。放課後ケア事業のほか，先にもふれた支援費・児童デイサービス事業，同じく児童居宅介護支援事業（ホームヘルプ事業），あるいは市町村が単独で設置しているデイサービスなどが利用できるようになっている。

居宅介護支援の一つである移動介護

(「ガイドヘルプ」)や各地の社会福祉協議会に設置されているボランティアセンターを利用し，ヘルパー(ボランティア)の支援を受けながら地域の文化施設(図書館，博物館など)を利用したり，サークル活動やコンサートへ参加したりするケースも増加している。障害児・者団体の主催する休日レクリエーション，地域団体の主催する「おもちゃ図書館」などの取り組みもある。

また，民間では発達障害児を対象とした学習塾やスポーツクラブ(スイミングスクールなど)も徐々に増えている。AD/HDや高機能自閉症の児童を対象とした訪問型教育的サポート事業(家庭派遣教師)も登場し，その選択の幅は広がっている。

特に障害児のみを対象とせず，高齢者，留守家庭児童なども含めた総合的な生活支援を主としたサービスも全国各地で実践が始まっている。いわゆる「横断的福祉」の形態は今後，中心的な施策となっていくかもしれない。ただサポートの「専門性」という面をクリアしていく課題もあるだろう。

(4) 今後の課題

放課後支援には課題も多い。都市部で，あるいは住宅街で展開せざるをえない小規模な放課後ケア事業だと，場所の制限から幅の広い活動を保障することは難しい。関西のある自治体で実施された意識調査では，子どもが放課後ケア事業を利用し始めてから家庭でのパニックが激しくなった，と答えた保護者もある。

無認可の状態で運営している団体も多く，資金難から保護者が運営の中心となり疲れきっている，という報告もある。運営費・場所・人手の問題は共通している。障害児タイムケア事業が利便性の高い制度になることを望む。

また，自閉症児等発達障害児全般に対する施策・相談体制のさらなる整備も必要だろう。最近では軽度発達障害児の福祉的生活支援の充実を訴える声もある。制度の狭間で支援費事業も利用できないAD/HD，高機能自閉症，アスペルガー障害などの子どもたちが地域で安心して過ごせる場はあるのか。

さらに，周囲の無理解から生じる発達障害の二次障害として不登校，引きこもりになる学齢児も多く，学校とは異なる場での教育的支援・生活支援も必要とされている。発達障害支援法を根拠に個別の支援が充実されていかなければならない。

支援の内容・目的については個々の特性に応じた多様な選択肢が用意されなければならない。単に集団的ケアの場のみならず，ホームヘルプが柔軟に利用できるなど，地域における個別の対応も可能になるような生活支援のあり方が望まれよう。

自閉症児を含む障害児全般への各種福祉支援，特に地域生活(活動)支援については，社会一般に対してその重要性をさらに啓発していく必要があるだろう。

5 成人期の住居・入所施設の現状と課題

(1) 成人期自閉症者と福祉制度

　現在の福祉制度では，知的障害・精神障害・身体障害の三分野に分かれている。その中で，自閉症者はその多くが知的障害を伴うため療育手帳を取得し，知的障害の福祉サービスを受けることが多い。また，高機能自閉症者の場合，療育手帳の取得が困難なため，精神障害の手帳を取得し福祉サービスを受けることがある。今までの制度では，自閉症を対象としたものは第一種・第二種年長自閉症児施設のみであった。このように福祉施設としては，知的障害福祉サービス及び精神障害福祉サービスにおいての対応であり，自閉症者に特化した制度はなかったのが現状である。

　しかし，自閉症を中心とする発達障害への社会的な関心は年々高くなり，平成14(2002)年に自閉症・発達障害支援センターが制度化された。また平成17(2005)年4月1日に，発達障害支援法が施行された。この支援法により，高機能自閉症・アスペルガー障害・学習障害(LD)・注意欠陥／多動性障害(AD/HD)等がその対象となるわけだが，どのような具体的な施策が行われていくのかが注目される。

(2) 福祉施設における自閉症者の利用の現状

　日本知的障害者福祉協会では，毎年全国の施設実態調査を行っている。平成14(2002)年の報告書から，福祉施設における自閉症者の利用の実態を追っていきたい(ここでは，主な利用施設として入所更生・入所授産・通所更生・通所授産を取り上げる)。なお，この調査は回収率が77%という実数に近い調査結果であり，かなり信頼度の高いものである。

　このように成人施設に限っては全体の8.5%の自閉症者の利用があり，全国のどの施設においても自閉症者の利用があることが推測される。また，日本知的障害者福祉協会加盟の幼児通園施設・児童入所施設まで含めた調査では10.1%の自閉症者の利用があるとの結果が出ている。

　福祉施設の利用者は年々重度化しているといわれるが，実際に全成人施設の

表Ⅲ-1　福祉施設の種別による利用者数（回答による数値）

入所更生	入所授産	通所更生	通所授産	合　計
73,034	10,543	14,089	28,063	125,729

表Ⅲ-2　福祉施設の種別による自閉症者数

入所更生	入所授産	通所更生	通所授産	合　　計
6,074	274	1,818	2,501	10,667
8.3%	2.6%	12.9%	8.9%	8.5%

60%は重度の判定がある。入所更生に限っては70%が重度判定である。表Ⅲ-2における入所授産は中軽度の判定の利用者が多い種別であり，そこでの自閉症者の利用が極端に少ないことがわかる。このように福祉施設においては重度の知的障害を伴った自閉症者の利用が多いことが指摘できる。

近年の自閉症研究は，高機能自閉症・アスペルガー障害を対象としたものが多くみられる。しかし，福祉施設における自閉症者はその多くが重度の知的障害を伴っており，生涯にわたる支援を必要としている。このような重度の知的障害を伴った自閉症者の場合，診断がかなり早期に行われるため，幼児期からの一貫した対応により豊かな成人期を送るための一つの支援機関としての福祉施設の存在が望まれる。ところが現状では，行動障害を伴った自閉症者が存在し，その対応に福祉施設が苦慮している。このような問題は成人期における問題だけではなく，幼児期からの支援者側の対応によるものが大きく，自閉症の専門家の養成が望まれる。

(3) 教育から福祉への移行

障害者福祉は，それまでの措置というあり方から大きく変わり，平成15 (2003) 年4月より，支援費制度（契約制度）となった。大事な点は利用者側と事業者側の契約ということである。契約にあたっては提供する福祉サービスを明確にする必要があり，個別支援計画の作成が義務づけられた。

しかし，福祉施設は措置の時代が長く，集団としての対応をしてきており，個別的な対応には不十分であったといえる。そのため，平成15 (2003) 年中に義務づけられた個別支援計画は作成したものの，その様式の整備はほとんどされていなかったのが現状である。これは，福祉施設における自閉症者への対応の問題点としても指摘できる。自閉症者に対して，個別的な対応は欠かすことができない。自閉症者の行動を集団生活への不適応ととらえてしまっては，問題の解決にはならない。いかに個人を理解し，自閉症を理解するかということが重要であり，そのためには，個別支援計画の作成は必須内容である。

一方，特殊学級・養護学校における障害児教育といわれていたものが，特別支援教育としてその形態が大きく変わりつつある。その中でも重要な位置を占めるのが個別の教育支援計画である。個別支援計画，個別の教育支援計画と呼び方は

変わっても，個人に対するアプローチの明確化であることには変わりない。

現状では，移行計画として学校から地域社会における就労へ向けてのプログラムができてきている。しかし，重度の知的障害を伴った自閉症者の多くが福祉施設を利用するという実態があり，そのための移行計画はまだこれからなのが現状である。今後，幼児期から学童期，学童期から成人期へと移行していけるような支援計画のあり方が望まれる。例えば，日本知的障害者福祉協会では，㈱日立情報システムズと共同で開発した個別支援計画作成ソフト「プランゲート」を作成している。これは，個人データの管理，履歴によるデータ管理，41項目によるアセスメント，支援計画作成のシステム化等を特徴とするソフトであり，このようなソフトが全国で使用されるようになり，支援者側の対応の混乱が利用者側に不利益にならないようになっていくことが望まれる。

(4) 入所施設における行動障害の実態と対応

自閉症者の多くが行動障害を起こしやすいわけではないが，行動障害として判定されるケースの中には自閉症者が多く存在することは事実である。

そのような点から福祉施設における行動障害への対応は重要な課題ということができる。なかでも入所施設においては次のような資料からその必要性が指摘される。

表Ⅲ-3 福祉施設における強度行動障害者数

入所更生	その他施設	合　計
3,338 (4.6%)	1,269 (1.8%)	4,607 (3.2%)

表Ⅲ-3のように，圧倒的に入所更生における強度行動障害者数が多い。在宅のまま通所施設の利用等が困難となり，入所施設を利用していると考えられ，この中には相当数の自閉症者も含まれているであろう。現在，強度行動障害特別処遇事業があるが，その対象者は全国で181人であり，全体の0.1％にすぎず，何らかの具体的な施策があるわけでない。このような強度行動障害の判定まではいかなくとも行動障害の状態を呈している利用者が多く存在している。その実態調査として日本知的障害者福祉協会が行ったものがある。これは，平成15(2003)年に支援費制度に移行した際に障害程度区分の調査と併せて行われたものである。

行動障害で最も多かったのが，こだわり行動であった。このほかには多動・奇声が多く，これに多飲水・自傷・睡眠障害などが続いていた。しかし，これは自閉症者に限っての調査ではないため，自閉症者に対象を絞った研究が進められている。

繰り返しになるが，自閉症者が行動障害を起こしやすいわけではない。ただし，

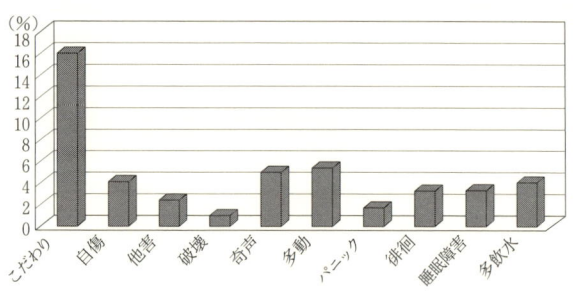

図Ⅲ-4　福祉施設における行動障害の実態

その認知構造上，対応によっては行動障害を起こしやすいことも事実である。図Ⅲ-4にあるように，こだわり行動などは自閉症者に特徴的な行動であり，福祉施設においてかなり困る行動とみられているのがわかる。

福祉施設においては日常の支援における方法が重要である。例えばTEACCHシステムなどの応用により，環境を整理する，情報を視覚化して提示する，ワークスケジュールを作成するなど，対応を明確に具体化することである。また，福祉施設における自閉症者の利用の現状で述べたとおり，重度の知的障害を伴った自閉症者への対応が重要である。そのためには，認知発達段階という視点をもつことが重要であり，太田ステージを利用したアプローチなどが行われている。太田ステージは，自閉症者の特性を理解し，さらに発達段階を理解することにより，個別支援計画の作成に生かすことができる。

(5) 医療と福祉の連携

医療は，診断に始まり生涯にわたって関わりをもつことになる。特に，思春期以降は，その関わりの重要性が増し，より連携が必要となる。思春期以降の自閉症者のてんかんの初発は約30％という報告もあり，直接的な関わりも増す時期である。また図Ⅲ-4の行動障害の実態をみてもわかるとおり，自傷・多飲水・睡眠障害等投薬治療が必要な行動障害が存在する。これらの行動は，環境的な働きかけだけでは限界があり，医療との連携がより重要となる。

医療との連携で重要な点として，施設側は的確な情報を医師に伝えているのかということがある。例えば，睡眠障害に対する投薬治療が開始されたとする。投薬を開始したが，睡眠の状況がなかなか改善されないように思えるため，その状況を医師に報告したところ，投薬量が増えていき，そのことに対して施設側が疑問をもったとする。ところが，その施設では睡眠の細かなデータの整理を行っておらず，ローテーションで勤務に入った職員のその時々の報告をまとめただけであったとする。

このような状況では，医療との連携は

難しいというしかない。施設でよくありがちな逸話記録ではなく，医師とも情報を共有できるようなデータベース化が必要である。これらは，個別支援計画とも連動してくるものである。

(6) 自閉症者と地域生活

　成人期の住居を考える場合，地域生活においてグループホームの存在がより重要となってくるものと思われる。入所施設はより重度化していくため，自閉症，特に高機能自閉症者にとってはグループホームの利用が増えていくであろう。ただし，グループホームの利用には障害者年金あるいはそれに代わる一定の収入が必要である。また，現在入所施設を利用している自閉症者にとっても，グループホームの利用は今後より検討されていく必要がある。

　例えば，入所施設の平均的な定員は50名である。このような大集団で構成されているのが入所施設ともいえる。そして，現在の入所施設の基準は個室か2人部屋であるが，15年以上前の施設は3人部屋か4人部屋である。自閉症者の場合，このような大集団に不適応を起こしている場合がある。この点，グループホームのように最大の利用者が7人であり，個室が整備されており，支援者が入所施設と違い数人であるという，環境がかなり整備された状況では，入所施設に不適応を起こしていた自閉症者が落ち着いたという報告もある。

(7) これからの福祉と自閉症

　障害者福祉は介護保険との統合問題など，今後大きな変更が予定されている。このような状況の中で，国は今後入所施設は造らないという方針を打ち出すなど，すでに大きな変革の波が起きている。また，障害者福祉のグランドデザインが公開されるなど，現行の制度そのものが具体的な変化の姿を見せ始めている。例えば，入所施設は日中と夜間は分離する。通所施設は，その機能を明確におよそ3分類し，福祉就労という考え方はなくす。このような変革は，自閉症者にとって望ましいと思われるものがある一方で，およそ納得しがたいものがある。

　しかし，これからの障害者福祉のキーワードは地域生活支援であることは明確である。そのためには，幼児期から成人期まで一貫した支援者側の対応が求められている。

〈参考文献〉
太田昌孝・永井洋子編著（1993）『自閉症治療の到達点』日本文化科学社
日本知的障害者福祉協会（2004）『平成14年度全国知的障害児・者施設実態調査報告書』
日本知的障害者福祉協会（2004）『知的障害者のためのアセスメントと個別支援計画の手引き』

6 就労の実情，就労支援サービスの現状と課題

(1) 就労の実態

① 自閉症者の就労率

青年期に達した自閉症者の就労率に関する調査では，表Ⅲ－4に示すように，日本自閉症協会や小林隆児，国立特殊教育総合研究所，そして自閉の生徒の就労研究会などが実施している。

表Ⅲ－4 自閉症者の就労率の推移

全国自閉症児者就労実態調査	2.6%	（1981年9月）
同　　上	6.0%	（1988年10月）
同　　上	6.9%	（1990年2月）
小　林　隆　児	21.8%	（1990年4月）
国立特殊教育総合研究所	18.5%	（1994年3月）
自閉の生徒の就労研究会	21.3%	（1995年5月）

まず，日本自閉症協会の調査を見てみると，1981（昭和56）年に実施された第1回の調査では，わずか2.6%の就労率であった。1988（昭和63）年10月に実施された第2回目の就労実態調査では，自閉症者の就労率は6.0%となっており，その後1990（平成2）年にも調査が行われ，就労率は6.9%とわずかながら伸びている。小林の調査では，調査地域が九州・山口地区に限定されてはいるが，1990（平成2）年の調査で，21.8%の自閉症者が就労していると報告されている。また，国立特殊教育総合研究所では，知的障害養護学校の高等部及び中学部において男女別に調査を行っているが，男子19.7%に比べ，女子が12.1%と，女子の就労率の悪さが目立っている。双方を合わせると，約18.5%となっている。

最も新しい報告では，養護学校高等部の自閉症卒業生の進路調査を行った「自閉の生徒の就労研究会」の調査で，平成元（1989）年度から平成6（1994）年度までの平均就労率で21.5%となっている。同じ養護学校卒業生を調査したにもかかわらず，国立特殊教育総合研究所の調査よりも高いのは，中学部が含まれていないからだと思われる。この結果は，小林の調査結果とほぼ同じレベルの数値を示している。

これらの調査から，青年期に達した自閉症者の約5人に1人は職業的自立を果たしていることになるが，逆に5人に4

人は一般就労以外の道をたどっていることになる。

国立特殊教育総合研究所においても,年長自閉症者の進路に関する研究を行っているが,自閉症者の進路に関して,一般就労以外では小規模作業所,更生施設,授産施設などの福祉的就労が主な進路先になっていると報告している。

最近,障害者雇用支援センターや障害者職業能力開発校などの職業訓練や職業前訓練機関への進路も増えてきたが,その割合はまだ少なく,総合的にみると多くの自閉症者が福祉関係の施設へ進んでいるものと思われる。

② **就労した自閉症者の職種**

「自閉の生徒の就労研究会」によると自閉症者が就いている職種は図Ⅲ－5のようになっている。

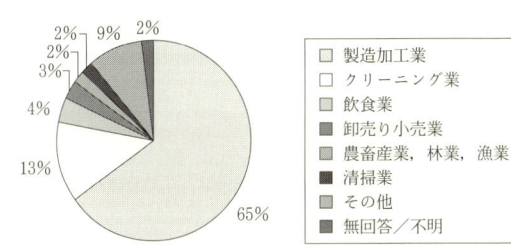

図Ⅲ－5　自閉症者の就労職種

（製造加工業 65%、クリーニング業 13%、飲食業 4%、卸売り小売業 3%、農畜産業,林業,漁業 2%、清掃業 2%、その他 9%、無回答／不明 2%）

製造加工業が最も多く,次いでクリーニング業となっている。この2種の職種で全体の約8割を占めている。

また,作業内容の内訳を見てみると,梱包・パッキング,組立,機械操作,運搬,清掃などとなっている。

職種や作業内容は,地域によってかなり異なるものと思われるが,これらの結果からはあまり複雑な仕事には就いておらず,また対人接触を必要とするような職種も少ないことがうかがえる。

(2) 就労支援サービスの現状

自閉症者の多くは知的障害を重複している人が多いことから,我が国の行政では知的障害者に対する様々な就労援助の措置に,多くの自閉症者が含まれていることになる。

知的障害を有している自閉症者の場合は,知的障害者の手帳,いわゆる療育手帳の交付を受けることができるため,雇用率や助成金制度の対象となる。

しかしながら,知的障害を重複していない自閉症者,すなわち高機能自閉症やアスペルガー障害といわれる人たちは,今のところ具体的な就労援助の措置はなされていないのが現状である。

① **雇用率制度**

雇用率制度というのは,「障害者の雇用の促進等に関する法律」で定められているもので,従業員が56人以上の規模

の企業は，一定の障害者を雇わなくてはならないという制度が定められており，企業の種類により表Ⅲ-6のように雇用率は異なっている。

表Ⅲ-6　障害者雇用率

民間企業	
一般企業	1.8%
特殊法人	2.1%
公務員	
国，地方公共団体	2.1%
教育公務員	2.0%

この制度に従わない企業は，雇用率未達成企業となり，納付金を納めなくてはならない。逆に，雇用率を超えて障害者を採用している企業には，300人を超える大企業であれば「雇用調整金」が，300人以下の企業であれば「報奨金」が支給されることになっている。

② 助成金制度

先の雇用率制度が，企業に対する「ムチ」の役目を果たすものだとすると，「飴」の役割を果たすのがこの助成金制度といわれるもので，障害者を雇用すると，国が企業に対して助成するという制度である。助成金の種類は様々なものがあるが，よく使われる助成金に「特定求職者雇用開発助成金」というものがある。この助成金の内容は，企業規模や障害のレベルにより異なるが，企業が障害者に支払う賃金の何割かを助成するというものである。

表Ⅲ-7　助成金の割合

	45歳未満の軽度障害者 （1年間）	重度(45歳以上の軽度)障害者 （1年6カ月）
大企業	賃金の4分の1を助成	賃金の3分の1を助成
中小企業	賃金の3分の1を助成	賃金の2分の1を助成

表Ⅲ-7からわかるように，重度の知的障害がある自閉症者が中小企業で雇用され，賃金が10万円であったとする。その賃金のうち，国が2分の1の5万円を助成することになるため，企業側が実際に労働者に支払う賃金は10万円の半分の5万円でよく，企業の負担が軽減されることになる。

③ 職場適応訓練制度

この制度も，障害者に対する援護制度だが，就職後の助成ではなく，就職前になされる制度である。実際に就職しようと思っている企業に対し，就職前に6カ月以内（重度障害者であれば，1年以内），実際の職場で実地訓練を行い，それによって職場の環境に慣れることを目標とし，訓練が終わった段階で正式に雇用しようというものである。

その間，委託した企業に対しては2004年度の場合は，月額2万4000円（重度障害者の場合は2万5000円）の委託費が支給され，障害のある訓練生本人に対しても，月に約13万8170円が支払われる。

このほかに，職場実習の期間が2週間以内（重度障害者の場合は4週間以内）の短期職場適応訓練というものもある。

これらはみな，ハローワーク（公共職業安定所）が窓口になっている。

④ トライアル雇用（障害者試行雇用事業）

以上の援護制度の他に，3カ月という期間限定の雇用対策としてトライアル雇用という事業がある。

これは，障害者に関する知識や雇用経験がないことから，障害者雇用をためらっている事業所に，障害者を試行雇用（トライアル雇用）の形で受け入れてもらい，本格的な障害者雇用に取り組むきっかけづくりを進める事業である。

トライアル雇用を実施した事業主に対しては，トライアル雇用終了後，トライアル雇用奨励金が支給される。奨励金の額は原則としてトライアル雇用した対象者1人当たりに1カ月5万円となっている。

(3) 就労支援の課題

① 仕事中に指摘される問題点

1）作業能力

自閉症者の作業能力については，作業場面によっては健常者以上に作業能力は高いといわれる者がいる。例えば，単純作業であれば疲れを知らずに黙々と行うとか，パソコンの入力に関しても健常者よりもミスが少ないなどである。

しかし，よい評判ばかりではない。確かに，作業能力の高い自閉症者もいるが，自閉症独特のこだわりからくるマイペースさで，速くやろうという意識をもっていないという話も聞く。その結果，コンベアによる流れ作業の場合などで，他の従業員とのペースが合わず，自閉症者のところで作業がストップしてしまったということも聞かれる。

また，大雑把でもかまわないような作業においても，作業を丁寧に行いすぎ，ちょっとでも部品が乱れていたりすると，気にくわず作業を停止してしまう者も見られる。

逆に，部品を箱にしまう際に，投げつけるように収納するあまり，部品が壊れたり，大きな音を立ててまわりの人たちに不快感を与えてしまうということも生じている。

2）対人行動

対人行動では，他の従業員に対し，顔や着ている服をじっと見つめたり，時には髪を触ったりする自閉症者の例が報告されている。また，ぶつぶつと独り言を言ったり，身体を前後に揺するロッキングなどの常同行動のため，まわりの人たちに気味悪がられることもある。とりわけ，髪の毛を触ったりするのは，長い髪の毛の女性などに集中する場合が多く，これはセクシャルハラスメントと間違えられる可能性もある。このセクシャルハラスメントに関しては，髪の毛だけではなく，エレベーターの中で異常に女性に近づいたり，臭いを嗅いだり，女性の靴を触ったり，じっと女性の身体の一部を見つめたりすることもある。本人はセク

シャルハラスメントという意識がなくても，自閉症という障害を知らない一般の人たちからはとても嫌がられることとなる。

そして，何よりも対人行動で問題なのはコミュニケーションがうまくとれないことである。一般にコミュニケーションは，健常者は言語によって行うが，自閉症者は言語を使って自分の意思を相手に伝えることに困難な者が多い。よって，このコミュニケーションの問題がパニックや自傷行動につながる場合がある。

3）環境要因

自閉症者は光や音などの外部刺激に敏感である。例えば，車や電車が通るときの音に敏感に反応し，作業中でもその音がした方へ走っていったりして，無断で持ち場を離れたりすることがある。

また，臭いにも敏感で，ペンキや薬品の臭いが嫌いなため，パニックを起こす自閉症者がいるのも事実である。

さらに，今まで行っていた作業内容が急に変わったり，残業をさせられたりしたときにも，事の変化がわからず，パニック状態となってしまうことがある。

幼児期から成人期に至るまで，自閉症児・者の問題で最も大きな課題となるのが，このかんしゃくとかパニックといわれるものである。

職業生活においても，これは自閉症者の問題行動の一つとして大きなウェイトを占めている。

②事業所調査の結果

では，企業が自閉症者及び知的障害者等についてどのような認識，考えをもっているのであろうか。過去において障害者を雇用したことのある企業に，自閉症者雇用について調査を行った。

独立行政法人高齢・障害者雇用支援機構の「自閉症という障害に対する企業の意識調査」によると，自閉症という障害名に対する認識は，「知っている」と答えた事業所が63.0%，「聞いたことはあるが詳しくは知らない」と答えた事業所が36.7%と，合計99.7%になり，自閉症という障害名に対する認識度はきわめて高いことが示された。

次に，自閉症者の雇用経験があるかどうかの質問に関しては，自閉症者の雇用経験のない企業が90%を占めており，雇用経験のある企業は10%にすぎず，さらに現在雇用中であると答えた企業は全体のわずか4％ときわめて低い数値を示した。

また，すべての企業に対し，「もし自閉症者を雇用するとしたら知的障害者と異なる側面があると思うか」といった質問をしたところ，知的障害者とはなんら異ならないと答えた企業が約6割とやや多かったが，この解釈は慎重に行う必要がある。なぜなら，知的障害者とは異なると答えた企業が4割を占めているものの，その4割の企業に対し，どのような点が異なるかを尋ねたところ，一昔前の自閉症心因論がまだ根強く残っていることがうかがえたからである。

多くの企業は自閉症者の雇用経験がないために雇用していないだけであって，

自閉症者の情報を知るために現場実習等で自閉症者の行動特性を把握した企業の中には、前向きに自閉症者を雇用している企業もある。

言い換えれば、自閉症者の雇用を進めるためには、まず企業に対し本来の自閉症者の行動の特徴を理解してもらうことが必要であり、その橋渡しを行っていくことが、ジョブコーチ等就労支援を行う専門家の役割として重要なものと考える。

〈参考文献〉
梅永雄二（1999）『自閉症者の就労支援』エンパワメント研究所

7　日中生活の場・地域福祉サービスの現状と課題

(1) はじめに

自閉症の人たちの日中生活の場やその支援に関連する福祉サービスについては、未だ不十分な面が多い。

なぜなら、そのほとんどが知的障害を対象としたものであり、自閉症に特化したものはほとんど皆無といえるからである。

生涯にわたって適応上の問題を抱える自閉症の人たちは日中生活において様々な困難を生じやすく、支援のための福祉サービスも適切に利用することが困難な状況にある。

また、知的障害を伴わない高機能自閉症やアスペルガー障害の人たちにとっては、そのようなサービスや支援の場を活用すること自体が疎外される場合が多い。

発達障害支援法の施行（平成17年4月）によって、いわゆる軽度発達障害と呼ばれる人たちへの支援が広がることを期待したい。

近年、自閉症の人たちの福祉領域における利用が増えたとはいえ、100%自閉症に特化した日中生活の場や支援サービスが用意されることは期待しがたい。行動障害への対応や成人期の心理的な移行支援など、より集中的で専門療育的な支援を除いて、多くの場合は知的障害者のための資源やサービスを柔軟に個別的に活用する工夫を行うことが現実的である。

(2) 日中生活の場

現状の福祉サービスの組み立てからいえば、施設支援と居宅（地域生活）支援、住まいの場と日中活動の場のように区分されるが、ここではそのような区分にかかわらず、青年期・成人期以降の自閉症の人たちが過ごしている、在宅以外の日中生活の場の現状や問題点について検討

してみたい（数値は，日本知的障害者福祉協会が行った平成14年度全国知的障害児・者施設実態調査報告による）。

① 知的障害者通所更生施設

学校教育終了後も家庭から通いながら地域生活を希望する，特に障害の重い人たちの日中生活の場として位置づけられてきた。

施設数は入所更生施設の通所部を含め533カ所，利用者総数14万89人で，IQ35以下の重度者割合は72.8%である。また身体障害者手帳を併せもつ重複障害者が27.6%で，常時すべての面で介護が必要な利用者の割合は11.3%とすべての施設の中で最も高い数値を示している。自閉症の人の占める割合は成人の施設では最も多く12.9%（1818人）で，車いす利用などの身体障害を重複する人たちと，多動や行動障害を併せもつ自閉症の人たちとの混在が，様々な問題を生じている。

② 知的障害者通所授産施設

施設数871カ所，利用者総数2万8063人で，IQ35以下の重度者割合は43.3%である。

養護学校からの移行が42.9%と全施設の中で最も高い割合を示しており，学校卒業後の「地域生活を支える」社会経済活動の場として期待されてきた。

ただ，その性格づけは平成4（1992）年の「授産施設制度の在り方に関する提言」（厚生省）以来，就労移行のための訓練の場か継続的な福祉的就労の場として位置づけるかの議論が続けられてきたが，最終的にグランドデザイン案（平成16年10月，厚生労働省）では通過型の就労移行支援に集約された形になった。

自閉症の人たちの利用割合は8.9%と通所更生施設に次いで高いが，作業環境や工程，プログラムなどが知的障害者を中心に組み立てられているため，他の知的障害者の介入やスタッフの障害理解の不足等と合わせて，一部を除いて自閉症の人たちにとってはトラブルや不適応を生じやすい傾向が多くみられる。

③ 小規模作業所／知的障害者小規模授産施設

学校卒業後の「行き場所」づくりとして，様々な運営主体による小規模作業所が急増し，現状では6000カ所を超えているといわれる。

地域福祉のかなりの部分を担っていながら，その経営基盤の弱体が大きな課題になっていたが，平成12（2000）年の社会福祉法等の改正により「自己資金1000万円等の基準を満たす無認可作業所を土地や建物の基準を問わず法内施設化」するものとして，小規模通所授産施設の制度が設けられた。平成13（2001）年厚生労働省「社会福祉施設等調査」によれば，71施設（定員1221人）が設立されている。

自閉症の人たちの利用実態を示す最近のデータは見あたらないが，共同作業所全国連絡会の調査によれば，昭和59（1984）年時に比べ平成3（1991）年には20倍以上の571人という数値が示されている。

小規模作業所が「行き場所」づくりと

して設置されてきたところから，仕事をする作業所としての性格づけが曖昧であったり，限られたスタッフ体制のため，より個別化された対応を必要とする自閉症の人たちの利用は，利用する側もされる側も厳しい状況になりやすい。

④ 知的障害者デイサービス事業

重度障害者の日中活動の場として，「利用者またはその介護を行う者の障害その他の状況及びその置かれている環境に応じて入浴，食事の提供，創作的活動，機能訓練，社会生活への適応のために必要な訓練，介護方法の指導」などを行うとされている。

事業の性格が多様で，さらに複数の事業所利用や土日・休日利用であれば通所と併用可能など，他のサービスだけでは不十分な面を障害者の実情によって補完的，臨機応変に活用できる事業といえる。

ただ，この事業のみを本体として利用する場合は，重度者＝介護・保護・趣味的活動という偏った図式に陥りやすく，また行動障害を伴う自閉症のように他の施設支援や居宅支援の利用が困難なため，やむをえず利用が選択される場合もみられる。

⑤ 知的障害者福祉工場

「ある程度の作業能力をもつものの，対人関係や健康管理，通勤の事情や障害に配慮した環境が整った職場がないなどの理由により，企業就労が困難な障害者を雇用して社会的自立を支援する」とされ，利用者は雇用契約を結んだ労働者であり，労働関係法規が適用される。

福祉サイドからの障害者雇用企業の経営であるが，補助金による運営，不況下の取引先や受注量の減少など不安定で厳しい経営状況にあり，また性格づけとしてもきわめて中途半端なものである。

一方で，企業としての厳しい経営センスや企業努力が求められ，他方で障害に配慮した組み立てが要求されるというシステムは過酷であり，むしろ，これらの障害に対する配慮や保護的な部分を企業に取り込んでいく形態の方が現実的に思える。

自閉症の人たちについても，ジョブコーチや企業内作業のように実際の企業の場で，障害に配慮した支援を組み立てていく方が効果的であると考えられる。

⑥ 通勤寮

昭和46 (1971) 年に厚生省事務次官通知で発足し，平成2 (1990) 年の精神薄弱者福祉法の改正で第一種社会福祉事業として位置づけられた。

設置数は124カ所（平成15年）と少なく，未設置県も8県みられる。就労している知的障害者に，居室その他の設備を利用させ，独立自活に必要な助言や指導等を行うことが目的とされている。

利用対象者は身辺処理が自立し，就労している15歳以上の知的障害者で通勤寮における指導で独立自活することが期待される者となっていたが，就労要件等は緩和されてきた。

しかし，職員数や運営費についての改善は手をつけられず，作業能力や知的能力のいかんを問わず適応障害が著しい自

閉症者の利用割合は少なく，1.4％程度にとどまっている。

⑦ グループホーム（地域生活援助事業）

平成元（1989）年に知的障害者地域生活援助事業として制度化され，現在3218カ所が設置されている。

これまでに入居者の就労要件，身辺自立や収入の要件が撤廃され，さらに設置要件の緩和やホームヘルパーの派遣も可能となった。

ただ，脱施設化の移行先，親亡き後の住まいの場として大きな期待を受けていながら，設置計画数や支援費単価の抑制の傾向が大きな問題となっている。

集団的に24時間管理されている入所施設に比して，豊富な社会的刺激の中で暮らす入居者が地域の中で孤立や疎外されないためには，入所施設以上の丁寧で個別化された支援が必要となる。

さらに重度・重複障害や高齢化に伴う医療や介護問題など，理念的な期待に比して，現実はあまりにも乖離している。

特に自閉症の人たちは，知的レベルを問わず生涯にわたる適応障害を抱えているため，上記の課題に関わるバックアップシステムや援助の専門性の弱体は深刻な問題である。

(3) 地域福祉サービス

今まで述べてきた日中生活の場は，それだけでは安定した地域生活の場として維持していくことは困難であり，以下に述べる地域支援サービスの存在が不可欠である。従来はその不十分な面を保護者やそれぞれの場の関係者の努力で補ってきた歴史があり，それらの後追いの形で制度化がなされてきたといえる。

① ホームヘルプサービス（居宅介護等事業）

介護の内容は，身体介護，家事援助，移動介護に分けられる。

移動介護には余暇活動等社会参加のための外出も含まれ，中軽度を含む障害児も対象となった。

また，通所施設利用者の通院，通園・通学・通所の送迎をする親が病気の時の一時的な送迎，自動車を使う外出の乗降や降りてからの介護なども，ホームヘルプを利用できる。指定事業者数は5751（平成15年）であるが，知的障害児・者に対応できる事業所は少ない。

支援費制度に移行してからホームヘルプの利用者が激増，予算対応ができないために利用制限（上限設定）が問題となり，それを契機に「障害者(児)の地域生活支援の在り方に関する検討会」が設置されてきた経緯がある。

自閉症の人たちについては，その特異な適応上の障害や行動障害のために対応できるヘルパーが限られ，利用したくても利用できない状況がみられ，障害を熟知したヘルパーの養成が望まれる。

② 短期入所事業／学童支援

従来の保護者（家族）の病気や冠婚葬祭などに対する緊急一時保護に限定された機能が緩和され，旅行や休息など家族のレスパイト的な利用，さらに宿泊を伴

わない日帰りショートステイ，通所施設の泊まりを伴わない対応などが可能となり，現在2413カ所が事業者指定を受けている。

入所施設等の一時的な活用は，地域生活のセーフティーネットとして重要な役割を担うだけでなく，積極的な地域生活の展開のための重要な療育的資源としての利用の可能性がある。したがって，障害者本人や受け入れ施設双方が突然に面識なしに短期入所の活用に至るのではなく，十分な準備と計画のもとに，何よりも利用者の生涯支援のプランと連動した形で活用されるシステムが必要である。

また，支援費制度への転換以降，学童の放課後や長期休暇時の利用が激増し，本来の緊急対応が困難となりつつある。介護者や周囲の人たちの都合を優先した利用ではなく，障害者本人のための活用の仕方が問われている。

特に自閉症の人たちにとっては，突然に状況が変わることへの不安が強いため，丁寧な準備作業が必要であり，また行動障害の悪化等で利用が必要になった場合の受け入れ施設の確保が困難な場合が多く，地域の特定施設を普段からの療育的対応も含めて計画的に利用していくことが望まれる。

③ **障害児(者)地域療育等支援事業**

障害保健福祉圏域（人口規模約30万人）にコーディネーターを配置し，外来・訪問による相談や施設支援，地域の様々な資源の活用や育成などを通じて，ライフステージの各段階で必要な支援を継続的に行い，個々の機関の枠を超えた重層的な地域支援システムを構築していくことがめざされてきた。

障害者プランでは全国の690圏域での実施が目標とされ，支援費制度においても支援費支給申請やサービス利用の援助者として，またケアマネージメントの主たる担い手として位置づけられたが，財政問題等により一般事業化されたことで，各地域では事業の変質や存続が危ぶまれる事態も生じている。

④ **生活支援事業**

通勤寮等に生活支援ワーカーを配置し，就労しアパートなどで生活している知的障害者の家庭や職場を訪問し，就労，結婚，育児，地域活動などについて助言や相談，具体的な指導を行い，地域生活の安定を図るものである。

⑤ **発達障害者支援センター**

長い間「知的障害の施策で対応できている」として制度の谷間に置かれてきた自閉症問題が，二十数年ぶりに日の目を見たのが自閉症・発達障害支援センター事業（発達障害支援法の成立により「発達障害者支援センター」に改称）である。

本人及び家族に対する相談・療育・就労支援，関係機関等への啓発・研修を通して，地域における総合的な支援体制の整備を推進することが目的である。全国で24カ所設置されているが，当面は各都道府県に1カ所設置することがめざされている。ただ，都道府県によってセンターの活動スタイルが異なり，都道府県に1カ所のため間接支援しかできないと

して相談や普及啓発，研修事業が主流になる傾向がある。

自閉症児・者や家族にとって従来の相談機関が十分に役立っていないこと，マニュアル的な知識の普及啓発や研修だけでは多様な適応障害や著しい行動障害に対応できないことが大きな問題であった。

今後のセンター設置も含めて，現実的に役に立つセンターとして育成していくことが望まれる。

⑥ 地域福祉権利擁護事業

痴呆性高齢者，知的障害者，精神障害者などの判断能力の不十分な人に対して，福祉サービスの利用援助を行うことで，自立した地域生活が送れるよう，その人の権利を擁護することを目的として平成11（1999）年に創設された。都道府県社会福祉協議会及び一部の市町村中核社会福祉協議会が実施主体となっており，知的障害者の契約件数は平成15（2003）年3月時点で約1500件とまだ少ないが，平成14（2002）年の関係通知の改正で利用対象や援助内容の拡大，援助方法の明確化がなされた。

情報提供や助言，相談，契約の手続きに基づいて，生活支援員の援助による金銭管理・各種利用料の支払い・福祉サービスの利用手続きの同行や代理などの支援がなされる。ただ，相談支援事業や成年後見制度などの関連施策との重複や棲み分け，特に判断能力の評価による使い分けが整理される必要がある。

⑦ 成年後見制度利用支援事業

民法の改正による新しい成年後見制度の発足に合わせて平成13（2001）年に主に高齢者を対象として発足したが，支援費制度において利用者本人と事業者が契約を結ぶ必要があることから，平成14（2002）年度から知的障害者も対象として追加された。市町村長の申し立てにより成年後見制度を利用する場合に，申し立てに要する経費（登記手数料，鑑定費用等）及び後見等の報酬の全部または一部について補助を行う事業である。

利用契約制度の導入により成年後見制度の利用は不可欠になってきたが，月々の後見費用が3万円前後と高額なため，現状は保護者が後見人になるか，法的根拠のない曖昧な代理で済ませてしまう事例が多い。また，限られた一部の市町村しか財源化を行っておらず，本事業の活用件数も少ない状況である。利用契約制度の根幹に関わる問題であり，年金給付の増額や本事業のための予算化が図られる必要がある。

一部の地域では，広域の自治体やNPOによる団体後見の取り組みにより，低額な後見費用が実現されている。

(4) おわりに

地域で暮らすことが単に形として地域に住まうだけでなく，より多くの人たちとの関係を通して喜怒哀楽を体験し，社会的な存在として当たり前の大人として育っていく過程が重視される必要がある。そのためには，サービスメニューとして日中生活の場や支援サービスを用意する

だけでは足りない。地域で暮らす障害者がその人生の質を高めていくことを個別的に援助できるものでなければならない。本来の地域支援は，個別療育や施設支援とは違った意味で高度な専門性を必要としており，近年のマニュアル的なケアマネジメント手法や形に偏した調整会議だけでは総合的な生涯支援は不可能である。

自閉症に限らず，単なるサービスのつなぎだけでなく，障害特性の理解とアセスメントに基づいた調整や資源の利用援助が丁寧に展開され，臨床的知見に裏打ちされた対人援助技術の育成が重視される必要がある。

8 地域生活支援のためのセーフティーネット・人権擁護

(1) はじめに

自閉症スペクトラムの人が，地域で自立して生活する上においては，現実問題として種々の困難に直面する。

一つは，恐喝や暴行などの犯罪被害に遭うことである。彼らは犯罪に巻き込まれる確率が高いにもかかわらず，被害を訴える力が弱いため，被害者になった時でも救済を受けられないことが少なくない。

また，自分の居場所がわからなくなったり，不審者に間違われて警察に連れて行かれることもある。その場合，自分の障害をうまく説明できないために誤解を受けることが多く，時には冤罪となることもある。

他方，実際に犯罪をした時でも，特に知的障害を伴わない，もしくは軽度の知的障害を伴う発達障害者の場合，警察官はもちろん，検察官，裁判官，弁護人さえも障害に気づかず，刑務所に入って初めて障害があることが判明することがある。そして，そんな場合に，共犯者の罪をすべてかぶせられていたり，主犯にされていたり，他人の罪まで引き受けていたりといったこともかなりあるのではないかと推測される。

そこで，本節では，自閉症スペクトラムの人が，現実にどのような被害に遭い，どのような困難に直面しているのかを明らかにしたうえで，地域生活支援のためのセーフティーネットの構築がいかに必要であるかを考えていくことにする。また，現在実際に行われている具体的取り組みについても若干紹介したいと思う。

なお，ここにいうセーフティーネットとは，具体的には既存の組織や機構をつないで作る安全ネットワークのことであるが，例えば，地域で暮らす自閉症スペクトラムの人が何かのトラブルに巻き込

まれた時に，ネットのどこかを引っ張れば必要な助言や保護を手繰り寄せられる，そういったイメージのネットである。また，このネットは同時に，空中ブランコのときに下に張られる防護ネットでもある。街で暮らす障害のある人を，一人も社会から落ちこぼれさせないためのネットワークである。

(2) 被害事例

① リンチ・恐喝

周囲の障害への理解が乏しいために，自閉症スペクトラムの子どもたちが小学校，中学校時にいじめを受けることが少なくないが，その延長線上として，リンチや恐喝の被害を多く受けている。グループの中で使い走りにされたり，弱い者いじめのターゲットにされたりするのである。対人関係が苦手な彼らは，仲間はずれにされるのが嫌で，なかなか被害を訴えないため，大怪我を負わされて初めて発覚する場合や，気がついたときには被害が多額になっていることも多い（名古屋・5000万円恐喝事件）。また，万引きを強要され，逮捕されたときには仲間の罪を一人でかぶせられることもある。

② 性的虐待

自閉症スペクトラムの女性の性的被害は，相当な数に上るのではないかと推察される。危険を察知して自分を守る力が弱い上に，はっきりと断ることができにくいためである。普段は周囲から孤立して寂しい思いをしていたりして甘い言葉に騙されやすかったり，性に関するモラルを学ぶ機会が少ないことも一因である。

また，家族や病院職員，教職員，雇用主など身近な者が加害者である場合もあり（茨城県・看護師による性的虐待事件，岩手県・実父と友人らによる性的虐待事件），被害者自身がその関係を壊すことに抵抗を感じることからなかなか被害が表面化しにくい上，勇気をもって被害を訴えても信じてもらえないこともある。他方，加害者の側は，言い逃れができると高を括っているのである。

作業所の所長が女性の障害者に売春を強要して検挙された事件もある（酒田市・つくしんぼう事件）。最近は携帯電話などの「出会い系サイト」で知り合った男性に性的被害を受ける事件が増えている。

③ 経済的搾取

近年，悪質な訪問販売やキャッチセールスの被害に遭うものが急増している。国民生活センターによると，障害者や認知症高齢者の相談件数が平成10（1998）年から平成14（2002）年までの5年間に実に3.5倍も急増しており，全体の相談件数の伸びをはるかに上回っている。このことから，障害者や高齢者をねらった悪質業者が増えていることが見て取れる。特に，自閉症スペクトラムでは，高機能あるいは軽度知的障害を有する者の被害が多くなっている。

自閉症スペクトラムの人たちは，ともすれば人を疑うことが苦手で，言葉の裏の意味に気づかず，簡単に人を信じてしまうことがある。また，はっきりと「い

や」と意思表示することが不得意なことが多い。悪質業者はそれに付け込み，時には，年頃の美男美女を使って言葉巧みに高額な物を買わせたり（デート商法），強引に契約させたりする。

また，消費者金融に関する被害も多い。例えば，20歳になった記念に自動貸付機でのカードの作り方を教えてあげると言われ，消費者金融から30万円を借りさせられ，指南料にとそのうち18万円を取られるといったいわゆる紹介屋の事例や，「絶対に迷惑かけないから借入れの際に名前だけ貸してくれ」といわれる名義貸しの事例，住民票を持ってこさせて障害者本人になりすました者が，原付免許を取得し，それを身分証明書として消費者金融から借りまくるといったひどい事例まである。

そういった詐欺事例だけでなく，いったんカードを作ると，計画的な金銭の使い方が苦手なため，どんどん借り入れをしてしまい，多重債務に陥っている自閉症スペクトラムの人たちが増えていることも問題である。

④ 職場や施設での暴力

職場や施設での暴力は従来から行われていたが，閉鎖的な空間で目撃者や証拠が少ないうえ，内部の職員は孤立を恐れて告発できず，親も「他に行くところがない」と口をつぐんでしまうところがあるため，発覚しにくいといった実態があった。

しかし，1990年代後半から表面化し始め，水戸アカス事件やサン・グループ事件，白河育成園事件などが次々と明らかになった。前者二つは，知的障害者などを積極的に雇用して地元の優良企業とされる職場での暴力・性的虐待事件，後者は施設における暴力事件である。その後も，施設における暴力や性的虐待は次次と発覚しており，そのたびに改善が叫ばれるのにもかかわらず，根絶しないのは，施設のもつ構造的な問題点が原因であると思われる。

なお，サン・グループ事件では，被害者の度重なる必死の訴えに耳を貸さず，救済措置を講じなかった労働基準監督署の責任が認められ，国に損害賠償を命じた画期的な判決が出された。

⑤ 児童虐待

近年，児童虐待のケースが多く報告されるようになったが，自閉症スペクトラムや知的障害は虐待のハイリスク要因である。平成4 (1992) 年〜平成6 (1994) 年に日本各地の児童相談所27カ所に対して行われた調査では，虐待を受けた子どもの割合で，精神発達遅滞などの発達障害は15%と，配偶者の子ども (19%) に次いで多く，発育不良も合わせると実に4分の1を占めている。

また，虐待の被害者だけでなく，自閉症スペクトラムの人が加害者である場合もある。特に，どう育ててよいかわからず，育児放棄（ネグレクト）をするケースが目立つ。

(3) 刑事事件における事例

① 不審者・冤罪

例えば、ふらふらと歩いていて特別警戒中の警察官に職務質問を受けた場合、適切な応答ができずに疑われることがある。引っ越し後、前の自宅であった家に戻ってしまい、驚いた住人から住居不法侵入で通報されたケースもある。自動販売機でジュースを買おうと並んでいて、前の人のかばんのチャックが開けっ放しになっているのがこだわりから我慢できず、閉めようとしたところ、ひったくりと間違われて現行犯逮捕された者もいる。

のみならず、まったく関係ないのに警察の見込捜査により逮捕された事例も少なくない。自閉症スペクトラムや知的な障害を有する人たちは、誘導に弱く、相手に迎合するような供述をしやすい特徴があるため、やってもいないのに自白調書が作成されてしまう。

最近でも、ある重度の知的障害があるホームレスが強盗致傷罪で起訴されたが、判決直前に真犯人が別件で逮捕されたため冤罪とわかり、検察が異例の無罪の論告をして無罪になったことがあった（宇都宮事件）。

② 被害と加害の中間事例

自閉症スペクトラムの人たちの場合、被害に遭うことが多いことはすでに述べたが、その延長線上で被疑者・被告人として刑事事件となることもある。

例えば、恐喝被害の延長として、窃盗の手伝いをさせられたり、金銭的搾取の被害の結果、所持金がなくなって無銭飲食をしたりといった場合である。

③ 加害事例——再犯防止に向けて

なかには、結果的に放火やわいせつ事犯などを繰り返し、刑務所に収容される者もいるが、矯正施設への収容が果たして彼らの再犯防止に役立つのかははなはだ疑問である。初犯の段階での再犯防止に向けての教育と福祉的対応が必要であろう。

(4) 地域生活における セーフティーネット構築

① 被害事例への対策

例えば、悪質商法の被害に遭った場合、早い段階で誰かが気づけばクーリング・オフ制度や消費者契約法による取消しをすることが可能となるし、被害が繰り返されるようであれば成年後見制度の利用を検討することもできる。

したがって、早い段階で被害に気づき、適切な対処の仕方をアドバイスし、被害を繰り返さないための見守りの体制づくり、すなわち、消費者センターや法律相談センターと支援センターが連携するなどのネットワークの構築が急務である。

また、刑事事件で不当逮捕されたような場合は、無料で弁護士に接見できる当番弁護士制度を利用することで、速やかな救済を図ることもできるので、弁護士会とネットワークをつなげておくことも必要であろう。

② まわりの人々へ啓発活動

　人が地域において安全に暮らしていくためのセーフティーネットの必要性が叫ばれて久しいが，地域の現存のネットワークでは，必要な支援が障害者本人に届いていないことが多い。

　自閉症スペクトラムの人が困った時に，その問題解決に役立つところに行き着くことは，実際には容易ではないのである。どこに行ってよいかわからずに，たらい回しにされることも少なくない。それぞれの組織や機構が独立していて横の連携がないためである。また，各組織の人々が，自閉症スペクトラムのことをあまりよく理解していないために，適切な対応や助言ができないためである。前述のサン・グループ事件でも関係する役所の責任放棄や福祉施設の無関心が被害を拡大させたといえる。

　したがって，セーフティーネット構築のためには，まず本人を取り巻くいろいろな組織の人々に自閉症スペクトラムのことを理解してもらうことが肝要である。究極的には，本人のまわりの警察・消防署・病院などの各組織の人々に障害の特性を理解してもらい，トラブルに巻き込まれた時に救済できるセーフティーネットの構築をめざすことになる。

(5) 具体的取り組みの紹介

① 警察プロジェクト

　我が国では，いろいろな民間機関（NPO法人）やオンブズマン・弁護士や支援者などが各地で権利擁護活動を行っているが，そのような各地の活動を連携して，全国的に広め，ネットワークを構築していこうという試みが始まり，そのきっかけとなったのが警察プロジェクトであった。

　被害事例でも刑事事件事例でも，刑事手続きで一番最初に関わるのは警察であるから，警察官に障害のことを正しく理解してもらうことが何より必要であると考え，警察官向けハンドブック『知的障害のある人を理解するために』を作成した。そして，警察庁の協力で全国47都道府県警察本部の各課，全国の約1500の警察署の各課，約6500の交番，約9000の駐在所に配付した。同時にこのハンドブックを使ったワークショップを各地で開催し，各警察署との交流を深め，一人でも多くの地域の警察官にセーフティーネットの一員になってもらう試みを行っている。

② コンビニプロジェクト

　自閉症スペクトラムや知的な障害を有する人たちは，コンビニエンスストアを利用することが多い。また，交番は夜間，人がいないことも多いが，コンビニは24時間営業で明るいことから，地域のセーフティーステーションとなる構想を打ち出しているところもある。

　そこで，コンビニの店員の方々に障害を正しく理解してもらい，地域における障害のある人たちのサポーターになってもらおうというのが「コンビニプロジェクト」である。理解を助けるわかりやす

いパンフレットを作成し，各コンビニチェーンに配付すると同時に，本人や保護者の方々が近所のコンビニに，「よろしく」と配った。そのことが，本人たちの世界を広げていくことにも役立っている。

③ ぽっぽやプロジェクト

地域生活を営んでいくためには交通機関を利用することは不可欠である。また，自閉症スペクトラムの人たちは電車やバスが大好きな人が多い。

そこで，交通機関で働く人たちに障害を正しく理解してもらい，地域における障害のある人たちのサポーターになってもらおうというのが「ぽっぽやプロジェクト」である。ぽっぽやプロジェクトでは，パンフレットとともに，交通機関で働く人々と利用者の両方にアンケート調査を実施した結果をもとにQ＆A事例集を作成し，トラブルの解決の具体例を挙げている。

④「自分を守る」ワークショップ

自閉症スペクトラムの人たちは，障害が原因で，幼い頃からいじめられたり，馬鹿にされたりといったマイナスの経験を有しているため，無力感を身につけてしまっており，自信がもてず不安で，主張することをいつの間にかあきらめていたり，何を言っても相手にされないと思い込んでいたりすることがある。

また，自分にとって重要でない細々したことを覚えることや，抽象的な概念や日時を考えたり覚えたりすることが苦手で，それらをわかりやすく具体的に説明することも不得手であるため，重大な被害が伝わらず，放置されるということも少なくない。

したがって，一人一人が，そういった無力感を取り除き，被害に遭ったときにはすぐに訴えられる力をつける（セルフ・アドボカシー）ことが必要である。

理解ある支援者などが温かく見守り，励まし，信頼することで，少しずつ自分を尊重する気持ちが芽生えてくるようになる。

また，被害の訴え方や，被害に遭いそうな時の対処の仕方を学習することで，自分で自分を守る力を徐々につけていくことも可能となる。そのための疑似体験を織り込んだワークショップを各地で行っている。

(6) まとめ

以上，自閉症スペクトラムの人たちの地域生活支援のための，セーフティーネットの構築の必要性について述べたが，現状ではまだまだ不十分である。

しかし，本人を取り巻く人々に障害に対する理解を広めることで，一歩ずつでも確実に支援の輪を広げていくことが可能になると考えられる。

〈参考文献〉

河野正樹・大熊由紀子・北野誠一（2000）『講座 障害をもつ人の人権③「福祉サービスと自立支援」』有斐閣

サン・グループ裁判出版委員会編（2004）『いのちの手紙――障害者虐待はどう裁かれたか』大月書店

9 高機能自閉症やアスペルガー障害の人たちのための福祉の現状と課題

(1) 現　状

現在の福祉政策のもとで，高機能自閉症やアスペルガー障害の人たちを主たる対象とした制度はない。高機能自閉症やアスペルガー障害の人たちが利用できる可能性のある制度について述べる。

① 手帳制度

高機能自閉症やアスペルガー障害の人たちが利用できる可能性のある手帳には，療育手帳（地域によって呼び名が異なる。東京都や神奈川県では「愛の手帳」と呼んでいる）と精神障害者保健福祉手帳がある。療育手帳は知的障害者のための，精神障害者保健福祉手帳は精神障害者のための手帳である。

1）療育手帳

児童相談所または障害者更生相談所において，知的障害と判定された児童・成人が対象になる。知的障害児・者のために準備された様々な制度を利用するために必要な手帳であり，障害の程度によって受けられるサービスが変わる。所得制限や自己負担はない。

手続きは，写真（縦4cm×横3cm）を持って市役所や区役所の窓口で申請する。その後，更生相談所（18歳未満の場合は児童相談所）において田中ビネー検査などの知能検査を受けて知的障害の存在の有無について判定を受けた結果により，交付される。

なお，知的障害者福祉法には，知的障害者の定義がなく，交付の基準は地域によって多少異なる。4段階に分類されるが，分類の呼称は地域によって異なり，1度から4度，あるいは，A1，A2，B1，B2などと分類される。1度あるいはA1が重度の知的障害対象である。高機能自閉症やアスペルガー障害の人たちが療育手帳を取得している場合は，ほとんどが4度あるいはB2であり，軽度の知的障害（IQ51～IQ75）対象の手帳である。

高機能自閉症やアスペルガー障害の場合は，ほとんどの人がIQ75以上であり，厳密にいえば，現行の制度では療育手帳の対象ではないと思われる。しかし，地域によって運用は異なり，IQが正常域でも自閉症の診断書がある場合には，療育手帳の対象になり得る地域もある。具体的なサービスの内容も，都道府県によって異なる。しかし，4度（B2）の場合は，実際上のメリットは大きくない。

2）精神障害者保健福祉手帳

精神科の病気や障害があり，長期にわたり日常生活または社会生活への制約がある人が対象である。高機能自閉症やアスペルガー障害の人たちも，対象になり

得る。生活保護における障害者加算の認定，所得税・住民税の障害者控除，贈与税の非課税，携帯電話の基本使用料の半額割引などのサービスがある。

申請は原則として本人が行うが，本人ができない場合には家族や医療機関関係者が申請してもよい。担当は市町村の窓口で，具体的な部署は市町村によって異なる。申請は「手帳用の診断書」によるが，障害年金を受給している場合には「年金証書の写し」によっても申請できる。

なお，診断書は必ずしも精神科医である必要はなく，内科医や小児科医でも可能である。病院に初めてかかった日（初診日）から6カ月以上経った時点で，申請できる。

等級は，1級から3級まで分かれている。1級は日常生活が一人ではできない，つまり常時支援が必要な状態，2級は日常生活に困難があり，一般就労は難しくデイケアや作業所などに参加できる程度。3級は日常生活や社会活動の制約があり，障害に配慮がある事業所に雇用されている場合も含まれる。なお，この等級は，1，2級は障害年金の等級と同程度，3級は障害年金の3級よりも広い範囲を含んでいる。なお，療育手帳と異なり，精神障害者保健福祉手帳には写真は添付されず，病名も記載されない。

実際に，高機能自閉症やアスペルガー障害の場合には療育手帳よりも精神障害者保健福祉手帳の方が取得しやすいことが多い。しかし，サービスの内容は療育手帳の方が手厚いことが多く，療育手帳が取得できないときに次善の策として精神障害者保健福祉手帳を申請することが多いようである。精神障害者保健福祉手帳は知的障害は対象にならず，療育手帳との同時取得はできない。

② 通院医療費公費負担制度

精神科の病気や障害がある人が，精神科的な相談や薬物療法で精神科などに通院が必要な場合に，医療費の95％までを公費と医療保険で負担する制度である。申請の窓口は市町村である。

高機能自閉症やアスペルガー障害の人で精神科に通院が必要な人の数や割合は不明であるが，通院や薬物療法が必要な人の場合は手続きも簡単で使いやすい制度である。ただし，本制度も地域によって運用が多少異なり，アスペルガー障害や自閉症の診断では公費負担制度の対象にならないこともあるようだ。

③ 収入の保障

1）障害年金

所得の保障は，年金・手当・生活保護の3つが基本である。高機能自閉症やアスペルガー障害の人たちが使用できる制度には，年金制度がある。

年金は社会保険の一つで，加入者（被保険者）が毎月保険料を納め，老齢・障害・遺族，いずれかの状態になった時に生活費の保障として受け取る。現在は国内に住む20歳以上60歳未満のすべての人が国民年金（基礎年金）に強制加入することになっている。

第1号被保険者（学生などで国民年金

にのみ加入している），第2号被保険者（厚生年金・共済年金加入者，つまりいわゆるサラリーマンや公務員），第3号被保険者（第2号被保険者に扶養されている配偶者，サラリーマンの妻など）に分けられる。高機能自閉症やアスペルガー障害の成人の場合には第1号と第3号が多いようだ。

学生の場合には学生納付特例制度があり，申請して承認を受ければ，学生期間中は保険料が免除される。対象は通信制課程や夜間部なども含まれ，さらに厚生労働省令で個別に定められた一部の各種学校に限られていたが，平成17（2005）年4月からは，すべての各種学校（修業年限が1年以上の課程に在学している場合に限る）が対象となるよう改正された。なお，給与が年間133万円以上の人は免除にならない。学生納付特例を受けている期間に障害者となった場合にも，障害基礎年金は支給される。

さらに平成17（2005）年4月から，他の年齢層に比べて所得が少ない若年層（20歳代）を対象に保険料の納付が猶予される制度（若年者納付猶予制度）が始まった。この制度を用いても，障害基礎年金は支給される。

高機能自閉症やアスペルガー障害で20歳以上の人は，保険料を手続きなしに滞納することを避けて，学生納付特例制度や若年者納付猶予制度を利用した方がよい。その理由は，高機能自閉症やアスペルガー障害の人たちにとって学生であることよりも就労を継続する方が困難

であり，将来の収入の安定のためには障害基礎年金がスムーズに受給できるように準備をしておいた方が得策と思えるからである。なお，後述するが，無拠出制により障害基礎年金を受けられる可能性もある。

障害年金は，病気や怪我で日常生活や就労に困難が生じた場合に支払われる。高機能自閉症やアスペルガー障害の人たちも対象になる。なお，精神科に常時通院しているかどうかは，年金の受給に無関係である。

高機能自閉症やアスペルガー障害の人たちの場合，日常生活に多大の困難がある場合がある。例えば，食事，金銭管理，身だしなみ，日常生活の細々としたやりくり，友人関係などで困難があったり，就労場面で上司や同僚とのコミュニケーション，作業能力，集中力，持続力，作業スピードや作業の切り替えなどに困難がある場合にも，障害年金の対象になり得る。

障害年金には，障害基礎年金1・2級と，障害厚生（共済）年金1・2・3級がある。国民年金の加入者は，定額の障害基礎年金（1級で年間2級の1.25倍，2級で年間79万4500円，平成17年度物価スライド制で年度により多少異なる）が支給される。仕事に就いていた期間がある人は，その期間に応じて障害厚生年金が支給される。高機能自閉症やアスペルガー障害の人たちが受給しているのは，多くの場合，障害基礎年金のみである。

障害基礎年金を受けられるかどうかの

認定は，初診日から1年6カ月経っていなければならない。なお，初診日とは障害について医師に相談した日であるから，言葉の遅れや多動などを主訴に小児科や耳鼻科を受診した日でもよい。病院やクリニックの医師でなくても，保健所や療育センターで医師に受診した場合も，初診日とみなせる。

障害年金の等級は，1級が常に他人の支援を受けなければほとんど生活できない状態，2級が常に支援が必要なわけではないが日常生活がかなり制限を受ける状態（多少の支援があれば，ある程度の自立が可能な状態），3級が日常生活に制限があるがある程度の労働が可能な状態，をさす。

年金の診断書の記載で注意したいのは，日常生活能力については「本人の一人暮らしを想定した」状態を記入することである。例えば，食事が可能であるということは，食事の場で支援が必要ないだけでなく，実際にスーパーなどで食材を買って，自分で料理して，後片付けもできるということを意味する。

2）無拠出制による障害基礎年金

年金に加入できない事情があった場合には，20歳以降保険料を納めていなくても一定の要件に該当すれば障害基礎年金（無拠出制）を受けられる。ア．国民年金に加入する20歳より前に初診日のある人，あるいは，イ．国民年金が施行される前の昭和36（1961）年3月31日までに初診日のある人で障害認定日に障害年金1級・2級に該当する状態か，またはこの日以降65歳までに該当した場合である。なお，初診日から1年6カ月後の日が20歳前である場合には，障害認定日は20歳の誕生日になる。

なお，無拠出制の障害年金では本人の所得制限があり，前年の所得が扶養親族のいない場合，360万4000円を超えると2分の1停止になり，462万1000円を超えた場合には全額支給停止になる。無拠出制の場合，就労して上記の額を超える場合には，翌年の8月から1年間支給が停止される。

高機能自閉症やアスペルガー障害の場合には発達期から何らかの症状があるはずであり，何らかの発達の問題で医師にかかっていれば，無拠出制による障害基礎年金が受給できる可能性は高い。また，特別障害給付金制度が新設され，平成3（1991）年3月以前に国民年金任意加入対象であった学生などが，国民年金に任意加入していなかったことにより，障害基礎年金等を受給していない障害者について，福祉的措置として一定額の年金が受けられることになった。

このように，年金制度は複雑であり，頻繁に小修正がなされることなどから，社会保険庁のホームページを参考にしたり，社会保険事務所などで相談する方がよい。

3）特別児童扶養手当

精神または身体に障害を有する児童を養育している人に特別児童扶養手当を支給する，国の制度である。対象となるのは，20歳未満で心身に障害を有する児

童を扶養している父または母，または養育者である。なお，所得制限があり，扶養親族が1人の場合は，約500万円の所得があれば支給されない。

手当金額は，該当児童1人につき月額1級5万1550円，2級3万4330円（平成17年度）である。高機能自閉症やアスペルガー障害の児童（この場合は20歳未満）でも，日常生活に支援が必要（障害基礎年金の等級と同程度）であれば，受給できる可能性が高い。なお，本人が20歳になれば，障害基礎年金に切り替えることになる。

4）生活保護

現に生活に困窮している人に，租税を財源として最低限度の生活を保障する制度が，生活保護である。

生活保護は無差別平等の原理があり，生活困窮の原因を問わず，もっぱら生活に困窮しているかどうかだけに着目して保護をする。例えば，アスペルガー障害の人が自分の趣味に家の財産をすべて注ぎ込んで困窮したとしても，生活保護の対象になる。

また，補足性の原理といって，生活保護を受給する前に対象者がその利用し得る資産などをすべて利用することが原則である。

年金が受けられる場合は，年金受給が優先し，年金だけでは最低限度の生活が保障されない場合に，不足分について生活保護制度から給付を受けることになる。

なお，障害程度が障害等級1・2級の場合，精神障害者保健福祉手帳1・2級の場合には，生活保護の障害者加算の対象になる。ただし，精神障害者保健福祉手帳の所持を根拠に障害者加算の対象になる場合は，初診から1年6カ月経過することが必要である。

(2) 今後の課題

これまで述べてきた福祉制度のすべては，精神障害者あるいは知的障害者を対象にした制度であり，知的障害を伴わない自閉症スペクトラムの人を対象にした制度はない。高機能自閉症やアスペルガー障害の人たちのために特化したデイケアや作業所，グループホームなどもほとんどない。知的障害を伴う自閉症の人たちと同様に，高機能自閉症やアスペルガー障害の人たちも自閉症に特化したサービスが必要である。特に，成人期の高機能自閉症やアスペルガー障害の人たちのための公的サービスがほとんどないのが現状であり，今後の整備が望まれる。

〈参考文献〉
㈶全国精神障害者家族会連合会年金問題研究会編（2004）『障害年金の請求の仕方と解説——精神障害者・知的障害者のために』中央法規

10 保護者・兄弟など家族への支援

(1)「治療の対象としての親」から「療育に参加する人」へ

　自閉症の仮説として心因論が語られていた頃には,「冷たい親である」「育て方が悪い」と親を問題視していたが,現在では,脳の機能障害によるもので,親が原因でないことが実証されている。

　かつては,働きかけへの反応の少ない子どもをもつことによって,結果的に表情が少なくなったり,どうしていいかわからないでいる親の状態を見て,それが原因とされてしまい,親が治療の対象になるという不幸な時代があった。

　残念ながら,現在でも自閉症児を取り巻く人々の「親の話しかけ方が足りないのではないの?」「もっと関わってあげればいいじゃないの」といった安易な言葉に,親たちは傷つけられている。

　自閉症の人たちの毎日の暮らしを支え,生かすためには,親も専門家のサポートのもとに対等の立場で療育に当たり,専門家はまた親から学ぶ姿勢が必要である。

　もちろん,親の性格や置かれた環境によって療育への参加具合は千差万別であることは心に留めておかねばならない。

(2) 家族支援の3つの視点

① 家族の精神面を理解し,支える ——心のケア

　我が子に障害があると知った時,親は苦悩する。

　生まれる子どもにそれまで描いてきた希望が実現不可能になる場合もあり,自分の夢や希望の修正や時には失ったそういうものへの悲しみも体験する。うつ的状態を経験する人も多い。

　もちろんなかには,どう理解してよいかわからなかった子どもの診断が確定することによって出発点が見えたと感じ,ホッとしたと語る親もいる。

　親は,障害児をもった親というだけの存在ではなく,生活者としての親でもある。親を取り巻く広い視点に立っての精神面への援助が求められる。

② 自閉症への理解を促し,具体的に助言する

　自閉症は外見からはわかりにくいし,能力の凹凸があって理解しにくい障害である。親の育て方によってなるのではないこと,その他,正しい自閉症の理解と発達に合わせた接し方などを,具体的に伝えることが大切である。

③ 社会資源の情報提供と活用

WHO（世界保健機関）は，1980年に「国際障害分類」を定めた。

さらに，それは20年後に大きく見直しをされ，2001年に「国際生活機能分類」に改訂された。

この改訂では，従来，社会的不利は障害のせいとされてしまっていたのを改め，社会参加できる環境がどれくらい用意されているかを大きく問題とした。

障害があるから即，不幸なのではない。まわりの理解があり，適切な教育や福祉が選べ，社会参加が制限されない社会であれば，障害が生活の阻害要因にならないはずである。

現在の環境は自閉症の人たちにとって満足できるものではないが，今ある社会資源をうまく利用して，親や保護者が孤立せず暮らしていけるように支援することが大切である。

(3) 障害の気づきから告知と受容への支援

① 障害の告知とケア

自閉症は生後すぐにわかる障害ではなく，発達の過程の中でその行動特徴が徐徐に明らかになってくる。親が我が子の障害を疑って専門機関に受診してもはっきりした診断名を告げられなかったり，相談に行く先々で違う診断名を言われたりし，家族は障害の否定と肯定の間を揺れ，不安な日々を過ごさなくてはならない。

早期診断を受けても，治療のための施設や療育技術のケアが十分にない現状では，親の不安は非常に高まる。告知時に適切な療育のアドバイスをすることが大切である。

永井洋子は，障害の告知とケアに関する実態調査を東京と静岡で行っている。その結果から，家族が求める障害の告知と説明を表Ⅲ－8のようにまとめている。

表Ⅲ－8　家族が求める障害の告知と説明

◇納得のいく障害の告知と説明
　○自閉症は行動の特徴によって診断されること
　　→3つの行動特徴の説明
　　　・親の育て方が原因ではなく，脳機能障害であること
　　　・障害は完治することはないが，適切な療育によって発達を促し，行動を改善できること
　　　・発達テストや行動観察などから子どもの状態や日常の療育の仕方など具体的に説明すること
◇障害の告知や説明は両親そろった場面ですること

② **家族のストレス緩和に向けて**

　自閉症は決定的な治療法はなく，まわりの理解も得にくいので，家族は常にストレスにさらされている。

　親のストレスは，子どもの状態，家族の資力，親が子どもの障害を受け入れているかどうか，また，近隣の理解や社会資源が整っているかどうかに左右される。

１）障害受容過程への援助

　障害受容の段階についてのいろいろな研究を整理すると，主に４つの段階にまとめられる。

　はじめはショック状態，次に混乱と否認の状態，そして怒りや悲哀や抑うつ反応などのマイナス感情が続き，そして最後に，適応に向かう段階，である。

　これらを経て，負に見える体験を積極的な人生の意味づけに生かし価値観の変化にいたる家族もあり，そういった人間的な成長を見守り支えていくことが大切である。

　最近は親が自閉症の我が子のエピソードを漫画に描き，その巧まざるユーモアを楽しんでいる本もいくつか出版されている。笑って我が子のことを他人にもオープンにできる親の存在が，まわりの人たちの自閉症への理解を高め，障害児をもつという同じ体験をしている親へのエールとなっている。

　ある親グループで「将来の夢」という題でそれぞれに絵を描いたとき，一人の母親は大きな涙の滴の中に田舎で我が子と暮らしている絵を描いた。大きな涙が「慢性的な悲哀」を表しているようにも感じられた。

　親は１回の受容で障害を受け入れるのではなく，学校選び，就職，兄弟の結婚など人生の節目節目に我が子の障害に直面させられる時があり，揺れる。それは自然なことであるが，専門家は無意識のうちに親の障害の受け入れをめざしてしまうことがある。自戒していきたいところである。

２）子どもの状態をよくしていく

　子どもが成長し，発達していっていると実感できることは親のストレスを減らすことにつながる。

　発達に沿った適切な目標を親に提示し，対処法を共につくり出していくことが日日の生活を容易にしていく。

　ブリストールは，ストレスの高い家族と低い家族とを比べ，低ストレス群の母親は，自分の子どもは行動の問題が目立たず扱いにくさが比較的少なく，社会的場面で目立った行動をとることも少ないととらえていた，と述べている。

３）家族の資力，家族の凝集度

　ブリストールは，ストレスの低さと結び付いている援助資源として最も重要なものは，夫や妻の親戚，障害児をもつ他の親などの非公式援助ネットワークであったという。

　特に母親が夫に支えられていると感じる度合いと良好な家族適応とは，最も強い関係のあることが見出されている。家族全体に目を向けた支援が大切である。

４）教師や療育の専門家から受けるストレス

　自閉症の子をもつ親たちが専門家や教

師に求めている姿を，久保紘章は，親との対談からまとめている。

大事なことは，専門家は気分が安定していて，親と同じ土俵で一緒に考えてくれる人，障害をよく理解し，子どもを大切に考えてくれる人とまとめられる。

こういった条件が満たされないと親のストレスが高まるだけではなく，子ども自身も不適応行動を示したりして，親はさらに大きなストレスを抱えることになる。

(4) 父親・夫婦の協力・祖父母への支援

自閉症は身体的特徴を伴っておらず，また能力の凹凸があって，理解されにくい。親が子どもについての心配をまわりの人に話しても「心配しすぎ」といわれてしまい，親は孤立感を深めやすい。

主に養育に当たる母親が身近な人たちに支えられていることがストレスの低減につながっている。

自閉症児の父親は，一般には，子どもとの接触時間が短く，コミュニケーションの不足，育児の見通しが立たないこと，しつけの仕方，障害の受容などに問題をもっていて，早期からの具体的な支援が必要とされている。

一方，近年は告知の場面や就学の節目節目の外部機関との交渉場面に父親も参加することが見られるようになってきた。療育の見学や参加，親の会での父親部会などを勧める支援も大切である。

近年は両親が仕事をもっているケースも多い。祖父母も養育の担当者になる場合もある。講演会場にも孫のことで参加している方々をよく見かけるようになった。

自閉症について書かれたパンフレットやガイドブックも支援の一助になる。

(5) 障害児の兄弟への支援

一般的にも兄弟は，その年齢差や同性であるかどうかなどによって親密さも違うし，その相互作用も子どもたちが成長するにつれて変化する。兄弟も障害ある子の行動に傷ついたり，まわりからのからかいにストレスを感じる。親たちだけが，障害の子を引き受け，兄弟に迷惑をかけまいとすることは，時には一人仲間はずれにされていると感じさせてしまうこともある。兄弟姉妹の当事者グループも，今後はもっと立ち上げていかねばならない。

兄弟への親の留意点としては，次のようなことを挙げておきたい。親はつい健常の兄弟には「できて当然」という態度になりがちである。当該兄弟のことを大切だと思っているということを折にふれ表明すること，親を独占できる時間を短時間でも作る，自閉症の兄弟によって傷ついたり嫌だと思う気持ちの表明を許し，時には促し共感する。親は，時にはいけないことをした障害児をきちんと叱ることなどによって，兄弟児の生活権の保障を大切に考えていることを行動でも示す。

時が来たときには自閉症の理解を正しく伝え，具体的に自閉症の子との付き合い方を教え，実践する。専門家は，兄弟の特性を理解して対応するよう親と共に考える。

(6) 療育への参加

自閉症児が自分のもつ能力をできるだけ発揮し，社会に適応するためには，親を中心とする家族の役割がとても大きい。子どもの発達と経過によって親の関わり方も変化していかねばならない。適切な助言が望まれる。

① **各年齢段階で取り組むべき課題**
1) 幼児期の課題……対人関係を育てる，生活習慣の確立，認知・言語の獲得を促す
　　親の課題……障害を知り，療育を開始，夫婦間の協力
2) 学童期の課題……対人関係を育て，自立心を養う，認知・情緒を発達させる，集団での適応行動，家庭作業スキルを習得する
　　親の課題……学校との連携，家族員の協力，地域社会の理解と調和
3) 青年期の課題……社会参加と適応を促す，不適応行動の予防，余暇スキルをもつ
　　親の課題……親離れを促し家族関係の再構築

② **不適応への対応と予防**
自閉症の行動特徴の一つがこだわりや限局された興味や行動ということなので，不適応行動につながりやすい。問題行動はその行動だけをターゲットにするのでなく，環境を整え，自閉症のその人全体の発達を考慮しつつ対応することが大切である。発達に沿った課題を提示していくことが，問題行動の予防につながる。

③ **親の立場と子の立場**
親は子の要求を代弁すると考えられ，それが当然のように思われてきた。しかし，高機能自閉症の人たちと接すると，親がしている要求と当事者の思いにズレのある場合もある。明らかになってきたのは，子どもの主張が必ずしも親と同じではない，という認識である。このことは親にも関係者にも投げかけられている大きな問題である。

(7) 社会資源，自助グループ，余暇活動などの支援

親を支えるためには，具体的な福祉制度やサービスが欠かせない。

過去には，学童期は福祉とのつながりがいったん切れてしまっていたが，現在は，放課後の学童保育や休日の余暇，緊急時の親の支援などを担うNPOや民間の支援機関も増えてきつつある。

支援費制度のもとにガイドヘルパーによる送り迎えなどのサービスも受けやすくなってきた。

自閉症の子をもつ親たちも理解と援助を獲得し自分たちの子どもを守るためと，親同士の交流を図るために，親の会による自助組織をつくってきた。世界で最初

に設立された自閉症の親の会は，1962年の英国の全国自閉症協会である。

日本では昭和42（1967）年2月に自閉症児親の会の設立大会をもった。平成元（1989）年10月には日本自閉症協会となった。自閉症についての講演会，自閉症の手引き，ガイドブックなどを通しての啓蒙活動や行政への働きかけなどを精力的に行っている。また，各地の支部では自分たちの体験をまとめたりして，後輩の親御さんへ体験を伝え，それが仲間同士での支え合いになっている。

当事者グループの活動や同じ経験をもった親同士の支え合いも，これからはピアカウンセリングとしてますます大事になっていくと思われる。

一人の子どもにどんなサービスが必要で，今はどんなものが可能かなど調整してくれる立場の人がいないのが現状で，親は我が子のためにサービスを自分で探し交渉しなければならない。障害があるとわかったら，その子にコーディネーターがつき，最善の療育や機関が提示されていくような社会の実現が，望まれる。

(8) 親なき後への支援

親たちはよく「この子の1日後で死にたい」という。この子を残して死ねないという切ない思いが伝わってくる。福祉の充実が望まれるところである。たとえハード面の施設ができても，自閉症の人を理解して対応できるソフト面の技術がなければ十分ではない。それがあって初めて，親は安心できる。自立は親なき後に始まるものではなく，成長過程での一つのプロセスである。日頃からの親への支援が肝心である。

自閉症の人たちも老齢化していく。日本での第一症例も初老期を迎える年齢である。老人期がどのようなものであるかまだ知見は少ない。自閉症の人が日々を楽しく豊かに過ごせるように老齢化への対応も視野に入れていかねばならない。

また，不幸にして親が先に亡くなった場合，事態を自閉症の人がどのように受けとめているか，「喪の仕事」への支援がどのようであるべきか，などまだ不明である。主に養育に当たっていた母親に不幸があった場合は，急に施設に入所しなければならないとか，入所先が決まるまで施設を転々とするなどと，環境が激変する。変化に対応しにくい自閉症の人にとっては大変なことである。

近年，ドアツードア（玄関前まで迎えにくる）でのショートステイの対応もみられてきた。緊急に備え，親が元気なうちにそういった制度を体験しておくことが，自閉症の人の混乱を防ぐ一つの手立てになる。

(9) 家族支援の留意点

① 家族には支持的・援助的に接する

専門家は子どもの人生のある時期しか関われない。一生子どもと関わる家族が幸せに暮らせるために，まわりの者は援助しなければならない。親の心理面のサ

ポートにしても、目標を定めるときも親の意向を大切にする。まずは親の言うことをよく聴き、親の思いに沿う努力をする。専門家の目から親とは違う見方のアドバイスをすることもあるが、あくまでもそれを選択するのは親の意思による。主体は親であることをわきまえて援助に当たる。親が受け入れられ穏やかに暮らせると、子どもも穏やかになれる。

② 自閉症のライフステージに応じて目標と課題を具体的に示す

(6)①に述べたように、人生の時々に家族の特徴的な課題がある。選ぶのは親であるが、発達に合わせた具体的な目標や課題を示して共に療育に当たることが必要である。

「様子を見ましょう」と言わざるを得ない時もあるが、これこれこういうことをしながら様子を見ましょう、あるいは、こういうことに注目をしながら見てくださいと、具体的な方策も示した上で時間の経過を追うようにする。

③ 家族から学ぶ姿勢を大切にする

自閉症は一人一人特徴が違う部分がある。その自閉症を抱えた親、工夫して対応してきた道筋、その親のパーソナリティーをひっくるめて、親から学ぶ姿勢は専門家にとって欠かせないものである。

〈参考文献〉

永井洋子・林弥生 (2004)「広汎性発達障害の診断と告知をめぐる家族支援」『発達障害研究』26 (3), p.143-151

中田洋二郎 (2002)『子どもの障害をどう受容するか——家族支援と援助者の役割』p.77, 大月書店

M. ブリストール (1987)「家族資源と家族の自閉症児への適応」『自閉症児と家族』p.374, 375, 黎明書房

久保紘章 (2001)「自閉症の子どもをもつ親が専門家に求めているもの」『自閉症と発達障害研究の進歩』Vol.5, p.323-325, 星和書店

永井洋子 (1992)「自閉症の治療と家族」太田昌孝・永井洋子編著『自閉症治療の到達点』p.244-251, 日本文化科学社

全国心身障害児福祉財団 (2003)『心身障害児者のライフサイクルガイドライン』p.51

サンドラ・ハリス (2003)『自閉症児の「きょうだい」のために——お母さんへのアドバイス』(遠矢浩一訳) ナカニシヤ出版

M.K. ディマイヤー／久保紘章・入谷好樹訳 (1986)『自閉症と家族 児童編』『自閉症と家族 青年編』岩崎学術出版社

IV
心　理

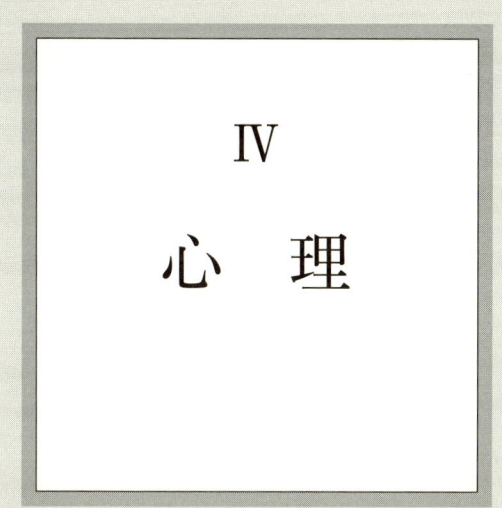

1 自閉症の心理学

広く「自閉症」の診断で用いられているDSM-Ⅳにおいて自閉性障害（autistic disorder）は広汎性発達障害の一つとして分類され，3歳までの発症と記述されている。

その他の診断上の基準としては，
①社会的相互作用における質的な障害
②コミュニケーション行動における質的な障害
③限定された興味・関心や常同的・反復的な行動
が挙げられている。

以上の3つの領域は，いずれも心理的・行動的な観察に基づいて査定されるものである。

(1) 自閉症の心理学とは

どのような視点から自閉性障害をもつ人たちを心理学的に理解するか，そして，その理解に基づいてどのような行動学的枠組みが有効な支援を可能とするかが，自閉症の心理学のねらうところといえる。

① いわゆる自閉症状形成過程の発達心理学

自閉症状と一般に記述されているものとして，1) 社会的相互作用における障害として視線回避などの対人行動を含む仲間関係の形成不全，共同注視困難を含む社会性の不足が挙げられる。また，2) コミュニケーション行動の障害としてことばの遅れ，会話の維持困難，ことばのステレオタイプ，自発的なごっこ遊びの乏しさ，そして，3) 行動や関心の制限として興味の限定，儀式的行動の固執，ステレオタイプ動作，こだわりが挙げられている。

これらの症状のすべてが出生直後から認められるものではなく，年齢の進行に伴って観察可能な行動として出現してくるものである。

一般児の発達過程と照合して，いかなる側面に独自性のある行動がいかなる順序性をもって認められるのかを明らかにすることが自閉性障害の発達心理学のめざすところと考えられる。

② 基本的生活スキル，集団参加スキル，そしてコミュニケーションスキルの学習心理学

基本的生活スキルについては一般児の習得とほぼ同じであったり，むしろ排泄習慣などではより早期にそのスキルを獲得したりする自閉症児もいる。ところが，誤った学習，例えばパンツに排泄することに固執してしまうと，その修正には困難を伴うことが多い。

しかしながら，自閉症においては集団参加スキルとコミュニケーションスキル

の習得は例外なく問題となる。この問題を解決するには必要なスキルが通常の生活状況では習得されてこなかったことに留意しなければならない。したがって，段階的に，計画的に習得援助を進めていけばよいというわけでなく，何が習得阻害要因であるかを正しくアセスメントする必要がある。

彼ら自身を脅かす刺激として「人」または「人が構成する場」が作用している場合には，関わる人が少なくともマイナス刺激とならない存在となり，安心できる学習の場を設計することが必須のスキル習得を促進することになる。

③ 認知・学習困難の教育心理学

知的に平均水準またはそれ以上と知能検査などで判定された自閉症児は，小学校入学にあたって，話をすることができるばかりでなく，教科書の音読や数の操作などでも支障なく教科学習にも参加できることが多い。

しかし，共通して概念学習の展開に困難性を伴いやすく，具体的には文（文章・話）の理解を苦手とするといった現象が起きる。算数において数の操作（足し算・引き算）は容易に処理できるレベルに達しているのに，簡単な文章題を理解し，式を立てることができない。物語文を大きな声で読めるのに，筋立てや情景を説明できないといった問題が生じる。この問題が教科学習やルールのある集団活動などへの参加に支障をもたらすことになる。

④ 不適切行動のコントロールの臨床心理学

不適切行動には，1）自己刺激行動，自傷行動，こだわり行動といった基本的には自分自身に向けた感覚的，防衛的行動，2）離席行動，注意散漫，離脱・逃走反応，大声・奇声といった集団活動を妨害する行動，そして，3）ちょっかい・攻撃行動といった他者の活動を阻害したり他者に危害を与える可能性のある行動などが挙げられる。

こうした不適切といわれている行動について心理学的にアプローチするには，まずどのような理由で不適切行動が生じ，それらがなぜ持続し，ときには頻度が高まるのか（行動アセスメント）を明らかにしなければならない。そして，アセスメントに対応した支援方法を組み立てることが必要となる。

⑤ 対人関係スキル・生活や職業面での社会的自立スキルの学習心理学

自閉症者が生き生きと社会人として生きていけるためのエッセンシャルスキルを整理し，そこからのトップダウン的発想によりスキルの習得を積極的に，計画的に教育プログラム化する。その場合，他人の考え方，立場をある程度までは理解した上で他者と関わりをもてるようにする。

仕事への従事は十分に評価されても，仲間との関わり，余暇の有効利用など，これまでの障害児教育ではあまり重視されてこなかったスキルの習得にも留意する。

(2) いわゆる自閉症状の形成

自閉症状は多様であるが，「過敏性障害」と「認知障害」に分け，双方から起因する特徴として「コミュニケーション障害」とすると形成過程が理解しやすい（図Ⅳ-1参照）。

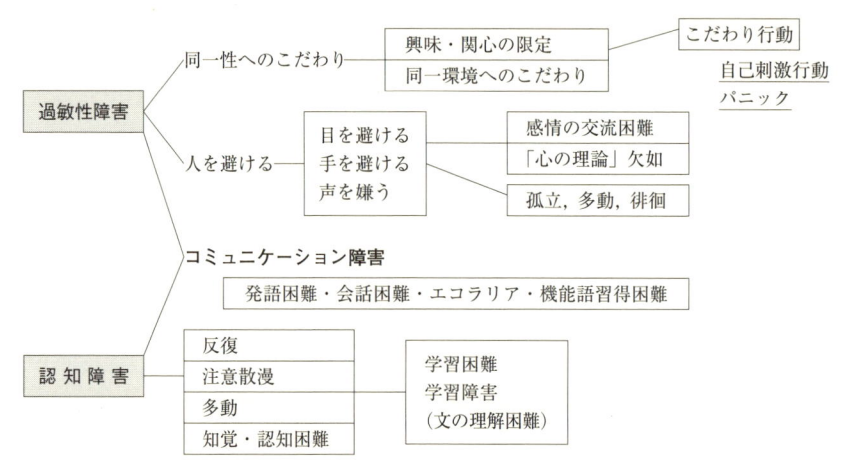

図Ⅳ-1 自閉症状の形成過程モデル

過敏性障害
- 同一性へのこだわり — 興味・関心の限定／同一環境へのこだわり → こだわり行動／自己刺激行動／パニック
- 人を避ける — 目を避ける／手を避ける／声を嫌う — 感情の交流困難／「心の理論」欠如／孤立，多動，徘徊

コミュニケーション障害
- 発語困難・会話困難・エコラリア・機能語習得困難

認知障害
- 反復／注意散漫／多動／知覚・認知困難 → 学習困難／学習障害（文の理解困難）

①「過敏性障害」に関わる行動

何らかの原因により一般の新生児より過敏な状態で出生したと仮定した一群の赤ちゃんを想定してみる。

乳児は当初は生理的要求を伝達する上で「泣き」を用いる以外にない。要求充足者は，母親またはそれに代わる人である。人の接近，特に顔の接近は強い刺激として作用する。一般に乳児は，刺激を求めて生理的要求以外の社会的要求としても「泣き」が利用できることを早期（生後2～3カ月）に学習する。

一方，過敏性の高い乳児は最小限の生理的要求以外には「泣き」が用いられなくなる。これが，2歳，3歳になってから相談機関での面接で訴えられる「泣かない，そして歩き出すまではとても育てやすい子どもであった」に結び付くことになる。

「刺激」は同一刺激量であれば変化するとき刺激価を高めることになる。同一環境の維持へのこだわり，同一のものへの興味・関心の限定が生じる。そして，人の接近，環境の変化には往々にして自己刺激行動による防御反応が生じたり，パニックに陥ることになる。

②「認知障害」に関わる行動

中枢神経系に何らかの機能不全が仮定されている発達障害には，共通して生じる行動上の特徴がみられる。それらは，

1) 同一行動の反復傾向, 2) 注意散漫, 3) 多動, 4) 知覚・認知困難である。これらの行動特徴は, 広範囲な学習上の困難をもたらすばかりでなく, 局在的な認知障害を伴う学習障害 (learning disability) を生じる可能性が高い。

③「コミュニケーション障害」

ことばの習得の遅れ, 習得したことばの消失, 会話困難, エコラリア, 機能語習得困難が挙げられる。ことばの問題に限定されず対人関係の形成困難に関連したコミュニケーション障害は,「過敏性障害」と「認知障害」の統合的障害として考えることができる。すなわち, 対人回避傾向とことば・文の理解困難傾向はコミュニケーション行動の発達に深刻な影響を与える。

(3)「心の理論」の心理学

「心の理論」は他者の行動の予測を可能にする内的に仮定された推論システムをさすものとして用いられたが, 研究の発展に伴い研究領域を示す用語となっている。

ところで,「心の理論」をより具体的に示すとすれば, その場の状況や他者の行動, 表情を手がかりとして,
「Aさんは〜しようとしている (意図)」
「Bさんは〜を知っている (知識)」
「Cさんは〜という感情状態である(感情)」
などをある程度正しく推測し, それらに適切に対応することができる (日上 2003) ことが「心の理論」を有していることを示すことになる。

多数例研究デザインによりいろいろな「騙し」課題を適用し, 一般児や知的障害児に比べて自閉性障害児がいわゆる「心の理論」が欠如していることを明らかにしたとしている。そして, この欠如状態を生得的基盤から説明しようとしている (メタ表象説, 認知能力説)。「心の理論」は社会生活を送る上に大切な機能の一つであり, 自閉性障害について積極的支援を実施する立場からすればその形成を達成する方略を作り出さなければならない。

期待できる方略は,「条件性弁別学習」の枠組みの導入による分析であり訓練といえる。例えば, 他者の「言外の意図」の理解とそれに適切に対応する事態を想定すると (松岡・小林 2000),

- 騒音状況・難問状況〈文脈の把握〉
- 「あっちの部屋を見てきて」〈条件性刺激〉
- 状況伝達・他者の誘導〈弁別刺激〉
- 騒音解消・難問処理〈反応〉
- 問題解決の確認と評価〈結果操作〉

となり, 方略の手順解明への突破口となることが期待されるところである。

〈参考文献〉
小林重雄・園山繁樹・野口幸弘編著 (2003)『自閉性障害の理解と援助』コレール社

2 自閉症スペクトラムの発達臨床心理学

(1) 子どもの発達

　子どもの発達は早期ほど未分化であり，生理・生物学的要因が影響する。近年の医学・生理神経学の進歩は個体の発生により，遺伝子による影響，胎内での発達経過をも明らかにするようになってきた。臨床発達心理学の範疇はどの時期から関与することができるのであろうか。

　人はことばを用いる動物であるが，自分の足による歩行が可能となるのは，10カ月〜1歳3カ月とその範囲は広い。体重は1年間で生下時の3倍となり，その後の人生では経験しない発達をする。表出言語の獲得は，1歳で2単語といわれるが，ことばの表出以前に，状況理解，対人認知の発達とことばの表出に至る過程で乳児期が全般的な発達に与える影響は大きい。意味ある言葉の表出によって，客観的な評価は可能となるが，非言語性の発達評価は難しい。身体発達，例えば身長，体重は，生下時より測定による評価が可能であり，標準値，偏差値により母親でも身体発達を母子手帳に記入し知ることができる。また，運動発達も，発達経過に伴って，座る，立つ，歩くなどの発達評価が可能となる。

　発達心理学的側面は，身体発達，運動発達とともに発達していると考えられるが，その発達は未分化であり，乳児期についての発達心理学の視点は，実験によって，限定されたサンプルの結果により検討されてきた。

　近年の生理心理学，脳神経科学，神経心理学の進歩は，脳と認知能力，行動について明らかにしようとしている。

　高機能群の自閉症，アスペルガー障害，LD，AD/HDについての治療的対応を前提とした発達臨床心理学的検討は，育児支援をはじめとする健常児の問題を考える上でも大切であり，高機能発達障害群の乳児期の認知発達，適応行動の研究は，今後の発達臨床心理学の課題でもある。

(2) 自閉症スペクトラム児の発達

　自閉症児についての教育の対応は，日本では昭和40年代に始まり情緒障害学級として定着してきたが，近年になって，健常児の範疇に，あるいは障害児として対応していなかった高機能自閉症，アスペルガー障害の子どもなどが，教育上の特別支援の対象となってきた。

　これらの対象児は，今までの知能検査，発達検査ではIQが正常範囲，あるいは境界領域に入るものであった。なかには，高い認知能力を示す者も報告されている。

また，心理検査の条件でもある再検査との相関が低い場合も見出された。すなわち，加齢によりIQが低下する，あるいは加齢により高いIQを示すなどである。なかには，IQは高いが理解が低いなど個人内差が顕著にみられる場合もある。

知能検査，発達検査で正常範囲に入る自閉症スペクトラム児は，就学までに発見されにくい子どももいる。不適切な働きかけにより，偏りを助長する結果となってしまうこともある。早期診断，早期支援を目的として，発達臨床心理学の立場より，① 対人認知発達，② 適応行動の発達について考えてみよう。

(3) 乳児期

出生から新生児期・乳児期を経て幼児期に至る過程は，動物から人への道程であり，身体発達，運動発達を経て，自立歩行，「ことば」を獲得する時期である。人は，他の動物と異なり社会的自立までの時間が長い。

障害児の多くは，乳児期にその障害が発見され，障害に対しての医療並びに母子に対しての支援も行われるようになってきた。例えば，運動障害，視覚障害，聴覚障害，知的障害などである。医療の進歩に伴い，障害児の支援は重度から軽度へ，さらに早期診断から早期支援へと転換の時期に入っている。

自閉症児はどうであろうか。自閉症について，発達臨床心理学の領域からは，認知心理学，神経心理学，生理心理学の基礎的研究と，長期の発達追跡研究が挙げられる。近年は，乳児期初期よりの対人認知発達の偏り，適応行動の問題を明らかにしつつある。

自閉症児の乳児期についての研究は少なくない。自閉症の確定診断は，重度であれば幼児期に可能であっても，軽度であれば就学時に初めて問題になることが一般的であった。

自閉症児の乳児期については，養育者からの聴取による方法に依存していた。自閉症児の多くは，乳幼児期の身体発達並びに運動発達はよく，測定可能な発達は正常の範囲であり，問題はない。一般に，乳児期の発達過程を円滑に過ぎていき，身体発達・運動発達が正常範囲にあれば，何か特別に困った問題をもたない限り，親，保育者は異常につながるサインがあったとしても見落とす場合が多い。

身体発達・運動発達は乳児の発達を知る重要な手がかりであり，母親をはじめとする保育者にとっても重要であった。この背景には乳幼児の死亡率の変遷が挙げられる。乳幼児期は身体発達が健康のバロメータであった。

乳児期の基本的習慣である摂食行動，睡眠の問題は，養育者からの聴取で，身体発達・運動発達に次いで信頼できる情報である。自閉症児の乳児期・幼児期に睡眠障害をもったケースなどが報告されてきた。

自閉症児の乳児期の摂食行動，睡眠の異常も，過敏な知覚異常として幼児期にも連続する症状である。しかし，全く乳

児期の育て方に支障を感じさせなかった自閉症児もある。

近年，乳幼児の発達スクリーニングテストが1歳6カ月を中心に施行されるようになってきている。また，小児科の臨床で使用されてきた乳幼児検査の中には，社会性の発達の項目があり，臨床的に乳幼児期の発達に重要な項目として小児科で注目されていたといえる。

乳児期から経過観察してきた症例の中で，自閉症，アスペルガー障害の診断をされたのは，乳児期中期にLDを親が推測した症例であった。身体発達・運動発達もよく，一人遊びをし，集中力もあるが，人の呼びかけに関心を示さないことが主訴であった。

乳児期は，発達が未分化であるだけに，対人関係に問題を示すような症例は，育児放棄をされた乳児（ホスピタリズムといわれてきた）にもみられた。しかし，乳児期からのサインを示す場合は，保育者と環境調整をしながら経過をみる必要がある。

乳児期は，対人認知・適応行動の学習の基本が準備される時期である。

対人認知の能力は，言語能力と同様に潜在的な能力であるとともに，人との関係の中で培われていく能力であり，社会適応のための基本的な能力である。対人認知は乳児期早期からその兆候がみられる。しかし，対人認知の障害・偏りが明らかになるのは1歳6カ月過ぎであることが多い。運動発達がよく多動を伴う乳児は一人で動くことが多く，人との関係

が成立しにくい。そのことが，親・保育者が対人認知の発達の偏り・障害を見逃してしまうこととつながる。視覚的能力が高く，特定のマーク，器具，動くものなどに早くから関心をもち，固執する場合もあるので，高い能力のみに関心を向けないようにすることも大切である。

(4) 幼児期前期

1歳6カ月前後は，運動発達が進み，急速に子どもの関心は広がる。したがって適応行動も人との関係の中で多彩になる時期である。自閉症スペクトラム児は，行動範囲は広がっても，関心は限局し，執着が強くなる傾向がみられる。人との関係の中でも，その特異性が目立ってくる。同年代の子どもへの関心が薄く，拒否することもある。動物，乳児に対しての関心も低い。聴力に異常がないのに，母親の呼びかけに反応しないことに気がつく例も少なくない。

1歳6カ月を過ぎると，一般的に子どもの言語表出は急速に発達し，意味ある状況と音声を理解し，ことばの呼びかけ，要求をするようになる。ことばによる要求は明らかに人を意識しての行動である。この時期になって，初めて，非言語的な状況理解の問題や，非言語的なコミュニケーションが成立していなかったことに気がつく例が多い。

対人認知，適応行動に困難を示すのは，自閉症，アスペルガー障害のみではなく，LD，AD/HD，環境性，発達性の問題も

表Ⅳ-1　対人認知・適応行動の発達　　　（森永良子他 2005）

月齢	対人認知	適応行動
2〜3カ月	・抱かれると満足する ・母親・養育者がほほえみ呼びかけると声を出して反応する	
5〜6カ月	・自分の周囲に関心を示す ・喜び，満足，驚き，怒り，おそれの表情が豊かになる ・自分に声をかけられているのがわかり，声を出して反応	・声を出し，身体を動かして受容・拒否を示す
10〜12カ月	・母親・養育者を認知し，後追いをする ・人見知り	・大人の示す表情で，禁止，おそれ，うれしいことを理解する ・「いないいないばあ」などを喜ぶ ・「バイバイ・ありがとう」などジェスチャーの模倣
18〜36カ月	・名前を呼ぶと，呼んだ人を確実に理解する ・人が指さしをした時に，指した対象を一緒に見る ・くすぐられるのを好み，期待して人の働きかけを待つ ・人に対しての自己表現が活発になる ・ことばを理解し，ことばでのやりとりを楽しむ ・ボール投げなど，人とのゲームを楽しむ	・人の顔を見て，欲しいものを指さして要求する ・親しい大人の動作を模倣する（せき，くせ，しぐさなど） ・泣いている子どもを心配そうに見る ・動物に関心を示し，かわいがる ・人にやさしくできる ・ことばの指示を理解し，行動する ・手伝うなど協同作業を楽しむ ・ことばで自己主張する

あるので幼児期前期の自閉症の確定診断は困難な場合も多い。高機能自閉症と診断され，非言語性LDであった症例もあり，経過観察が必要である。

　まず，発達の偏りを親が把握し，規則的な生活習慣の樹立を目標に生活に適応できるスキルを養う生活の習慣化が大切である。また運動のスキルを身につける（歩く，走る，片足跳び，リズムに合わせて体を動かす）など，福祉センター，障害保育などを利用することも有効である。

　養育者が幼児期初期の子どもの対人認知・適応障害の偏りを受容し，生活習慣の基礎からきちんと対応していくように，親への支援が大切な時期である。

(5) 幼児期後期

　幼児期後期は，生活集団の中での問題がクローズアップされるとともに，言語

の特異性が顕著になる時期である。その意味で就学前の6歳の時期は発達の節目であり，自閉症スペクトラム児にとっては大きな意味をもっている。

幼児期初期に対人認知，適応行動の偏り，言語発達遅滞，AD/HDの症状を示していた子どもの中には，残遺症状はあっても6歳までに急速に認知能力，行動が変化・統合の傾向を示す子どもたちもいる。

幼児期に言語を獲得し，言語性優位な能力をもつアスペルガー障害と，非言語性対人認知，適応障害をもつタイプは，連続するものであるか，認知能力の障害であるかは今後の研究によるものであろう。

しかし，どのような教育的支援が必要かは教育の課題であるが，早期からの教育支援が社会的自立にとって必要であることはいうまでもない。

対人認知・適応行動に困難をもつ子どもたちの幼児期の保育はその程度により異なる。

対人認知に偏りがあっても，言語の発達が進み，状況理解が可能となり，集団行動に問題を示さない子どもと，言語，非言語ともコミュニケーションが成立しない，執着が強く，パニックを生じやすい自閉症とでは異なってくる。

対人認知・適応行動に軽度の問題をもつ非言語性LD，AD/HD，アスペルガー障害が想定される子どもは，特別支援を行っている保育所(園)，幼稚園を選択するようにしたい。

これらのタイプの子どもたちは，知能テスト，発達テストで正常範疇に入る場合もあるので，その意味では難しい子どもである。心理検査で正常範囲，あるいは正常範囲に近く，漢字，数字を書けるし，ゲームが好きである子どもは親からみて決して知能が低いとは考えていない傾向がある。

このようなタイプの中には，3歳で漢字を読み，アルファベットも読めるし，数式を理解し計算ができる子どももいる。また，対人認知に偏りをもつ非言語性LD，アスペルガー障害の中には，ことばの発達は悪くないし，専門的な高い言語知識をそなえ，特定の記憶能力は高い子どももいる。しかし，共通して，対人認知の発達が知能テストに比較して低く，集団生活の中での適応が悪く，パニックを起こしたり，自傷行為，常同行動，AD/HD的症状を伴うなどの子どもがいる。高機能自閉症，アスペルガー障害，非言語性LDは，親にも理解しにくい子どもであり，決して能力的に低くないだけに，高い能力に親は期待をかける傾向がある。

このような子どもたちこそ，幼児期に生活習慣の自立，運動能力によるスキルの獲得，セルフコントロールの習得，豊富な経験をさせるなど，適応行動を円滑にさせるために，発達過程を勘案した将来の自立を目標とするプログラムを作成する必要がある。

幼児期は，養育者の保護のもとにある時期であり，養育者の子どもの受容が基本的に大切である。幼児期の発達の目標

は，就学から自立を目標に始まる集団生活の第一歩であることを理解し，子どもに関連する領域とのチームによる親支援のプログラムも子どものプログラムと並行して作られる必要がある。

(6) 学童期

自閉症スペクトラム児の学童期は，学校教育でどのような支援が子どもにとって必要かを，親が理解し受容できているかで，子どもの学校への適応は異なってくる。その意味で，対人認知・適応行動に困難をもつ子どもたちのための乳幼児期からの一貫したプログラムが作られ，親が参加することが望ましい。

就学時に自閉症と確定診断のついた子どもたちに対しての特別支援はそれぞれの自閉症のタイプや発達レベルにより養護学校，固定の特殊学級など，教育支援は，きめ細かくされていく方向であることは確かである。将来の自立に向けての，教育を中心とした，親，医療，心理，福祉のチームにより，発達を見守っていく必要がある。

幼児期に自閉症スペクトラムを疑われた子どもの中には，発達に伴って対人認知・適応行動が統合され，非言語性の残遺症状をもちながら思春期を経て社会人として自立するタイプもあり，なかには高い専門的能力を必要とする仕事に従事するケースもある。したがって，ケースによって通常の学級と通級による特別支援が将来の社会適応に効果的な場合もあ

るので，きめ細かい専門家チームによる対応が大切といえよう。

小学校高学年は，思春期前期であり，身体的変化とともに情緒的にも不安定になる時期であり，対人関係のトラブル，パニックや自傷行為などの症状が発生しやすい時期である。テストの点数のこだわりなども強くなる。

(7) 中学校・高校

思春期は自閉症スペクトラム児にとっても，心身ともに大きな変化のある時期であり，専門家をチームに入れた教育支援がより必要であることが認識されてきている。中学校段階では，次の社会的自立のための高校への前段階として，一貫性のある教育支援が計画される必要がある。高校の職業コースを経て，社会人として自立した卒業生も増加の傾向にある。しかし，対人認知・社会的適応に困難をもつ高機能自閉症，アスペルガー障害の者に対する，福祉による職場サポートは，今後もさらに必要といえる。

(8) まとめ

自閉症スペクトラム児の心理発達は，健常児の発達とは異なるものである。自閉症スペクトラム児の知的発達は，重度より軽度，あるいは高機能の範疇に入る対象まで，その幅は広い。自閉症スペクトラム児の認知障害は脳障害に原因するものであるが，その障害部位と認知障害，

行動上の障害は発達と関連し，また，子どもを取り巻く環境により影響を与える。

本節では，自閉症スペクトラム児の対人認知・適応行動について，発達段階に対応して論じてきた。

近年，自閉症スペクトラムは軽度あるいは高機能の知的機能を示す者まで対象が広がり，社会的自立を目標とするプログラムの必要性が再認識されるようになった。したがって，自閉症スペクトラムの問題は早期診断・早期対応に関心が向けられている。自閉症スペクトラム児の社会的自立に際して問題となるのは，対人認知・社会的適応の障害であり，自閉症スペクトラム児に共通する課題である。

特に，高機能自閉症は社会的自立に際して，特定な領域に関する高い認知能力，記憶力，創造性をもっていても，自立が困難である。他者が評価する集中性，几帳面さはこだわりであって，般化の困難性が問題となる。決まった条件のもとでできることも，順序，関係の変更に適応困難であり，結果として状況理解ができないなどと評価される。人との関係では，相手の立場，要求の背景にある事情の察知ができないために対人関係が円滑にいかない。

自閉症スペクトラムに対しての治療的対応は何を目標とするのかの課題である。高い能力に関心がもたれ，長所を個性とする教育方法，社会的不適応のために生ずる行動を消去する方法，緊張，不安より生ずるパニック，自傷，常同行動についての治療方法など，多くの対処法が報告されている。

これらの子どもたちの早期サインを見落とし，縦断的な研究も少なかった時代は，短期的な目標でプログラム，治療がなされる傾向があった。対人認知・適応行動に偏りをもつ子どもたちの原因が決して情緒による障害でないことも明らかになってきている。このような子どもたちこそ長期の自立を目標とするプログラムが必要である。

自閉症スペクトラムの領域は広がり，健常児に連続する問題を提起している。現代の自閉症スペクトラム研究は，自閉症スペクトラムに関連する，医療（小児科，精神科，言語・運動・作業療法），教育（通常学級，特別支援），心理（発達心理，教育心理），福祉をはじめとするチームアプローチを必要とする領域である。乳幼児期の早期診断・早期支援は関連領域の協力によってなされるものといえる。

乳幼児期の自閉症スペクトラム児の対人認知・適応行動の発達の問題は，すべての子どもたちの育児支援について示唆を与えるものといえる。

〈参考文献〉

中根晃・市川宏伸・内山登紀夫編（1977）『自閉症治療スペクトラム』金剛出版

「児童心理」編集委員会編（2005）『「気がかりな子」の理解と援助』金子書房

森永良子・黛雅子・柿沼美紀・紺野道子・中石康江・五十嵐一枝（2005）『対人認知・適応行動 乳児発達スクリーニングテスト』文教資料

3 認知・学習障害の教育心理学

(1) 社会性の発達

① 生物学的基盤

周囲が何を考えているか，どのようなことを求めているかなどを把握し，それに適切に対応する能力，いわゆる社会認知能力は，ヒトが生き延びるために生得的にそなわっている。乳児は，周囲の保護なしでは生後数年間を生き延びることはできない。そのため，養育者を引きつけ，ケアしてもらうための能力を身につけている。それは空腹を伝えることであり，やがては相手の様子を見てより効率よく相手の気持ちを引きつけることである。

ヒトは他の動物に比べ未熟に生まれ，また長い養育期間を必要とする。その時期に養育者との相互作用を通して多くのことを学ぶ。言葉の学習でいえば，乳児は養育者や周囲の大人との関わりから，必要な言語を獲得する。その相互作用に関わる能力が，乳児の頃から段階を追って発達すると考えられる。

以下にそのいくつかを取り上げ，社会的認知能力の発達との関連を説明する。

② 共同注意の発達

共同注意の発達は，その後の子どもの社会的な認知と関連が深い（Baron-Cohen 1991, 1993, 1995, Tomasello 1995）。これは，周囲の人の注意が特定のものに向いていることを理解し，自分もそれに注意を向ける能力である。例えば，母親が窓の外をじっと見ていれば，子どもは何か見る価値のあるものが外にあることを理解する。子どもは，母親の表情や視線を見ることで，1）頭の中で何か考えている，2）それと関連するものが窓の外にあることを理解する。さらに，自分も同じ方向を見て，母親の関心が何に向けられているかを探しあてる。

共同注意は乳児の頃から発達するが，一般的に自閉症の発達には遅れがみられる（Baron-Cohen 1993, Charman et al. 1997）。また，認知的に偏りのある子どもの中にも，この能力の発達に遅れがみられる場合がある。いずれの場合も，その後の関連した能力の発達にも遅れがみられる。

③ 模倣の発達

模倣する能力は人に生得的にそなわっていると考えられており，生後間もなくの模倣としては，舌出し模倣が知られている（Meltozff 1988）。これは新生児が大人の舌出しを見て，それに合わせて自分の行動を調整できる能力がそなわっていることを示す。1歳代の子どもにみられる身振りの模倣行動は，後の心の理論の発達と関連があることも指摘されている（Meltzoff & Gopnik 1993, Rogers & Pennington

1991)。同様に身振り模倣の発達と後の言語発達との関連も指摘されている (Carpenter et al. 1998, Charman et al. 2004)。

自閉症の子どもの場合，共同注意や，以下に述べるふり遊び同様，その発達に遅れがみられる (Rogers et al. 1996)。乳幼児健診で模倣の発達に関する質問項目が含まれるのは，そのためである。

④ ふり遊び

子どもがふり遊びをしている時，大人の動作の模倣をしている場合と，ふり遊びの表象を理解した上で遊びを展開している場合が考えられる (Ganea et al. 2004)。誰かとふり遊びをする場合，相手が何を考えているか，目の前にあるものを何に見立てているかといった共通理解が前提となっている。つまり，相手の意図の存在の理解と，状況から意図の内容の推測である。これは心の理論の発達にも必要な能力であり，ふり遊びとの関係が指摘されている (Leslie 1987, 1994)。自閉症の子どもの場合，ふり遊びがみられる年齢が遅く，またふり遊びがみられても，動作の模倣レベルにとどまり，相手の意図を理解して遊ぶことは少ない。

(2) 社会的認知能力

社会認知の発達の目安の一つとされる心の理論について，以下に簡単にまとめる。

① 心の理論とは

3，4歳になると，他者の欲求や意図など，心的部分の理解ができるようになる。心の理論とは，このような心的な理解がある程度安定して行え，子どもの中にそういった事象に関する理論的な枠組みが構成されることである。心の理論を理解することで，自分と他者では考えが異なること，相手が勘違いをすることなども理解できるようになる。また，状況をもとに，他者が知っているであろうこと，考えていることを推測し，自分の行動を調整することも可能になる。そこで，心の理論の発達に遅れがある場合，集団生活で不適応を起こすことも考えられる。特に運動発達，言語発達には目立った遅れはないなど，発達に偏りがある場合，周囲から誤解されやすく，二次的な問題を起こす場合もある。

自閉症の子どもの場合，この心の理論の理解が難しいことは指摘されているが (Baron-Cohen & Leslie 1992, Perner 1991, など)，それが自閉症の一次的な問題なのか二次的な問題なのかは，意見が分かれている。また，心の理論に関する訓練が有効であるか否かも，意見が分かれている。自閉症の子どもの場合，心の理論の理解が健常の子どもに比べ遅く，心の理論課題を用いて自閉症のスクリーニングをすることも可能である。

② 心の理論の発達

心の理論とは，複数の概念の理解が含まれ，それは発達とともに獲得されていくものである (Wellman 2002)。また，そのような概念の発達は一定の順番で生じるもので，その順序及びおおよその年齢は，共通するものだと思われる (Wellman & Liu 2004)

4歳頃から，他者の間違った考え方を推測する「誤信念」の理解ができるようになる。最初は物の移動に関する単純なタイプ（サリー・アン課題），次に中身が入れ替わるといったやや複雑なタイプ（スマーティズ課題）である。

日本と中国都市部の子どもの心の理論の発達を比較したところ，課題理解の順序は同じであったが，日本の場合，3歳後半から心の理論の理解がみられたのに対して，中国では4歳後半から急激に伸びる傾向がみられた。5歳の段階ではその差は顕著ではなかった。これは，基本的には順序，発達年齢に大きな違いはないが，環境によって多少の違いがみられることを示唆する結果である（Morinaga et al. 2004）。

③ 発達の目安

心の理論の発達段階の目安として，ここに「TOM 心の理論課題検査」の基本になっている数値を用いて紹介する（森永他 2001）。サリー・アンタイプの物の移動課題の場合，4歳児の46%，5歳児の場合は73%，6歳児の94%が通過している。一方で，箱の中身が入れ替わる課題の場合は，4歳児の18%，5歳児の47%，6歳児の69%が通過している。この数値は，ウェルマンとリウ（Wellman & Liu 2004）の段階とも，大方一致するものである。

④ 心の理論の発達と環境要因

先に文化によって心の理論の発達に多少のずれがみられることを指摘したが，家庭環境など，個人のレベルでも周囲の大人との関わりによって心の理論の発達に違いが出てくるようだ。

兄や姉がいる場合（Perner et al. 1998）や，大人や年上の子どもとの関わりが多い場合（Lewis et al. 1996），母親の教育水準が高い場合（Cutting & Dunn 1999）に，心の理論の発達は早まることが報告されている。さらには，母親の発話の質（Ruffman et al. 2002）や，12カ月時の愛着行動の発達（Meins et al.）との関連も報告されている。

ネグレクトの事例では，保護され環境が変化したことで，保護当時，明らかに低レベルだった身長，体重と同時に，心の理論の発達も年齢相応域に達した報告もある（柿沼他 2002）。周囲の大人との質の高いやりとりが心の理論の発達を促したと考えることができる。

⑤ 自閉症の心の理論の発達

先にも述べたように，自閉症の子どもの場合，心の理論の発達前にみられる共同注意，模倣，ふり遊びに発達の遅れがみられ，心の理論の発達も遅れる。

心の理論は，共同注意や模倣，ふり遊びなどの発達を経て発達すると考えられる。自閉症の場合，その発達に遅れがみられるのは，心の理論以前の段階に遅れがみられるためだろう。なかには，学童期中頃になってから心の理論課題を通過することもある。したがって，自閉症の子どもは心の理論を理解する仕組みが欠落しているという考え方は，必ずしも正しくない。しかし，その理解の仕組みが健常の子どもと同じかは，不明である。

(3) 社会性を育む

次に，社会性の発達に偏りや遅れのみられる子どもへの一般的な対応方法を述べる。

① 聴覚的共同注意

1歳6カ月健診でことばの遅れがみられる子どもの中には，共同注意の発達に遅れのみられる場合がある。ここでは，聴覚的共同注意の訓練を紹介する。聴覚的な共同注意の発達は見えにくいため，その遅れに気づかない保護者も少なくない。

物が見える，見えないことの認識は，目をつぶることで意識することができるため，聴覚よりも意識しやすい。それに対して，耳に手をあてる，耳栓をするなど，通常とは異なった状況がない場合，聞こえているということを意識することは少ない。したがって，子どもの中には，大人の意識がどこに向いているか（何の音に注意を払っているか）に気づきにくい場合もある。

聴覚性の共同注意の発達を促すためには，特定の音がしたときに，大人がそれに身振りや言語を伴って反応し，子どもの注意をひく。また，子どもの注意が特定の音に向いたときに，大人がその音源に注意を向け，音に対して何かコメントする。

集団の場合は，音源定位のゲームなども有効である。部屋のどこからか音がすると，大人が「あれ？」「何の音？」など子どもの注意をひく。子どもが音源の方を向けばほめる。次の段階では，何か音がしたら，子どもがまず反応し，それを大人に知らせるように促す。

このような訓練を通して，子どもは大人の見えない部分に気づき，その内容を推測し，自分の行動を調整することを学ぶ。心の理論とは，人の内面の存在に気づき，様々な情報を組み合わせて，それが何かを推測することである。共同注意は，その内面の存在に気づかせる大切なプロセスである。

② ままごと遊び

ままごと遊びには，社会性の発達を促す多くの要素が含まれている。また，社会性の発達に遅れのみられる子どもの場合，ままごと遊びが成立しないことがある。ここでは，柿沼美紀が臨床の場で見てきた軽度発達障害児のままごと遊びの傾向を，段階別に紹介する。

ままごとには，マジックテープのついたプラスチック製の野菜，果物，ケーキなどおもちゃの包丁で切るセット，ままごと用のお皿，カップなどの食器を利用した。

子どもの中には，ままごとの食品を実物のレプリカ（表象）と見なせない場合もある。そのような子どもでも，物を包丁で切る感触は楽しいようで，ひたすら切ることを繰り返す場合もある。お皿に盛るように促すと，手当たりしだいその上にのせる傾向がある。

レプリカと理解できないタイプの子どもの中には，逆にままごとの食品を口に

入れてかじってみる子どもも含まれる。健常児の場合、1歳6カ月頃にはこのような傾向はみられなくなる。

ままごとの食品をレプリカとして理解できると、それを使って組み合わせを考えてお皿に盛ることができる。その次の段階として、それを用いて大人と「どうぞ」「ありがとう」などのやりとりを行う。社会性の遅れのある子どもの中には、この段階へ移行するのに時間がかかるケースが多いようである。高機能自閉症と診断された小学校中学年の子どもの中には、自分なりに盛り付けはするが、目の前にいる大人の働きかけにはなかなか応じられないケースが多い。

大人とのやりとりも、一般のふり遊びにみられるおおげさな身振りや言葉の使用は少なく、「くださいなー」という働きかけに対して、つっけんどんにお皿を突き出す傾向がある。また、相手に対して、ふり遊びを始めるといった合図やしぐさもみられない。ふり遊びという枠組みを理解し、その枠の中で遊ぶことは難しいようである。

臨床の場では、小学校3～5年生ぐらいの高機能自閉症の男の子が、野菜やお菓子を切り、盛り付ける遊びに夢中になることも少なくない。つっけんどんではあるが、相手を多少意識したやりとりもある程度持続する。日常生活とのアンバランスを感じさせる一面でもあると同時に、子どもの抱えている社会性の幼さが見えやすい場面でもある。こういった子どもたちは、ままごと用の食品を口に入れることはないが、なぜか赤ちゃん人形用の哺乳瓶は口にくわえる傾向がみられる。

ままごとは、日常生活で目にしていることを遊びにしたものである。そういった意味では、大人とのやりとりもある程度スムーズに成立する。ままごと遊びを通して大人とのやりとりを経験させ、そこから日常生活へ移行することも、一つの訓練になる。ままごと遊びは保護者も経験のある遊びであり、日常生活の延長線上にあるため、その意義を理解すれば導入は容易だと考える。

(4) まとめ

社会性は段階を経て発達する。社会性の発達に遅れのみられる場合は、運動、言語などの発達とは切り離して、どの段階にあるかを把握することが重要である。そして、相応年齢に合わせて対応することが求められる。8歳であっても、心の理論の発達は4歳の段階であればその年齢に応じた対応が必要であり、理解力に合わせた絵本や遊びの選択も行う。子どもが理解できる内容を提示することが、二次的な問題を防ぐ大切な一歩でもある。

〈参考文献〉
井上健治・久保ゆかり編（1997）『子どもの社会的発達』東京大学出版会
子安増生（1997）『子どもが心を理解するとき』金子書房

4 基本的生活スキルの形成から社会的自立スキルの確立

　どのような障害をもっていても，社会の一員として生きられることが，生きがいであるといえる。特に，高機能自閉症やアスペルガー障害の思春期以降の人たちは，一般社会で「嫌われず」「スマートに」生活できるように援助することが，ノーマライゼーションにつながると考える。そのためには，ソーシャルスキルズ・トレーニング(SST)が必要である。SSTは，栗田広が『精神科治療学』(Vol.9 No.9, 1994)で特集としてまとめている。近年，主として精神科領域で用いられるようになった治療技法の一つである。この療法は，何らかの基礎障害によって生じた社会適応能力の障害を，行動療法的な方法を用いて軽減しようとするものである。

　自閉症も，最終的に困ることは，社会適応のまずさにあるといえる。そこで，社会性をどの時期に，どのような支援で身につけさせるかが，自閉症児・者に関わる者たちに課せられた問題であるといえる。ここでは，アスペルガー障害と高機能自閉症児・者に焦点を当てて述べることにする。

(1) 基本的生活スキル

① 基本的生活習慣

　自閉症児であっても，一般の健常児が身につけるような基本的な生活習慣は身につけさせ，まわりの人に嫌われないように育てることが望ましい。

1) 睡　眠

　自閉症児の多くは，「寝ること」が下手である。その一つの要因は，自閉症児は，過敏であるということである。幼児期・学童期の睡眠障害のケースには，寝つくのが特別遅い時間であったり，起床が特別早かったりする場合がある。朝早く起きてしまったために昼寝をして，夜，寝つけないような場合は，昼寝を我慢させて，夜早く寝かせるようにする。なかなか寝つかない子どもには添い寝をしてやり，寝つくまで一緒にいてやる。特別早起きの場合は，睡眠時間の短い子もいるが，できるだけ一緒に寝てあげてふとんの中に引っ張り込むことを繰り返す。あるいは，親はそしらぬ振りをして寝ておく。

2) 食　事

　食事も，睡眠に次いで生きるために必要なことであり，社会的にも社交という意味で重要な役割を担っている。

　　ア．偏食……偏食は，栄養の面ばかりか，いろいろの情報の受け入れの窓口を「狭く偏らせる」問題があるので，改善したい。ただ，一般的には，3歳，就学時，小学校3・4年生時，

中学校入学の頃，の4つの時期に味覚が変わり，食べるものの種類が増えるので心配はいらない。
　イ．マナー……幼児期で大切なことは，食事中立ち歩かない，他人の皿にあるものには手を出さない，食事中むやみに水分をとらない，などである。
3）清潔（身ぎれいにすることを含む）
　ア．食べ方……正しく箸が使えてこぼさずに食べられる。一気飲みしない。かきこむ食べ方をしない。
　イ．排泄……トイレや衣類を汚さず用を足せる。男の子は，ズボンのファスナーの上げ下ろしができる。女の子は，パンツの下ろし方，スカートのあげ方をきちんとできる。
　ウ．入浴・洗髪を嫌がらない
　エ．衣服の調節ができ，同じものばかり着ない
② 入学のための準備
　1）静と動（着席）
　集団の場で，みんなが座っている時は座ることができる。話を聞いている時，食事をしている時などは寝ころばない。
　2）文字学習の準備
　ア．見る・見分ける・違いがわかる……「め」と「ぬ」，「れ」と「ね」と「わ」のように，一部分だけが違う文字の見分けができる。
　イ．書く・描く……鉛筆が正しく持てる，筆圧が適当である。
　ウ．ことば……ことばのやりとりが可能になる。発声言語でなく，文字言語でもよい。

　エ．聞く・聞き分ける……人から人へ伝達ができる。口頭で聞いたことを伝えることができる。

(2) 学齢期のグループ参加

① 小学校

　地域の通常の学級にいると，「読み，書き，計算」が学年相応にマスターできていないとクラスにいて共通の学習ができない。しかし，高機能自閉症やアスペルガー障害の子どもたちは，勉強ができるために，問題行動があっても見逃されてしまうことがある。しっかり問題行動をキャッチして，適切なアドバイスと支援を行うことが必要である。
　1）集団行動
　クラスの一員として授業中，同じ課題ができること（「家ではできます」は通用しない），少なくともしようとすることが必要である。そのためには，個人個人に細かい支援が必要である。
　例えば，ドッジボールが苦手な場合，授業の大半は1対1でボールの受け方・投げ方を練習させて，終わりの1ゲームか2ゲームは一緒に試合に入れてもらうというような形式がとれるとよいが，できない場合は，この1対1の部分は家庭で補っておくことが必要である。
　2）教科学習
　各学年の「読み書き」「計算」はマスターさせたい。自閉症児は，興味のある部分は一人でいつの間にか覚えているが，興味のない部分はなかなか覚えられない。

ここで，大きく分けて，「国語タイプ」と「算数タイプ」とがあり，数に強い子は，受験では点を取ることができるが，日常の会話や対人関係は苦手である。それに反して，国語がどうにかできるタイプで数に弱い子は，受験では苦労する。

3）好かれる子ども

まず，身ぎれいにする（鼻をかんだ時のティッシュの始末など）。人が嫌なことは言わない，しない。変だと思われる行動はしない（社会的に年齢相応な行動をとる。例えば，小学生になったら道を歩いている時に思い出し行動をしない）。

4）喋りすぎない

自分の興味のあることばかり喋るので，同年代の友達からは，話し相手と認めてもらえない。この部分は，特別な場面でカウンセラーが対応する。

② 中学校

1）学習面

苦手な科目は，個人的に援助する。

2）休み時間の過ごし方

からかわれていても，その意味が理解できていない場合が多い。相手になってくれる教員を探していたり，自分で信用できると決めつけた教員に付いてまわったりするので，そのような場合はできる限り相手になってもらえるとよいが，無理な場合はそれを受けてくれる教員をつくっておく。言い換えると，サポートチームを学校でつくることが望ましい。

3）困ること

ア．性的なこと……特に男子の場合，自分の体の変化が「おもしろく」「不思議」でしようがなく，自分の性器を見せびらかしたりすることがあるので，細かい指導が必要である。

イ．ことば……日常会話が未熟で，中学生の日常生活で飛び交っている言葉には付いていけないことが多い。また，自閉症の子どもの一方的なお喋りに付き合ってくれる友達はほとんどいないため，それを聞いてくれるサポートチームが必要である。

ウ．「いじめ」の対象……言葉でのいじめは，よく理解できないために平気であっても，何となく好ましくないことを言われているということはわかっていることもある。何らかのときに，独り言で訴えていることもある。高機能自閉症やアスペルガー障害の子どもは，勉強ができ，よい成績をとることも多いので，受験の頃は，彼らより成績のよくない子から「おまえがいるから，わしが○○校に行かれへんのや」と言われていじめられたりすることもある。

このようなことは，親や教師がしっかりキャッチしておく必要がある。

③ 高 校

ア．進学……就職先がなかなか見つからず，どこかに行くところということで専門学校に進学という場合がある。しかし，卒業しても専門職に就けることは少ないために，職がない。大学に進学できた場合も，多くは卒業後の就職先がなくて困っている。

イ．就職……高校でのはみ出し行動の

ため，就職の世話をしてもらえないケースもある。親が知人に頼んだりして就職先を探していることも多い。養護学校の場合は，学校からの紹介で就職する場合がある。

(3) 青年期以降の社会参加

自閉症者たちがこの時期に一番困るのは，社会性の問題であるといえる。社会性を身につけるためのソーシャルスキルズ・トレーニング（SST）が必要である。

① 職　場

1）一般企業就職

仕事の部分では，慣れたらまわりの人に迷惑をかけずにできるが，休憩時間の過ごし方に窮することが多い。この部分での支援と訓練が必要である。

例1……休憩時間に自分でコーヒーをいれたが，砂糖を混ぜるスプーンがなかったので近くにあった箸で混ぜたら，上司に「箸なんかで混ぜんと，スプーンでせんか」と言われ，「いやや」と言ったために，「親切に言ってやってるのに，口答えするなら辞めてしまえ」と言われ，母親が謝りに行った。

例2……休憩時間，多くの従業員たちは休憩室で談話しているのだが，その輪の中に入っていけず，行き場がなくて廊下に突っ立っていたところ，「目ざわりだ」と言われた。

2）福祉就労

企業主に補助金が出ている間は丁寧に指導してもらえるが，期限が切れるとその支援がなくなり，戸惑うことがある。

② 余暇の過ごし方

1）家庭で必要なこと

家族の一員として，何か一つでも家族のためにできることを，親と一緒に練習する。親に対しては具体的プログラムの作成を援助・助言し，共に見守っていく。併せて，男性は父親あるいは兄弟に，女性は母親あるいは姉妹に憧れ，性同一性が芽生えるように育てていく。

2）訓練の場

レクリエーション（リズム，ダンス，ゲーム，心理劇，談話など）の訓練も必要である。同世代の若者と共に楽しむ中で，リズムでは，見本の行動を模倣し，日常の行動がスマートにできるようにする。仲間意識が芽生え，できない人に援助ができるようにする。心理劇では，テーマを決め，それぞれ役を演じる。談話では，彼らの興味に合わせて会話をし，セラピストがその話の内容を膨らませて，楽しい会話にする。あるいは，彼らの喋りたいことを聞く。グループで一つのテーマについて考え，それぞれに発表してもらい，それを聞く。

3）社会での訓練

自閉症児・者が，一般の社会で，楽しく生きがいを感じながらまわりの人たちに好かれて生きていけるように，一般の若者が行くようなところに一緒に行き，楽しみながらマナーを身につけさせる。

例えば，宿泊旅行での荷物の準備（前日），集合（全員が集まるまでの待ち方），

グループミーティング，出発，車中，宿，入浴，食事，寝ること，日中の活動などで，それぞれについて個別に課題をクリアしていく。

③ 場に合った服装

その場，その時にふさわしい服装が選択できるようにする。

④ 困ること

困ることとしては，仲間がほしい，お喋り，常識的行動ができない（基本的マナー），パニックなどが挙げられる。

1）パニック

例……M君は子どもの泣き声が嫌いで，泣き声が聞こえたらその子を叩きに行くために，たびたび警察の世話になった。また，打ち消しの言葉を聞くと即座にそばにいる人を叩いたりしていたが，一緒に行動している中で，否定されてもそのことが後で保障されるということを体験することで，行動が改善されていった。また，子どもの泣き声に対するパニックも，人が側にいて声をかけることで消失した。

2）食べ方

おいしい物を皆で楽しく食べることで，そこではマナーが悪くても修正される。円卓で食べられる（それぞれが，取り皿に自分の分を取れる）ようにする。

3）買い物

ここでの目的は，他人の邪魔にならないようにすることである。触ったり，開けてみたりしてはいけない物があるとい

うことを学ぶ。計算ができるようにする。

4）乗り物

公共の乗り物の中でうろうろ歩き回らない。独り言を言わない。他人との距離を保つ。一定方向ばかり見ない。知らない人に喋りかけない。

〈参考文献〉

栗田広・宮内勝・皿田洋子・前田ケイ・高木徳子（1994）「ソーシャルスキルズ・トレーニング（SST）Ⅰ」『精神科治療学』9（9）

小林隆児（1991）「青年期・成人期の自閉症」『こころの科学』37

小林隆児（1991）「青年期自閉症の精神性的発達について」『児童青年精神医学とその近接領域』32

髙木徳子（1982）『ハンディを越えて』創世記

髙木徳子（1988）「自閉症児・者の基本的生活習慣──食事について」『児童学研究』18

髙木徳子・田中英夫（1989）「自閉症の発達推移──思春期以降に伸びをみせた2例について」『児童学研究』19

髙木徳子・高島美穂・安部法子（1990）「自閉症のパニック──事例Tについて」『児童学研究』20

髙木徳子（1992）「療育キャンプを通じての自閉症児・者への援助──療育キャンプ10年の変遷より」『児童学研究』22

吉川正義・向谷修（1979）『追跡ルポ 二十歳になった自閉児』創世記

吉川正義（1986）『ルポルタージュ自閉症』有斐閣新書

村田豊久（1999）『子どものこころの病院とその治療』九州大学出版会

中根晃・市川宏伸・内山登紀夫（1997）『自閉症治療スペクトラム』金剛出版

中根晃（1999）『発達障害の病床』金剛出版

5 不適応行動のコントロールと自己マネジメントの確立

(1) 自閉症と不適応行動

　自閉症の人に激しい不適応行動がみられることは稀ではなく，発達障害の中でもその出現率は最も高い（Sturmey & Vernon 2001, Wing & Attwood 1987）。我が国においても，知的障害養護学校と知的障害児者施設を対象にした調査で，激しい不適応行動があるために処遇困難な状態になっている人の約6割が自閉症・自閉的傾向，及びそれにてんかんを合併した人たちであったことが報告されている（石井・原田 1992）。もちろん，自閉症の診断基準では，激しい不適応行動は必須要件ではない。しかし，自閉症の障害特性が背景要因となり環境との相互作用がうまくいかず，往々にして激しい不適応行動が現れ，処遇上大きな問題となっていると考えることができる。自分自身の身体を傷つける自傷行動，他者に危害を及ぼす他傷（攻撃）行動，激しいパニック，睡眠障害，その他，便こねや食べ物の反芻行動などの激しい不適応行動は本人の健康を害するだけでなく，その人のQOLを低め，また周囲の人に危害や迷惑を及ぼす。

　激しい不適応行動はこれまで，行動問題（behavior problem），問題行動（problem behavior），行動障害（behavior disorder）等々がほぼ同義の用語として用いられてきたが，最近の欧米の文献ではチャレンジング行動（挑戦的行動 challenging behavior）と呼ばれることも多い。チャレンジング行動の用語には，そのような行動を起こさなくてもよい状況に変えていくことが専門家の責務であり，激しい不適応行動をチャレンジとして受け止めていかなければならないというメッセージが含まれている。激しい不適応行動は本人のみならず周囲の人の生活も制限するものであり，改善に向けての効果的な介入計画の立案と実行は緊急の課題であるといえる。

(2) 不適応行動のアセスメント

　激しい不適応行動に対しては，これまで薬物療法，行動療法，その他様々な立場からアプローチがなされてきたが，ここでは心理学的アプローチとして応用行動分析学（applied behavior analysis）に基づくアプローチについて解説する。

① 機能的アセスメント

　応用行動分析学の立場では，不適応行動の生起には何らかの理由があると考える。すなわち，その行動が生起することによって内的・外的な環境に何らかの効

果を及ぼし，そのことによってその行動が持続していると考える。そして，どのような状況で不適応行動が生起し，その結果，環境にどのような効果を及ぼしているかを明らかにするために，「機能的アセスメント（functional assessment）」を行う。

　機能的アセスメントはABC分析とも呼ばれ，不適応行動のきっかけや背景条件である先行事象〔A〕(antecedent)，不適応行動である当該の行動〔B〕(behavior)，及び環境への効果である結果事象〔C〕(consequence)の3つの要因の関係性を明らかにする。最近では，先行事象〔A〕を直接のきっかけ（弁別刺激〔D〕: discriminative stimulus）と背景となる動機づけ要因（確立操作〔E〕: establishing operation）に細分化してABCDE分析と呼ばれることもある（園山2003，表Ⅳ-2参照）。

　機能的アセスメントの方法には，関係者情報アセスメント，行動観察情報アセスメント，実験的分析がある（Carr & Wilder 1998）。

② 関係者情報アセスメント

　本人に日常的に直接関わっている保護者，教師，施設職員など不適応行動を何度も観察したことのある人，あるいは本人自身に面接し，どのような状況で，どのような不適応行動が起き，その結果どのようなことが起きているかを尋ね，それらの情報をABCDE分析の枠組みで整理する。これらの情報から，当該の不適応行動が起きやすい状況，その不適応行動を維持している要因などを推定することができる。

③ 行動観察情報アセスメント

　関係者情報アセスメントは，情報提供者の記憶に依存し，また主観的な情報であることから，曖昧であったり間違っている場合もないわけではない。そこで，関係者情報アセスメントに基づいて不適応行動が起きやすい状況を特定した上で，その場面を直接観察し，記録にまとめる。その際にも，ABCDE分析の枠組みに基づいた記録用紙を用いる。これらの情報を整理することによって，不適応行動が起きやすい条件がいくつか明らかになることが多い。実践の場では，この段階で介入計画を立てるための情報が整理できることが多いが，要因が複雑な場合は，次の実験的分析を行うこともある。

④ 実験的分析

　実験的分析は不適応行動に関係している可能性のある条件を実験的に導入したり撤去し，不適応行動との関連性を実証的に明らかにする方法である。しかし，この方法は時間と労力がかかり，また専門的な知識も必要とされることから，実践の場では用いられることは少ない。

⑤ 不適応行動が起きにくい条件のアセスメント

　機能的アセスメントでは，当該の不適応行動が生起する条件だけでなく，不適応行動が起きない条件，さらには適応行動が起きやすい条件についてもアセスメント情報を得ることが重要である。というのは，不適応行動に対する介入は，不適応行動を減らすことだけでなく，適応

表Ⅳ-2　ABCDE分析によるアセスメントと基本的介入方略

分析する要因		意味	基本的な理解		基本的な介入方略	
			適応行動	不適応行動	適応行動を増やす	不適応行動を減らす
A 先行事象 antecedent	D 弁別刺激 discriminative stimulus	行動に先行し、その行動のきっかけや手がかりとなる刺激事態。	どういう刺激やきっかけがあると、適応行動が起きやすいか。	どういう刺激やきっかけがあると、不適応行動が起きやすいか。	適応行動のDを導入したり、増やしたり、強める。	不適応行動のDを除去したり、弱める。
	E 確立操作 establishing operation	行動の結果事象(C)の強化力に一時的な影響を及ぼす要因。あるいは動機づけを高める要因。	どういう状況や背景(体調・前後の出来事・物理的環境・好き嫌い等)があると、適切行動が起きやすいか。	どういう状況や背景(体調・前後の出来事・物理的環境・好き嫌い等)があると、不適応行動が起きやすいか。	適応行動が起きやすいEを配置する。	不適応行動が起きやすいEを取り除く。
B 行動 behavior		行動	適応行動の具体的な型、頻度、強さ、持続時間。	不適応行動の具体的な型、頻度、強さ、持続時間。	不適応行動に代わる適応的な代替行動を形成する。適応行動が起きるように補助(プロンプト)する。	不適応行動が起きないよう行動抑制する。
C 結果事象 consequence		行動(B)の結果生じた出来事で、その行動のその後の起きやすさに影響を及ぼすもの。	適応行動を維持している強化的な事象を特定。	不適応行動を維持している強化的な事象を特定。	適応行動を強める事後対応をする。	不適応行動を弱める事後対応をする。

(小林重雄・園山繁樹・野口幸弘(2003) p.99の表を改変)

行動を増やすことの方がより重要だからである。適応行動が増えることによって，不適応行動が減ることが期待できるのである。

(3) 不適応行動の機能

機能的アセスメントによって不適応行動が生起する条件が明らかになると，その行動が不適応なものであっても，それを行っている人自身にとって何らかの意味(機能)を果たしていることがわかることが多い。例えば，嫌いな作業や難しい作業が提示され〔E〕，それをするように指示された〔D〕ときに，机の上の作業物品をひっくり返す行動〔B〕が起き，その結果，職員がその作業を中止すること〔C〕が頻繁にみられる場合，このひっくり返す行動は，嫌な活動からの逃避の機能を果たしていると推測される。その人は，ひっくり返すことによって，嫌な作業をしないで済んだのである。あるい

は，ある高機能自閉症の児童は，音楽の授業でリコーダーを使うときに〔D1〕，その音が嫌いなために〔E〕，勝手に教室から出ようとし〔B1〕，教師が教室から出ないように止めると〔D2〕，教師を叩き〔B2〕，その結果，結局教師はあきらめてその児童を別の教室に行かせること〔C〕が続いている場合も，授業中に教室を出たり，教師を叩くという不適応行動はその児童にとって，嫌な活動からの逃避の機能を果たしていると推測される。しかもこの場合，他の児童にとっては何でもないリコーダーの音が，この児童にとってはきわめて嫌悪的な刺激になるという聴覚的な過敏性が関係していると考えることができる。嫌な活動・場面からの逃避や回避以外にも，不適応行動が果たしている可能性のある機能として，以下のものがある。

1) 注目を得る……例えば，教師が他の児童に関わっているときに物を投げる行動がよくみられ，そのたびに教師や周囲の児童に注意されている場合。
2) 好きな物を手に入れたり好きな活動ができる……例えば，こだわりのある物を取り上げられたときに，その人を叩き，結局そのこだわりの対象物を手に入れる場合。
3) 感覚刺激を得る……自己刺激的な不適応行動の場合。例えば，蛍光灯の灯りに向かって手をかざし，ヒラヒラさせている（フラッピング）場合，チラチラする視覚刺激を得ている。
4) 身体の不調を訴える……歯の痛みがあるときに，あごのあたりを激しく叩くような場合。その他，頭痛や口内炎，中耳炎など，体調不良や痛みが背景にある場合も少なくなく，このような場合には医学的なスクリーニングが重要となる。

(4) 不適応行動の介入計画

介入計画は，基本的には，機能的アセスメントによって得られた情報に基づいて立案する（前ページ表Ⅳ-2参照）。

① 先行事象への介入

不適応行動の生起に先行事象が影響している場合には，不適応行動をひき起こしたり，その背景になっている条件を取り除いたり変えたりする介入を行う。また同時に，適応行動が起きやすいきっかけや背景条件を積極的に導入する。例えば，上記の嫌いな作業や難しい作業のときにひっくり返す行動が起きやすい場合には，作業を本人が関心のあるものに変えたり，易しい内容に変えたりする。このことによって，ひっくり返す行動は起きにくくなり，作業に取り組むという適応行動が起きやすくなる。その他，本人の理解しやすい指示（短い言葉かけや絵や写真を用いた指示）やスケジュール表の利用も，適応行動を起きやすくするという点で有効である。

また，歯痛や口内炎などの痛みが関係している場合には，まずその治療を行うべきである。感覚刺激によって維持されている自己刺激的な行動の場合には，同じような感覚刺激が得られる適応行動を

形成することも有効である。

② 行動への介入

重要なことは，不適応行動が果たしている機能を，適応的な行動によって果たすことができるよう，代替となる適応行動を形成することである。例えば，上記のリコーダーの音が嫌いなために勝手に教室から出ようとする児童の場合，どうしてもリコーダーの音が我慢できないことを教師に口頭で話すようにさせる。あるいは，嫌いな作業のときにひっくり返す行動を繰り返していた人の場合には，別の関心のある作業をしたいことを，その写真カードを示したりすることによって職員に伝える行動を形成する。いずれの場合も，不適応行動に代わる適切な行動（この場合はコミュニケーション行動）を形成することが重要となる。

③ 結果事象への介入

適応行動が生起したときにはそれを強める対応をし，不適応行動が生起したときにはそれを弱める対応をとること（分化強化）が基本である。例えば，適応行動に対しては積極的にほめたり，本人の好きな活動や物を提示したり，シールを貼るといった対応が考えられる。本人にわかりやすく，本人自身が励みとなる対応をすることが肝要である。一方，同時に，不適応行動に対しては，タイムアウト法を用いて本人にとって快適な場から離す（別室に連れていくなど，一時的にその場から離す）。また，注目を得ることによって維持されている不適応行動の場合に，大騒ぎをして注意をすることがかえってその行動を強める結果になっている場合もあり，冷静に端的に注意するにとどめ，適応行動を強めることを積極的に行った方がよいことも少なくない。

(5) 自己マネジメントと巨視的アプローチ

不適応行動をコントロールすることの目的は，単に不適応行動が減少することだけではなく，適応行動が増え，自律的な行動が増え，QOLが向上することにある。適応行動を他者の手を借りずにできるよう，適応行動ができやすい条件を自分自身で設定することが「自己マネジメント (self-management)」である (Miltenberger 2001)。自閉症をはじめ障害のある人の場合，適応行動ができやすい条件をすべて自分自身で設定することは難しく，いわば支援付きの自己マネジメントが重要となる。本人の理解しやすい手がかり（スケジュール表や作業手順を記した指示書など）を設定したり，対象者の励みになる結果事象（適応行動ができたときに○印を付けたりシールを貼る自己記録用紙や，ご褒美としての外食の機会を作ることなど）を周囲の人が設定することが役に立つ。そして，徐々に本人自身で手がかりを作ったり，用意してある手がかりを自分で準備したり，あるいは手がかりなしでも適応行動ができるようにしていき，さらに自律性を高めていく。自己マネジメント行動を形成していくこと，及び支援付き自己マネジメントを行うこ

とは，本人のもっている能力を生かし，自律的な行動を増やすという方略である。適応行動のための自己マネジメントができるということは，その反面で不適応行動が起きにくくなることである。現在，応用行動分析学の立場では，不適応行動をコントロールするためには適応行動を積極的に形成していくことが重要であり，さらには，生活全体を見直し，あらゆる場面で不適応行動よりも適応行動が起きやすいような生活様式を作り上げていくことが重要であるとする「積極的行動支援（positive behavioral support）」が基本的方法論となっている（Koegel et al. 1996）。また，不適応行動そのものの機能的アセスメントに基づいた介入は微視的アプローチ，適応行動の積極的な形成と生活全体の再構成を図る介入は巨視的アプローチと呼ばれ（Carr et al. 1998），最終的には不適応行動の軽減にとどまらず，その人のQOLが高いレベルで確保された生活様式である「最適生活設計」を実現することが目標とされている。

〈参考文献〉

小林重雄・園山繁樹・野口幸弘編著（2003）『自閉性障害の理解と援助』コレール社

長畑正道・小林重雄・野口幸弘・園山繁樹編著（2000）『行動障害の理解と援助』コレール社

志賀利一（2000）『発達障害児者の問題行動――その理解と対応マニュアル』エンパワメント研究所

E.カー・D.A.ワイルダー／園山繁樹訳（2002）『入門・問題行動の機能的アセスメントと介入』二瓶社

M.デムチャック・K.ボサート／三田地真実訳（2004）『問題行動のアセスメント――リサーチから現場へ②』学苑社

R.G.ミルテンバーガー／園山繁樹他訳（2006）『行動変容法入門』二瓶社

R.E.オニール他／茨木俊夫監修／三田地昭典・三田地真実監訳（2003）『子どもの視点で考える問題行動解決支援ハンドブック』学苑社

J.ルイセリー・M.J.キャメロン編／園山繁樹他訳（2001）『挑戦的行動の先行子操作――問題行動への新しいアプローチ』二瓶社

J.シガフーズ他／園山繁樹監訳（2004）『挑戦的行動と発達障害』コレール社

6 コミュニケーション・対人関係

(1) コミュニケーション指導の歴史的経過

我が国において自閉症児に対する応用行動分析学に基づく教育が始まったのは，1960年代の後半からである。

当初の言語学習のプログラムには，動作模倣－口形模倣－音声模倣－命名訓練－会話訓練－作文－国語といった順序的な

内容が想定されていた。訓練にあたっては先行刺激制御を明確に行い，正反応に対しては食物などの一次的な強化子を用いていた。

しかし，1970年代中頃から，訓練室で習得した言語反応が学校や家庭などの日常生活場面に般化しにくいことが問題となった。その原因として，先行刺激制御が強力すぎることが指摘された。

そこで，先行刺激制御を比較的ゆるやかにし，自発反応と強化刺激の随伴性を重視するフリーオペラント法が提唱された。例えば，無発語の自閉症児をプレイルームで比較的自由に遊ばせ，自発的な発声が生じたら抱き上げたり，くすぐったりして強化するというものである。

また，1970代後半からは，生活の自然な文脈を生かして言語行動を訓練する機会利用型指導法（incidental teaching）や，スクリプトを利用した共同行為ルーティン（joint action routine）の指導などが開発された。

最近は，応用行動分析の立場からの「心の理論」の形成や，情動的交流を通したコミュニケーションの援助なども行われている。

(2) コミュニケーション行動と言語機能

ウェザービーとプラッティング（Wetherby & Prutting 1984）は，他者とのコミュニケーション・相互作用的言語機能として，① 物の要求（手に入れたい物を他者に要求するための動作・発声・発語），② 行為の要求（ある行為や援助などの実行を他者に要求するための動作・発声・発語），③ 社会的ルーティンの要求（ゲーム的なやりとりを開始・継続することを他者に要求するための動作・発声・発語），④ 許可の要求（ある活動を行うために他者の許可を求めるための動作・発声・発語），⑤ 情報の要求（物事についての情報を他者に求めるための動作・発声・発語や質問など），⑥ 抗議・拒否（他者の誘いかけを拒否したり，提示された物を拒絶したりするための動作・発声・発語），⑦ 友好表示（他者の注意を自分に向けさせるための動作・発声・発語），⑧ 差し出し・見せびらかし（他者の注意を自分に向けさせるために物を他者に差し出したり，見せたりすることを含む動作・発声・発語），⑨ 人に伝えるための命名・叙述（他者の注意を自分に向けさせたり，情報を他者に伝えたりするための動作・発声・発語），の9の機能を挙げている。

スキナー（Skinner 1957）は，言語機能を行動分析学の立場から，マンドとタクトに分類している。マンドとは要求言語であり，タクトは叙述言語行動である。つまり，「物の要求」「行為の要求」「許可の要求」「情報の要求」「社会的ルーティンの要求」「抗議・拒否」はマンドに相当し，「友好表示」「差し出し・見せびらかし」「人に伝えるための命名・叙述」はタクトに相当する。

(3) コミュニケーションの手段

山本淳一（1997）は，コミュニケーション行動のモードを「身体分化型言語」と「刺激選択型言語」とに分類している。「身体分化型言語」には，① 音声や書字，手話，② 身振りや動作サイン，③ 口話や指文字，キュード・スピーチ，などが含まれる。「身体分化型言語」の特徴は，自分の身体を用いるので，どこでも言語表出を行うことができるという利点がある。「刺激選択型言語」には，① 文字，② 絵カードや線画，③ 彩片言語（人工的な視覚シンボル）やブリスシンボル（アルファベットでつづられた言葉を象形文字化したもの）のような NSL (non speech language)，などがある。この言語の特徴は，身体分化反応が確立できない場合でも機能化させることができることである。

また，コミュニケーション手段として話しことばを用いることができない人に対する「補助代替コミュニケーション」(AAC : Augumentative and Alternative Communication) が開発されている。AAC は，「非補助系システム」と「補助系システム」とに分類される。「非補助系」は，手などの身体部位を用いるシステムであり，動作サインの手話や身振り，指文字などが含まれる。「補助系」は身体以外の道具や機械を使用するシステムであり，書字やコミュニケーションボード，ヘッドポインター，コンピュータシステムなどが含まれる。AAC は，1970 年代から 1980 年代初頭までは，伝統的な言語指導が失敗した場合や音声言語の獲得に失敗した場合にのみ用いられていた。それは，AAC が話しことばの発達を妨げると考えられていたからである。しかし，その後の多くの試みによって，AAC による指導は話しことばを補助したり代替したりするだけでなく，子どもがコミュニケーションの楽しさを経験することによって対人関係を促進することができることが明らかにされている。

(4) コミュニケーションの指導技法

① シェイピング（shaping）法

音声言語行動の形成にあたっては，例えば以下のように進める。

1) 発声を強化する（奇声以外の音声が出たら，強化刺激を提示する）。
2) 指導者が自閉症児の発声を制御する（指導者が声かけなどの指示を出した時に音声が出たら，強化刺激を提示する）。
3) ターゲットとする発声行動が出たら強化刺激を提示し，それ以外の音声は消去する（分化強化手続き）。
4) 指導者がモデル音声を提示した直後に，それと同一か近似した音声が出たら強化刺激を提示する。一方，モデルとは異なる発声やモデル提示前の発声は消去する（分化強化手続き）。

② チェイニング法

より伝達性が高く，情報量の多いコミュニケーション行動を形成するためには，複数の行動を連鎖させる必要がある。このような方法を「チェイニング法」（chaining），あるいは「行動連鎖法」と呼ぶ。

1) 順向型チェイニング（forward chaining）……複数の行動群からなるターゲット行動の形成に向けて，その最初の段階から指導を始め，徐々に積み上げていく方法である。
2) 背向型チェイニング（backward chaining）……順向型チェイニングとは逆に，ターゲット行動の最終部分を最初に形成し，徐々にターゲット行動の最初の部分に向けて形成していく。

③ 行動連鎖中断法

「行動連鎖中断法」（behavior chain interruption）はチェイニング技法の特徴を応用したもので，あらかじめ子どもの行動連鎖が成立している一連の行動の一部分を遂行できないように妨害することによって，その部分にターゲット行動を組み込ませる方法である。

④ プロンプト法

試行錯誤学習式の指導法ではターゲット行動が形成されない場合，ターゲット行動の生起確率を高めるために用いる刺激を「プロンプト」と言い，これを用いる技法を「プロンプト法」と呼ぶ。プロンプトには，「刺激プロンプト」と「反応プロンプト」がある。刺激プロンプトは，ターゲット行動を制御する刺激の直前に提示してターゲット行動を生起させやすくする。「反応プロンプト」は，ターゲット行動自体に直接的に働きかけてターゲット行動の生起を助ける働きをする。

また，プロンプト刺激には，聴覚的な刺激（音声刺激，言語刺激など），視覚的な刺激（絵，写真，文字，動画，指さし，ジェスチャーなど），モデル（指導者による示範，ビデオによる示範），身体的ガイダンス（子どもの身体の一部に直接触れたり，動作を援助したりしてターゲット行動を導く）などがある。

(5) 生活場面で使用できる応用的指導技法

自閉症児の日常生活場面で用いる言語コミュニケーションの指導方法には，「機会利用型指導法」や「マンド・モデル法」「時間遅延法」「スクリプトによる指導」などがある。

① 機会利用型指導法

機会利用型指導法は，自閉症児が自由に遊んでいる場面で生じることばなどのコミュニケーション行動に強化刺激を提示し，頻度や安定性を高める方法である。

② マンド・シェイピング法

玩具や遊具などを自分では入手できないようにし，これらの玩具や遊具を入手するために必要な言語行動を形成する方法である。標準的な手続きは，以下のようである。

1) 自閉症児が好む玩具や欲しがる物を手の届かない所に置いておく。

2）自閉症児がこれらの玩具や物を入手するために，指導者に対してコミュニケーション行動（大人の名前を呼ぶ，指さしをする，接近をするなど）を自発するまで待つ。
3）コミュニケーション行動が出現しないときは，言語的なプロンプトや動作的なプロンプトを提示してターゲット行動の出現を促す。
4）ターゲット行動が生起したら，要求した物を与えながらターゲット行動を表すことばをかける。

③ **マンド・モデル法**

これは指導者の言語指示とターゲットとしている言語行動のモデルを提示して，言語行動を引き出す方法である。指導は自閉症児の好む玩具や遊具を準備し，子どもが自由に遊んでいる場面で行う。しかし，マンド・シェイピング法のように，玩具などを自分で入手できないような環境を設定する必要はない。標準的な指導手続きは以下のとおりである。

1）自閉症児が好む玩具や遊具などを遊び場に置く。
2）自閉症児が遊具に接近したら，指導者が近づき「○○ほしい，と言ってごらん」という言語指示を出す。または，子どもに玩具を見せて「何がほしいの？」と質問して，ターゲット行動の出現を促す。
3）ターゲット行動が出現したら，即座に子どもが要求している玩具を与えて，「よくできたね。○○だよ」とことばをかける。
4）ターゲット行動が出現しなかったら，ターゲット行動のモデルを提示して模倣をさせる。
5）模倣ができたら要求している玩具を即座に与えて，「よくできたね。○○だよ」とことばかけをする。

④ **時間遅延法（タイム・ディレイ法）**

この方法は，ターゲット行動を自発させるために，プロンプトの提示を待ったり，遅らせたりする手続きである。標準的な手続きは以下のとおりである。

1）指導者は，指導場面で子どもに接近する。
2）指導者は，子どもの自発的な発声や発語などが出現する前に，プロンプトや言語指示を出さない。
3）子どもを5秒から10秒程度見つめる（これが時間遅延である）。
4）時間遅延の後，ターゲット行動が出現したら即座に子どもの要求した物を与えたり，ことばかけをする。
5）数秒間経過してもターゲット行動が出現しない場合は，ターゲット行動のモデルを提示して模倣を促す。
6）ターゲット行動への模倣がみられたら，即座に子どもの要求した物を与えたり，ことばかけを行う。

⑤ **スクリプトによるコミュニケーション指導**

子どもは，大人や他児との重層的なコミュニケーションを通して，様々な場面についての知識，すなわちスクリプトを獲得していく。そして，いくつかのスクリプトに共通する要素は「イメージ・ス

キーマ」として獲得され，言語獲得の基盤となる（長崎勤 1994）。この指導法では，教師や他児とのコミュニケーションを通して様々な生活スクリプトやゲーム・遊びスクリプトを獲得しながら，それに対応した言語学習を行っていく。

(6)「心の理論」の指導法

近年，バロン＝コーエン（Baron-Cohen, 1995）をはじめ多くの研究者によって自閉症児の「心の理論」が研究されてきた。「心の理論」とは，目的や意図，知識，信念，思考，疑念，推測，ふり，好みなどの心的状態を自己や他者に帰属させることである。それによると，自閉症児は自他の心を理解するという「心の理論」（Theory of Mind）が困難なことが明らかにされ，そのことが自閉症児の様々な社会的問題やコミュニケーションの問題の原因であると考えられている。

① 応用行動分析の立場からの指導

「心の理論」の困難は生得的なもので，指導や教育によって克服することは困難であると考えられていたが，最近，応用行動分析的な立場や関係論的な立場からの取り組みが報告されている。松岡勝彦（1996）は，ビデオによる弁別訓練によって自閉症児に「心の理論」の形成を試みている。この訓練では，他者が解決困難な問題に直面している場合（難問条件）と，周囲が騒がしい場合（騒音条件）を設定した。そして，難問条件では隣室にいる大人を「連れてくる」行動を，騒音条件においては隣室の様子を「報告する」行動を標的行動とした。その結果，対象児は「他者意図」に応じた行動をとることが可能になった。このことから，「心の理論」の困難は，「他者意図」のような文脈刺激に対応する弁別訓練を行うことによって，ある程度克服できるものと考えられる。

② 情動共有の立場からの指導法

1）自己感とコミュニケーション

スターン（Stern 1989）の指摘にもあるように，コミュニケーションの原初的形態は，適度の緊張－興奮などの身体の状態によってもたらされる生気情動に基づいて行われる。ホブソン（Hobson 1989）によると，乳幼児は他者から身体表出によって発せられた態度を直接的に知覚し，それに対して共感的に応答する生物学的な能力をもっており，ここから間主観的な理解が発達する。しかし，自閉症児は人生の早期から種々の刺激に対して過敏だったり，反応性が乏しかったりするといった問題を抱えており，そのためトラバーセン（Trevarthen 1993）が指摘するように，リズミカルでタイミングのよい相互的な情動調律が困難になるものと考えられる。このように，自閉症児は他者との情動的な交流が発達の初期に損なわれることによって，他者の心の理解やコミュニケーションの発達が損なわれるものと考えられる。

2）情動的交流遊び

自閉症児に対するコミュニケーション指導の目標は，音声言語の習得だけに置

かれるのではなく，心と心とを通い合わせて交流することの楽しさや喜びを育むことである。これは，乳児期初期における母子一体となった相互交流にその源がある。自閉症児のコミュニケーション障害の根源は，この相互交流の欠如にある。

別府哲（1997）や伊藤良子（1992）は，自閉症児にコミュニケーションや対人関係を形成するためには，快の情動の共有体験をどのように作り出すかが重要であると述べている。伊藤良子（1992）は，「おふねはぎっちらこ」や「お馬さん」「ぐるぐるまわし」「一本橋こちょこちょ」などの揺さぶり遊びやくすぐり遊びを通して自閉症児に快の情動体験の形成を試みている。このような遊びを通して，自閉症児は揺さぶり遊びやくすぐり遊びに対する期待感を形成し，「いないいないばあ」への期待感をみせるようになる。「いないいないばあ遊び」の成立は，遊び相手との間に情動のやりとりを基盤とした共感関係がもてることを示すものである。このように，自閉症児は揺さぶり遊びやくすぐり遊びなどの情動的交流遊びを通して対人関係の基盤を形成することができる。

3）動作法による快の体験の共有

動作法は，リラクゼーションの体験や動きの体験感，姿勢の体験などを通して自己コントロールの力を育む援助である。

成瀬悟策（1984）は，動作法を決められた動作課題をめぐって，子どもと援助者とが「共に心を合わせて動作遂行のための努力をする」ことであると述べている。つまり，課題動作の遂行に向けて子どもと援助者が身体の体験を共有し発展させることが重要である。

今野（1997）は，快適な身体の共有体験を重視した動作法の援助方法として，「とけあう体験の援助」を開発し，自閉症児のコミュニケーションや対人関係の形成を試みている。この方法は，過敏や緊張などの不快な体験を解消し，愛着関係や指さしや笑いの共有などの共同注意，他者の心の理解や他者との気持ちの交流の発達をもたらす。

〈参考文献〉

小林重雄監修／山本淳一・加藤哲文編著（1999）『応用行動分析入門』学苑社

小林重雄監修／杉山雅彦・宮本信也・前川久男編著（1999）『発達障害の理解と援助』コレール社

今野義孝（1990）『障害児の発達を促す動作法』学苑社

今野義孝（1997）『「癒し」のボディ・ワーク』学苑社

野村東助・伊藤英夫・伊藤良子（1992）『自閉症児の言語指導』学苑社

氏森英亜編著（2002）『自閉症の臨床と教育』田研出版社

V
アセスメント

1 アセスメント基礎論——効果的支援のために

(1) 支援とアセスメント

　心理学的アセスメント（心理査定）は，狭義には心身の不調を訴える人（クライエント）もしくは社会的，行動的不適応を示す人を対象として，その原因，要因等を明らかにし，精神的健康と社会適応を回復するための手立てを求める手続きである。

　自閉症を含む発達障害では，適切なアセスメントは効果的な支援，療育のためになくてはならない。アセスメントが求められるのは，まず第一に育ちにおける違和感が感じられた時であり，確定診断に向けて，あるいは確定診断に並行して，様々なアセスメントが行われる。アセスメントを通して，支援の内容，方法が決められる。その後も，支援の効果・妥当性を評価するために，また成長に伴う新たな課題が生じた時など，就学前，就学時，就職時を通して，アセスメントは繰り返し行われる。

　アセスメントが行われる具体的な機会としては，①乳幼児健康診査（早期発見，早期療育のために），②就学前療育（療育効果の評価），③就学時健診（就学支援）④学校における教育評価（特別な教育的ニーズの把握，教育効果の評価），⑤適正就労，就労支援のための職業能力評価・職場環境評価，⑥生活支援のための日常生活動作（ADL）・生活環境評価などがある。

　発達障害のほか，心理査定は精神障害，神経症など精神医学的問題を抱える人，脳卒中など脳障害を疑われる人，自殺企図，ひきこもりなど社会的不適応を示す人，不登校，学業不振など特別な教育手立てを必要とする児童生徒，その他職場や家庭においてストレスや不安を訴える人，などを対象に広く行われる。

　これらの事例について，①本人がクリニックを訪れ，自身の情緒的もしくは身体的不全感を訴え，その解決を求めた場合，②家族，関係者が本人の行動問題や適応不全の解決を求めてきた場合，③医療機関において医師の依頼があった場合，④学校，企業，福祉施設，児童相談所，家庭裁判所，矯正機関等で業務上対象児・者の資料が求められた場合に心理査定が行われる。そのほか，⑤心理治療や支援の効果判定のために行われる。

　本節では，一般的なアセスメントの枠組みを概括した後，近年のシステムアプローチの理論的基礎を述べ，自閉症アセスメントのポイントと配慮すべき留意点にふれたい。

(2) アセスメントの基本的視点

アセスメントの目的・意義は、① 対象となる人の状態を正確に理解し、理解の共有を図る、② 本人の成長、発達を見通し課題を明らかにする、③ 本人が抱える問題に関与する（本人と周囲の）要因を明らかにする、④ 課題解決に動員できる環境資源を明らかにする、⑤ 課題解決への目標と手順を明確にし、共通理解を形成することにある。

例えば、子どもの問題行動に対処するためには、まずその背景を理解しておくことが重要である。問題行動の背景・原因を理解する過程を経ることで、おのずと対応が見えてくる。この背景・原因を理解するために、知的発達水準・認知的特徴、行動特徴、生育歴などを把握し、総合的に判断してその子どもの状態像を明らかにすることが「アセスメント（心理査定）」であり、そこに生物学的な視点をふまえ医師の下すものが「診断」である。

医学的診断は病気の症状を鑑別し、その原因、発症メカニズムから治療法を明らかにする。これに対しアセスメントは、対象児・者の全「人」の記述と評価をめざすとともに、その人がもっている「健康な部分」を査定する。そのことによって初めて、効果的支援の枠組みを明らかにすることができるからである。

またアセスメントでは、子どもの特徴を保護者や先生などの学校関係者に理解できるようなことばで平易に説明し、その後の対応を共に考えていくことが重要である。

アセスメントは、心身の不調や、適応不全、問題行動が生ずるメカニズム、原因を明らかにするための仮説検証過程であり、それを行うためには、的確な仮説を導き出し、それを検証するための手続きに十分な知識と経験をもっていることが前提になる。すなわち、心理査定にあたって精神医学や心身医学、神経心理学の知識は必須の要件であり、正常と異常もしくは病気と健康の境界（医学・医療の範疇に属すべきものかどうか）については正確な知識をもっていなければならない。

子どもを対象とする場合、当然のことながら発達と発達障害に関する理解は不可欠である。その意味で、アセスメントを行うにあたって、世界保健機関（WHO）が定めた国際疾病分類（ICD）や国際生活機能分類（ICF）、あるいは米国精神医学会による精神障害の診断統計マニュアル（DSM-Ⅳ）等を参照することは重要である。

他方、アセスメントでは評価者は自身の拠って立つ理論モデル、立場を自覚し、そのモデルが想定していない問題は評価し得ないことを認識していなければならない。

例えば、行動療法では、不適応行動、症状を学習性のものとみて、その除去を直接の目的とするために、不適応行動が成立する環境条件を明らかにする行動分

析に主眼が置かれる。また，精神分析や，その他の多くの心理療法では，不適応が人格，認知様式等のゆがみにあるとみて，人格評価あるいは認知様式の評価が問題となりやすい。

これまで適応不全については，対象者の性格特性（認知様式）や精神病理性にその要因を求める考え方が強かった。しかし近年，個人と家庭，学校，職場など環境との出合いのあり方に，その原因を求めるようになってきている。例えば，次項にみる世界保健機関（WHO）による障害概念の変化（ICF）は，その代表的なものである。われわれの行動が環境への応答としてあることを考えるとき，この視点の変化は当然の流れである。自閉症児・者の場合，環境のあり方によっていわゆる問題行動といわれるものの現れが大きく変わるので，この視点は特に重要である。したがって，個人と環境の両者を視野に入れたアセスメント，評価が不可欠である。ただし，環境要因評価のあり方については，現在のところ十分なコンセンサスが得られているわけではない。以下，まずWHOの障害概念についてみてみたい。

(3) アセスメントの理論的基礎 ① ──WHOの障害概念

これまで障害は「疾病を契機として起こった生活上の困難，不自由，不利益」（上田 1983）と定義され，障害は個人がもつ属性と理解されることが多かった。

1980年に試案として提案されたWHOの障害概念（ICIDH）では，内的状態としての疾病の表面化が身体レベルでの機能・形態障害であり，その客観化として個人レベルでの能力障害が現れ，その社会化として社会的不利が生じるという階層モデルが採用された。2001年WHOはその障害概念を改定した（ICF）。すなわち，障害は個人と環境との出合い方であって，個人に帰属しないと再定義した（127ページ参照）。

ICIDHからICFへの変化の第一は，障害概念，障害理解における，医学・医療モデルから医療・社会統合モデルへの移行である。これまで人に伴う属性としてとらえられることが多かった障害の見方を否定し，人と環境との関わり方，相互作用のあり方を示す言葉として障害などの用語を用いている。第二は，「疾病の結果」としての障害の分類から環境を含む「健康の構成要素」の分類に視点を移行したことである。

障害の医学モデルでは障害という現象を個人の問題としてとらえ，病気・外傷やその他の健康状態から直接的に生じるものであり，専門職による個別的な治療という形での医療を必要とするものとみる。障害への対処は，治癒あるいは個人のよりよい適応と行動変容を目標になされる。主な課題は医療であり，政治的なレベルでは保健ケア政策の修正や改革が主要な対応となる。

他方，障害の社会モデルは障害を主として社会によってつくられた問題とみな

し，基本的に障害のある人の社会への完全な統合の問題としてみる。障害は個人に帰属するものではなく，諸状態の集合体であり，その多くが社会環境によってつくり出されたものであるとされる。したがって，この問題に取り組むには社会的行動が求められ，障害のある人の社会生活の全分野への完全参加に必要な環境の変更を社会全体の共同責任とする。したがって，問題なのは社会変化を求める態度上または思想上の課題であり，政治的なレベルにおいては人権問題とされる。バリアフリー社会の構築は障害の社会モデルの視点に立脚している。

ICFは，これら2つの対立するモデル（医学モデル／社会モデル）の統合に基づいている。ICFが意図しているのは，生物学的，個人的，社会的観点を統合し，健康に関する首尾一貫した見方を提供することである。その見方によれば「障害」とは人と物的環境及び社会的環境との間の相互関係の結果生じる多次元の現象である。障害を生み出すのは健康上の特徴と背景因子との相互作用であるので，個人は単に機能障害，活動制限，参加制約だけに還元されたり，それだけで特徴づけられたりしてはならない。

(4) アセスメントの理論的基礎 ② ——発達と発達障害

障害は，社会生活上の適応困難として現れる。その適応困難が何に由来し，どのような支援が効果的かを見通す上では個人の属性と社会環境の関係の把握が重要である。そのためには発達のプロセスと発達障害の関係を正確に理解している必要がある。発達のそれぞれの局面で個人と環境の関係は変化し，障害の現れも異なる様相を呈するからである。すなわち，アセスメントにおいては発達の側面と障害の側面をそれぞれ独立に，かつ統合して評価する必要がある。

ここで発達のプロセスを手短に見ておきたい。生物において発達は広い意味で，個体（あるいは個体群）が次の個体を産み，育てる能力を獲得していく（すなわち親になる）プロセスである。人においても発達は生まれたばかりの他者への依存状態（新生児，乳児期）から，より自立した自由な生活様式の獲得（児童期，青年期）を経て，次の子どもたちを産み育て（成人期），さらにその次の子どもたちの健全な育ちを保障する役割を果たす（老年期）という経過をたどる。これによって世代の継承が図られる。

乳児にとって親（養育者）は絶対的な安全地帯である。その安全地帯を基地に子どもは成長とともに外界に出歩くようになり，社会性を獲得していく。幼児期にはことばを用いたコミュニケーションが可能になる。満3歳を過ぎるころから社会性も発達し，自分の家族以外，特に同じような年齢の子どもたちとの遊びができるようになる。

学童期は，① ゲーム，スポーツなどに必要な身体コントロール能力，② 自尊心をもって仲間関係を形成する力，③

読み・書き・計算などの文字言語（概念）と論理操作能力，等を発達させ，④性役割の自覚や道徳感情，価値観の形成が始まって，社会的集団・制度に対する知識の増加と態度の養成がなされる。

思春期には性的成熟が実現する。思春期は社会的自己の形成に重要な時期で，社会のあり方や雰囲気，方向性などに敏感になる。この時期には心理的離乳が見られ，第二反抗期ともいわれる。思春期の若者は社会統制に対する感受性が強く，気分的には社会的な規制を軽視あるいは否定し，自己を中心とする価値観が優勢である。

青年期は，人生選択を行って社会に自己を位置づける時期である。自己同一性の発達，すなわち「私は誰か」「どこへ行こうとしているのか」との問いに対する答えは青年期の大きな課題である。独立した個人として主体的に社会に関与すべく，多くの場合，職業能力を獲得して就職に至り，また配偶者選択の時期を経て結婚に至る。

上記の発達経過はそれぞれの年齢期における社会的期待でもある。すなわち，発達障害ではこれらの期待もアセスメントの視点を構成する。

なお，発達障害ということばは，米国において精神遅滞，脳性麻痺，てんかんの三者を包括する概念として生まれ，その後，自閉症，学習障害などを加え最終的には，重症心身障害を含め，22歳以前に発症したすべての障害及び慢性疾患を含むものと定義された。具体的には，①身辺の自立，②受容言語と表出言語，③学習能力，④移動能力，⑤自己統制，⑥生活の自立，⑦経済的自立，のような主たる生活能力のうち，3つまたはそれ以上の項目で重大な機能上の制限がある者，さらには特別の領域や2つ以上の領域にわたる総合的な処置や療育や，個別に調査されたサービスを生涯にわたって，また継続期間を拡大して必要としている人たちである（米国公法 PL95-602 1978）。したがって，米国では，アセスメントは，上記諸領域ごとに評価が行われている。

(5) アセスメントの理論的基礎 ③ ——システムアプローチ

効果的な支援を図るためのアセスメントでは個人の属性と環境のあり方，またその両者の関係を総合的に評価する，すなわちクライエントの問題を生態学的かつシステム論的に認識するシステムアプローチが重要である。障害は個人と環境の出合いのあり方によって異なる様相を見せるからである。ここではシステム評価の視点をかいつまんで紹介する。

まず，子ども自身に困難な属性がある・ないにかかわらず，子どもの発達に問題を起こす要因をリスクという。子どもの成長にとってのリスクは低収入・低所得など社会経済的に疎外されている，親の精神的な病い，虐待，地域の貧困や暴力，慢性的な病い，災害，事件，事故などストレスフルな出来事などがある。他方，

リスクがあってもそれが問題を生じさせるようにはさせない要因を予防要因といい，その代表的なものとして弾力性がある。弾力性は苦悩，怒りなどの否定的情動に襲われるような悪条件のもとでも肯定的な適応を可能にしていく動的な過程であり，予防要因の中で当人や家族がもっている要因のことである。発達障害の場合，家族や本人に適切に障害受容がなされているかどうかは重要な予防要因になる。

弾力性は，3つの水準でとらえることができる。すなわち，① 近隣や社会的なサポートなど社会的環境の特徴という地域社会のレベル，② 親の温かさ，親による虐待の有無など家族のレベル，③ 知能やソーシャルスキルの高さ，子どもの自律性や自尊感情などで示される子ども自身のレベル，である。このほか弾力性の要因として，臨機応変に対応でき，たくましい性格で，環境条件が変わっても柔軟に機能できる個人の特性としての自我弾力性，支持的な大人との親しい関係，有効性のある学校，有能で向社会的な大人と地域社会で出会うこと，などを挙げることができる。ここで向社会的行動とは，他の人が困っているとき，つまり否定的な情動状態にあるときに，自分もまたその人の否定的情動を感じ，それによって相手を援助することである。

弾力性とは対極的にマイナス方向の予防要因（リスク）として，脆弱性がある。脆弱性とは，心的病理に陥りやすい傾向や環境のことである。脆弱性の要因として，① 生物学的すなわち遺伝的，神経学的要因，② 愛着関係，社会関係の乏しさなどの社会行動的要因，③ 自尊感情が低く環境を否定的にとらえるなどの認知的要因，④ 衝動的で感情統制が困難などの情動的要因を挙げることができる。

脆弱性が高い場合，不登校や集団不適応，抑うつ，心身症状などを伴うことがあり，また極端な場合，他者の基本的人権や主要な年齢相応の社会的基準や規則を無視する行動が反復または持続する行為障害として現れることがある。発達障害において二次的な障害の発生を予防するためには弾力性，脆弱性等予防要因の評価は重要であり，また予防要因を強化する働きかけが鍵になる。

子ども・家庭支援の原則としては予防要因に配慮し，① リスクが高い子ども・家庭に援助の手立てを厚くする，② 最も傷つきやすい子どもを特に援助していくこと，が重要である。したがって，援助のための査定では，子どもの有能な部分，インフォーマルなサポートで使える部分，子ども・家族の日常生活の中で使えそうなものを探すことがポイントになる。すなわち特定の原因を探し出すというよりも，その病理の発生に伴い，障害を生起させたり，増幅させたり，維持させたりする多くの要因を同定していくことが重要である。障害臨床や教育的働きかけの目的は，必ずしもその病理を完全になくすことにあるのではなく，本人，家族の苦しみを軽減し，日常生活を営む

ことができ，さらなる成長を支えることにある。すなわち，子ども，家族の自尊感情，自己効力感を増大させる働きかけがポイントである。

(6) 自閉症のアセスメントの実際

アセスメントの方法としては，観察を含む面接と調査が基本であり，必要に応じて心理検査や精神生理学的検査が行われる。心理検査では，複数の検査を組み合わせたテストバッテリーが構成される。ただし，構成されるべき検査は最小限にとどめたい。アセスメントのための面接では，主訴，支援を求める理由からはじめ，クライエントの現在の状況や心理面の問題，要求の情報を集め，行動を査定することになる。

障害のある子どもを含め，人の評価，査定は，一人の専門家のみでは困難な場合がある。治療教育にあたっては，特にチームアプローチが欠かせない。アセスメントにあたっても，医学，教育学，心理学，社会学，福祉関係領域など，多職種によるケースカンファレンスを重視したい。すなわち，これらのプロセスを通して，対象者の，① 行動，認知，パーソナリティ，情動統制，② 障害，③ 発達的側面，④ 家庭や学校・職場などの環境要因，の資料を得る。これらの資料に基づき，子どもと環境のリスク，脆弱性，弾力性を評価することになる。

自閉症を含む発達障害児のアセスメントにあたっては，本人の発達の側面と障害の側面を，それぞれ独自にかつ関連させて評価する視点をもつ必要がある。発達の側面については生活年齢のほか，発達年齢もしくは精神年齢として概括される心理機能の全般的発達水準の把握が必要となり，結果として知的水準（知能指数，発達指数）が明らかになる。これらは発達の目標，課題，見通しを立てる上で，重要な手がかりになる。

障害の側面のアセスメントでは，自閉症スペクトラムは行動特徴によって定義される症候群であり，コミュニケーション障害，社会性の障害という質的特徴を抱えつつも，その困難の程度は正常範囲まで連続線をなすと考えられることに留意しなければならない。すなわち，発達の側面を含め，障害名を確定するというよりは困難を具体的に表現し，支援の焦点を明らかにすることに力点が置かれる。

障害の側面については，医学的診断における鑑別とは逆に，障害もしくは困難の重複の可能性を，綿密に注意深く査定する必要がある。自閉症スペクトラムにおいては，年齢によってはAD/HD（注意欠陥／多動性障害）にみられる多動や注意集中困難が顕著な場合があり，また学齢期になれば，LD（学習障害）にみられるような学習上の困難に遭遇する場合も少なくない。さらに，発達的側面ともいえるが，知的障害を合併することもある。したがって，それぞれについて的確なアセスメントを心がけ，障害の主たる側面と，効果的支援に結び付く困難の焦点を明らかにしなければならない。対

人関係やコミュニケーション，情動コントロールについては，支援の具体策や配慮に結び付く情報ともなるので，特に注意深い記述が望まれる。

支援に結び付くアセスメントとするためには，本人及び環境への働きかけのための短期的並びに長期的課題，目標が，アセスメントの結果として表現されている必要がある。その際，本人のもつ客観条件と生活環境，並びに両親，家族，関係者の思い・現状認識を的確に把握し，期待し得る生活スタイルの全体像を明確に想定した課題設定，目標となっていなければならない。アセスメントにおいて，本人，家族の利益を吟味することなく，心理検査や評価項目の到達点から機械的，短絡的に課題を設定することは，避けなければならない。

アセスメントの結果は，アセスメント報告書にまとめられることになる。その報告書の項目には，例えば，① アセスメント面接時のクライエントの特徴，② アセスメントデータの要点と解釈，すなわち，1) 認知機能の程度，2) 現実把握の程度，3) 衝動抑制度（他害性），4) 抑うつ度（自傷性），③ 主な機能不全領域，④ 予後の見通し，⑤ 援助方針の提言，⑥ 検査データの添付，などが含まれる。

アセスメントの結果は，① 処遇，支援，指導方針の決定のためのケース会議，② 本人，家族へのカウンセリング，③ 教師，指導員，専門家等に対するコンサルテーション，④ 環境調整のためのケースワーク，などの機会を得て支援に生かされる。

(7) アセスメントに求められる配慮と倫理

アセスメントにあたっては，アセスメントを受ける親と子どもの心理に十分な配慮が必要である。アセスメントの過程は，その後のクライエントとの関係に大きく影響するからである。アセスメントの内容や進め方によっては，クライエントにとって自己の内面に土足で踏み込まれたという感覚が残されてしまう場合がある。

具体的な配慮としては，① 本人はアセスメントを受けることをどう理解しているか。親と子どもの認識のずれがないかに注意する。② 慣れない場所，初対面の人に対する緊張があるのでラポール（信頼関係）の形成をまず第一とする。③ 言語表出が稚拙な子どもは自分の苦悩を表現することばをもたないことに留意する。④ 子どもと両親が医療機関，相談機関を訪れるときは様々な期待とともに不安を抱いている。例えば，親は子どもの状態やこれまでの経過を自分に了解可能なように，または「子どものことを思って」脚色することがある。⑤ 相談が第三者から勧められた場合，親から客観的情報を得がたいことがあるとともに，親には不安を打ち消してほしい場合がある。なお，親，子どもに過剰期待があり，評価でなく，助言を性急に求めてくる場合がある。いずれにしても，希望

を失わせるような説明の仕方は避けなければならない。

　アセスメントを受けるクライエントの面接時の心理として、学校の成績や問題行動など個人情報を詳細に聞くと、親の不安、緊張をあおることがある。また、親子関係の聞き取りでは、親が自責的になることも多い。隠しておきたい事項に触れるときには、言葉を濁すこともある。したがって、的確なアセスメントのために正確な情報が必要なこと、答えたくない部分には無理して答えなくてよいこと、相談内容は守秘義務によって守られることを十分に説明し、信頼関係の構築に重点を置かなければならない。

　アセスメントには弊害を伴うことがあり得るので、十分な注意が必要である。例えば、発達検査の結果は、施設の処遇や療育手帳の判定などの福祉サービスに利用される。一方で、数量的な結果だけが独り歩きして、子どもや家族の利益から離れた行政や施設処遇の決定に用いられる場合がないとも限らない。例えば、発達指数や、発達年齢を知った幼稚園が、その子の入園を拒否することなどである。単に子どもの発達の遅れや障害を発見し、診断することだけに力点が置かれると、「絶望へのパスポート」を両親に渡すことになりかねない。

　アセスメントは、どんな場合でも、本人もしくはその家族の了解のもとに本人の利益のために行われるものであって、それ以外の利用は許されない。対象児・者との間に十分なラポールが成立し、査定の趣旨について、本人（もしくは家族）からインフォームドコンセントに基づく了承があることが前提である。これらは、アセスメントの倫理として、守秘義務の保持とともに厳守されなければならない。

　なお、アセスメントの告知にあたっては、障害受容の問題が生じることに十分な配慮が必要である。我が子の障害に直面した親は、多くの場合、情緒不安定になる。告知のあり方によっては、親はパニックになり、育児に対する意欲をそがれ、深い孤独感の中で呆然自失のまま経過する場合もあり得る。一方、アセスメントにより問題の性質が明らかとなり、自身の育児のせいではないとわかって、気持ちが軽くなる親もいる。いずれにしても、継続的な支援の準備をふまえ、適切な配慮のもと、家族、本人に理解可能な形で結果は伝えられなければならない。

〈参考文献〉

無籐隆・森敏昭・遠藤由美・玉瀬耕治（2004）『心理学』有斐閣

佐藤泰三・市川宏伸編（2002）『臨床家が知っておきたい［子どもの精神科］──こころの問題と精神症状の理解のために』医学書院

2 スクリーニング質問紙を中心に

(1) スクリーニング質問紙とは

　スクリーニングとは，ふるい分けをすること（網にかけること）という意味があり，精密なアセスメントや診察，あるいは詳細な行動観察をした方が望ましいと思われるケースを，ふるい（網）にかけて多めに選び出すことを意味する。そのため，スクリーニングの結果から，自閉症スペクトラムが疑われたとしても，その事例が，自閉症スペクトラムであると即座に判断することはできない。集団健診などで実施される様々な検査も，基本的にはスクリーニングのための検査であるので，例えば集団健診の結果，糖尿病が疑われたとしても，精密検査をしなければ，糖尿病の確定診断は下せない。

　自閉症は，病因や疾病メカニズムが不明確なこともあって，脳波や血液検査などの医学的検査によってスクリーニングすることは現状では不可能であり，一般には，行動の特徴を列挙した質問紙を用いてスクリーニングが可能となる。自閉症スペクトラムのスクリーニング質問紙には，保護者や教師が回答するタイプの質問紙のほか，本人が質問に回答するタイプのものもある。一般に，自閉症スペクトラムの子どもや成人で生じやすい行動や思考の特徴を項目にしたものが多く，それらの項目の該当数，あるいは該当の程度によって得点が計算される。

　上述したように，スクリーニング質問紙で高得点だとしても，即座に自閉症スペクトラムとは判断できず，AD/HDなどの近縁障害との鑑別が不可欠であり，最終的な判断（確定診断）は，医師などの専門家に委ねる必要がある。しかし，以下に述べるように，保護者や教師，あるいは当事者本人が，自閉症スペクトラムである可能性に気づき，適切な支援の獲得につなげていくために，スクリーニング質問紙は有用なツールである。

(2) なぜスクリーニングが必要か

　自閉症スペクトラムの中でも，特にアスペルガー障害の子どもは，認知面や言語面の発達には大きな問題がないため，幼児期や小学校低学年では，周囲に気づかれにくいという特徴がある。単に，奇妙な子，我がままな子，しつけの悪い子と思われて，本人や保護者が責められ，内面では，非常につらい思いを抱えている場合が少なくない。また，周囲からの非難が続いたり，いじめにあうことなどによって，深刻な二次障害（二次的な問題行動）が生じることもある。

実際，アスペルガー障害の子どもは，幼児期に保護者が病院に連れていくことは少なく，小学校高学年になり，かなり不適応な状態に陥ってから診断が下されることが多い。また，病院を受診したとしても，医師や心理士との1対1の場面では，その行動特徴が目立たず，学級などの集団場面や社会的な場面で，初めてアスペルガー障害と判明するケースも少なくない。

　不適応に陥ってからでは，① 本人のセルフエスティームの低下，② 本人が困っていることの増加，③ 周囲の人々との関係の悪化などといった様々な二次的問題が生じやすいため，集団場面，つまり幼稚園，保育所，学校場面などでの早期の気づきが必要であり，早期からの適切な対応が望まれる。

　表Ｖ－1は，文部科学省が作成したものであり，教師による気づきを，「学校における実態把握のための観点」としてまとめたものであるが，これは，文部科学省による学校場面でのスクリーニングのためのポイントを示したものといえよう。なお，スクリーニングは，あくまでも適切な対応や支援を図るためのアセスメントの必要性を確認するために実施されるものであり，単にラベルを貼るためのものではないことに，十分留意する必要がある。

表Ｖ－1　学校における実態把握のための観点（文部科学省 2003）

〈知的発達の状況〉
・知的発達の遅れは認められず，全体的には極端に学力が低いことはない。

〈教科指導における気づき〉
・本人の興味のある教科には熱心に参加するが，そうでない教科では退屈そうにみえる。
・本人の興味ある特定分野の知識は大人顔負けのものがある。
・自分の考えや気持ちを，発表や作文で表現することが苦手である。
・こだわると本人が納得するまで時間をかけて作業等をすることがある。
・教師の話や指示を聞いていないようにみえる。
・学習のルールやその場面だけの約束ごとを理解できない。
・一つのことに興味があると，他の事が目に入らないようにみえる。
・場面や状況に関係ない発言をする。
・質問の意図とずれている発表（発言）がある。
・不注意な間違いをする。
・必要な物をよくなくす。

〈行動上の気づき〉
・学級の児童生徒全体への一斉の指示だけでは行動に移せないことがある。
・離席がある，椅子をガタガタさせる等落ち着きがないようにみえる。
・順番を待つのが難しい。

- 授業中に友達の邪魔をすることがある。
- 他の児童生徒の発言や教師の話を遮るような発言がある。
- 体育や図画工作・美術等に関する技能が苦手である。
- ルールのある競技やゲームは苦手のようにみえる。
- 集団活動やグループでの学習を逸脱することがある。
- 本人のこだわりのために，他の児童生徒の言動を許せないことがある。
- 係活動や当番活動は教師や友達に促されてから行うことが多い。
- 自分の持ち物等の整理整頓が難しく，机の周辺が散らかっている。
- 準備や後片付けに時間がかかり手際が悪い。
- 時間内で行動したり時間配分が適切にできない。
- 掃除の仕方，衣服の選択や着脱などの基本的な日常生活の技能を習得していない。

〈コミュニケーションや言葉遣いにおける気づき〉
- 会話が一方通行であったり，応答にならないことが多い。
  （自分から質問をしても，相手の回答を待たずに次の話題にいくことがある）
- 丁寧すぎる言葉遣い（場に合わない，友達同士でも丁寧すぎる話し方）をする。
- 周囲に理解できないような言葉の使い方をする。
- 話し方に抑揚がなく，感情が伝わらないような話し方をする。
- 場面や相手の感情，状況を理解しないで話すことがある。
- 共感する動作（「うなずく」「身振り」「微笑む」等のジェスチャー）が少ない。
- 人に含みのある言葉や嫌味を言われても，気づかないことがある。
- 場や状況に関係なく，周囲の人が困惑するようなことを言うことがある。
- 誰かに何かを伝える目的がなくても，場面に関係なく声を出すことや独り言が多い。

〈対人関係における気づき〉
- 友達より教師（大人）と関係をとることを好む。
- 友達との関係の作り方が下手である。
- 一人で遊ぶことや自分の興味で行動することがあるため，休み時間に一緒に遊ぶ友達がいないようにみえる。
- 口ゲンカ等，友達とのトラブルが多い。
- 邪魔をする，相手をけなす等，友達から嫌われてしまうようなことをする。
- 自分の知識をひけらかすような言動がある。
- 自分が非難されると過剰に反応する。
- いじめを受けやすい。

なお，この表V-1は，DSM-Ⅳ，ASSQ（後述），「ADHD児の理解と学級経営」（仙台市教育センター，平成13年度），「注意欠陥／多動性障害（ADHD）等の児童・生徒の指導の在り方に関する研究」（東京都立教育研究所，平成11年度）を参考に作成されたものであり，高機能自閉症，アスペルガー障害などの自閉症スペクト

ラム，及び AD/HD の行動の特徴を示したものである。また，① 担任教員等の気づきを促すことを目的とすることが重要，② 障害種別を判断するためではなく，行動面や対人関係において特別な教育的支援の必要性を判断するための観点であること，③ 行動としては現れにくい児童生徒の内面的な困難さもあることに留意する必要があることなども記されている（文部科学省 2003, 2004）。

(3) 自閉症スペクトラムのスクリーニング質問紙

早期発見・早期療育が自閉症の子どもの行動の改善や適応状態の向上に重要であることが知られるようになって以来，いくつかのスクリーニング質問紙が開発されてきた。

本項では，近年になってアスペルガー障害や高機能自閉症などを含めた自閉症スペクトラムのスクリーニングを目的として開発された質問紙のうち，ASQ，ASSQ，AQ，CHAT について，簡単に紹介する。

① ASQ

ASQ（自閉症スクリーニング質問紙：Autism Screening Questionnaire）は，40項目からなる質問紙であり，ラターらによって作成された。質問項目は ICD-10 に準拠して開発された自閉症診断面接改訂版（ADI-R: Autism Diagnostic Interview Revised）に基づいており，自閉症の三つ組みといわれる「対人的相互反応」「コミュニケーション」「反復的・常同的な行動様式」に関する項目が盛り込まれている。欧米においては多人数を対象とした標準化が行われており，日本語版の刊行も検討されている（大六・千住・林・東條・市川 2004）。

ASQ は，4～5歳頃の行動特徴に関する質問項目が多く，保護者による回答を前提としている。回答は「はい」「いいえ」の二択式であり，5～10分程度で記入できる。広汎性発達障害（自閉症スペクトラム）とそれ以外の障害（知的障害，行為障害など）とが，カットオフ（識別）ポイントの15点を境に分かれるだけでなく，自閉症と自閉症以外の広汎性発達障害との平均値もかなり異なるなど，スクリーニングに有用な質問紙である。

② ASSQ

ASSQ（高機能自閉症スペクトラム・スクリーニング質問紙：High-Functioning Autism Spectrum Screening Questionnaire）は，27項目からなる質問紙であり，高機能自閉症やアスペルガー障害など知的障害のない自閉症スペクトラムのスクリーニングを目的としている。

表V-2は，ASSQ をもとに作成された日本語版の質問項目であり，平成14（2002）年に文部科学省が実施した「通常の学級に在籍する特別な教育的支援を必要とする児童生徒に関する全国実態調査」において，高機能自閉症の可能性があることと関連する「対人関係やこだわり等」の問題を著しく示す児童生徒をスクリーニングするために使用された項目

である(文部科学省 2003)。

「はい」(2点),「多少」(1点),「いいえ」(0点)で評価し,保護者記入の場合では19点が,教師記入の場合では22点がカットオフポイントとされている。この全国実態調査では,対人関係やこだわりなどの問題を著しく示す児童生徒の割合は,小学校・中学校の通常の学級に在籍する児童生徒の0.8%であることが報告されている。

表Ⅴ-2 ASSQに準拠して作成されたスクリーニング項目 (文部科学省 2003)

- 大人びている。ませている。
- みんなから,「○○博士」「○○教授」と思われている(例:カレンダー博士)。
- 他の子どもは興味をもたないようなことに興味があり,「自分だけの知識世界」をもっている。
- 特定の分野の知識を蓄えているが,丸暗記であり,意味をきちんとは理解していない。
- 含みのある言葉や嫌みを言われてもわからず,言葉通りに受けとめてしまうことがある。
- 会話の仕方が形式的であり,抑揚なく話したり,間合いが取れなかったりすることがある。
- 言葉を組み合わせて,自分だけにしかわからないような造語をつくる。
- 独特な声で話すことがある。
- 誰かに何かを伝える目的がなくても,場面に関係なく声を出す(例:唇を鳴らす,咳払い,喉を鳴らす,叫ぶ)。
- とても得意なことがある一方で,極端に不得手なものがある。
- いろいろなことを話すが,その時の場面や相手の感情や立場を理解しない。
- 共感性が乏しい。
- 周りの人が困惑するようなことも,配慮しないで言ってしまう。
- 独特な目つきをすることがある。
- 友達と仲良くしたいという気持ちはあるけれど,友達関係をうまく築けない。
- 友達のそばにはいるが,一人で遊んでいる。
- 仲の良い友人がいない。
- 常識が乏しい。
- 球技やゲームをする時,仲間と協力することに考えが及ばない。
- 動作やジェスチャーが不器用で,ぎこちないことがある。
- 意図的でなく,顔や体を動かすことがある。
- ある行動や考えに強くこだわることによって,簡単な日常の活動ができなくなることがある。
- 自分なりの独特な日課や手順があり,変更や変化を嫌がる。
- 特定の物に執着がある。
- 他の子どもたちから,いじめられることがある。
- 独特な表情をしていることがある。
- 独特な姿勢をしていることがある。

(0:いいえ,1:多少,2:はい,の3段階で回答)

③ AQ

AQ（自閉症スペクトラム指数：Autism-Spectrum Quotient）は，50項目からなる質問紙であり，バロン＝コーエンらによって開発され，日本語版も作成されている（若林・東條ら 2004）。知的障害のない自閉症スペクトラムの成人のスクリーニングを目的としたものであり，ASQ や ASSQ とは異なり，当事者本人が回答する形式の質問紙である。

「他の人の考えを理解することは苦手だ」「パーティーなどよりも，図書館に行く方が好きだ」「細部よりも全体像に注意が向くことが多い」「社交的な場面は楽しい」といった質問に，「そうである」「どちらかといえばそうである」「どちらかといえばそうではない」「そうではない」の4段階で回答する。採点法は，各項目で自閉症傾向を示すとされる側に回答をすると1点が与えられ，最高得点は50点となる。

日本語版では，一般の大学生（1050人）の平均得点が20.7点（標準偏差は6.38），企業に勤務している成人（194名）の平均得点が18.5点（標準偏差は6.21）に対し，知的障害のない自閉症スペクトラムの成人の平均得点は37.9点（標準偏差は5.31）という結果が得られ，カットオフポイントは33点とされた。

④ CHAT

CHAT（乳幼児期自閉症チェックリスト：Checklist for Autism in Toddlers）は，バロン＝コーエンらによって開発され，専門家が保護者に質問する9項目と専門家が子どもに課題を提示して評価する5項目から構成されるスクリーニング尺度である。チェック項目は，対人関係，模倣，共同注視，指さし，見立て遊びなどに関係した項目が中心となっている。

CHAT は，1歳半という早い時期に適用できる反面，アスペルガー障害などの知的障害のない高機能自閉症スペクトラムの乳幼児はスクリーニングされにくいという制約がある。

⑷ スクリーニング，アセスメントから適切な支援へ

上述したように，スクリーニングとは，ふるい分けをすることであるが，ただ単に，選別をするだけでは全く意味がない。発見後は早期に対応し，二次的問題の発生を未然に防ぐことが不可欠である。また，アセスメントや様々な検査も，実施するだけでは全く意味がない。これらは，具体的な支援につなげてこそ初めて意味が出てくるものであり，「謎解きと宝探し」という視点をもちながら実施したい。

つまり，「なぜ，そうした行動をするのか」「どうして，できないのか」といったように，スクリーニングやアセスメントを通して，原因（謎）を解くよう努めるとともに，「何に困っているのか」「どのようにしてほしいのか」といった当事者本人のニーズを十分に把握すること，そして，「何ができるのか」「何に興味をもっているのか」「何が得意なのか」といった支援の手がかり（宝）を探すこと

が必要である。

その際，本章の第1節で述べられているWHOによる障害概念（ICF）や，生物－心理－社会（Bio-Psycho-Social）モデルを念頭に置き，多角的な視点からアセスメントを実施するとともに，多角的な視点から，支援の内容や方法を検討することが不可欠である。

また，英国自閉症協会が自閉症の人への対応の仕方として推奨するSPELL（Structure：構造化／Positive：肯定的なアプローチと肯定的な期待／Empathy：共感／Low arousal：低い覚醒度［刺激量を抑えた環境］／Links：連携）の原則も非常に重要であり，当事者の行動のみに目を向けるのではなく，周囲の環境にも十分に目を向けることが，アセスメントと支援の基本といえよう。

〈参考文献〉

栗田広（2002）「自閉症を含む広汎性発達障害の早期診断・スクリーニング」『自閉症と発達障害研究の進歩』6，p.3-15，星和書店

文部科学省（2003）『今後の特別支援教育の在り方について（最終報告）』p.36-50

文部科学省（2004）『小・中学校におけるLD（学習障害），ADHD（注意欠陥／多動性障害），高機能自閉症の児童生徒への教育支援体制の整備のためのガイドライン（試案）』p.149-155，東洋館出版社

若林明雄・東條吉邦・Baron-Cohen, S. & Wheelwright, S.（2004）「自閉症スペクトラム指数（AQ）日本語版の標準化」『心理学研究』75（1），p.78-84

3　行動観察法・面接法を中心に

(1) 行動観察法・面接法

① 行動観察法

行動観察法とは，外面に現れる行動を直接的，客観的に観察することによって，対象児の行動特徴，心理状態，問題点などを診断あるいは理解しようとする方法である。

行動観察法には様々な方法があるが，主な分類は以下のとおりである。

1）自然的観察法と実験的観察法

自然的観察法とは，人為的な統制を加えずに観察する方法を指し，問題発見や仮説形成に有効である。実験的観察法とは，人為的な統制を加え，計画的に設定した条件下での行動を観察する方法をさし，条件と行動との関係を調べるために用いられる。臨床研究で用いられる実験的観察法の例としては，母子関係を調べるストレンジ・シチュエーション（注1）がよく知られている。

2）偶発的観察法と組織的観察法

偶発的観察法とは，気づいた時に形式によらない任意の観察を行うものである。組織的観察法は，特定の目標のもとに計画的に観察を行うものであり，構造化面接，検査，診察なども含まれる。

さらに，観察の記録方法としては，以下のようなものが挙げられる。

ア．行動描写法……行動のすべてを順序どおり記録し，あとで目的に合わせて整理する方法で，逸話記録法ともいう。事実と解釈を混同させて書かない注意が大切である。

イ．チェック・リスト法……観察項目を前もって表にしておき，該当する行動が現れたらチェックする。観察したいことが決まっている場合，特定の行動や頻度や程度を知りたい場合，量的処理をしたい場合などによいが，資料の柔軟性には欠ける。

ウ．時間見本法（タイム・サンプリング法）……一定の生起頻度や時間単位を決めて断続的に観察し記録をとる方法であり，行動の生起頻度や持続時間などの量的データの収集に適した方法である。チェック・リスト法と組み合わせることが多い。

エ．事象見本法（イベント・サンプリング法）……行動見本法とも呼ばれ，特定の行動のみに焦点を当て，その行動が起きたら，その行動の生起から終結までの経過や周囲の状況などを詳しく観察・記録する。

オ．評定尺度法……観察したいカテゴリーに関して前もって段階づけておき，それに当てはめて評価するものである。

カ．機械的記録法……VTRやテープレコーダーなどの機械による記録は，記憶と違い，消えることがなく，必要な時に何度でも正確に再現できる。観察カテゴリーの作成や，観察補助に大きな役割を果たす。なお，機械による記録をとることに関しては，あらかじめ被観察者とその保護者に対してインフォームド・コンセントを行った上で，承諾を得ることが必要である。

以上，観察と記録の方法について簡単に紹介したが，用いる方法は目的によっておのずから決まってくるであろうし，実際にはどれか一つというより，いくつかを併用することになろう。また，この他に，観察者の場面への参加の有無という問題がある。観察者が場面に参加し，対象者と関わりをもちながら観察する方法は，参加観察法（参与観察法，関与観察法ともいう）と呼ばれる。これは組織的観察法で行われることが多く，観察者の介入による対象児の行動の変化の観察が問題点の把握に役立つと考えられる。

② 面接法

面接とは，面接者と被面接者とが特定の目的をもって，主として会話を通してその目的達成のために，情報交換したり，相談したりすることである。すなわち，面接にはことばを利用するので，乳幼児や障害児など，面接者と意思を疎通させ

るためにうまくことばを利用できない人に直接適用することは困難である。この場合，保護者が被面接者となり，面接者は対象児に関する様々な情報を保護者から収集する。これは，対象児に対する行動観察や検査等から得られた情報とともに，アセスメントする際の重要な情報源となる。

ここまでは，行動観察法と面接法に関して一般論を述べたが，以下からは自閉症スペクトラムの子どもを対象とする場合について解説する。特に，行動観察がアセスメントにおいて大きな位置を占める幼少期の子どもを視野において述べる。

(2) 初回面接（インテーク面接）における行動観察・面接

初回面接は，相談を受けに来所した親子と支援者との最初の出会いの場であり，その後の相談や指導の継続の上で重要な位置づけをもつものである。支援者側としては，対象児の問題点を明らかにし，その後の支援の方針を定めるためのアセスメントの場としてとらえるが，被面接者の心理状態を十分に配慮し，性急な結論を導こうとせずに，十分な面接時間をとる必要がある。

① 対象児に対する行動観察

初回は対象児に関する情報がほとんど無に等しい状態である。受付時の情報として把握されていることとしては，性別，年齢，言葉の有無，自閉傾向の有無，程度かもしれない。このような状況で行動観察を開始する時に必要な留意点は以下のように考えられる。

1）場面設定

遊戯室内は，明るく，整理された状態で，必要最小限の遊具のみを設置しておく。自閉症スペクトラムの子どもは，特定の物にこだわることが多く，遊戯室にこだわりの対象物がある場合，それに没頭してしまい，他の行動が見られなくなってしまう可能性があるので，注意が必要である。したがって，最初は，滑り台やトランポリンなど粗大運動を誘発する大型遊具だけを設置し，子どもが他者の介入なしに自発的に活動できる設定にしておくとよいだろう。子どもが遊んでいる間に，保護者にこだわりの対象物や好きな遊びやおもちゃを聞き取り，随時玩具を提示する。その際も一度にたくさん出すのではなく，1, 2種類ずつ提示する。こだわりの物はできるだけ後半に提示し，扱い方の特徴やどのような側面を好んでいるのか，その遊びに他者の介入を受け入れるのか，等を観察する。

保護者が同室するか否かの判断は，対象児の親との分離経験の有無，言語理解能力の程度によるが，乳幼児の場合は同室とし，保護者との関わりも観察の対象とする。

2）観察者の関わり

子ども担当の観察者は，子どもと注意深く関わりをもちながら，行動観察をする。その際，自閉症スペクトラムの子どもにとって侵入的でない関わりをもつこ

とが重要である。しかし，傍観的な姿勢をとり続けていては，必要な情報が得られないで終わってしまう。最初は，一定の距離をもって見守り，徐々に距離を縮めながら，玩具を提示し，それに対する反応を見ながら，介入の仕方を調整する。しかし，子どもによっては，観察者に対して最初から友好的な場合もあるなど個人差が大きいので，関わりの方法を定式化するのは難しい。

　3）観察の観点

　上記のように少しずつ介入しながら，対象児の状態像の把握に努めることになるが，初回は特に，自閉症スペクトラムかどうかのおおよその判断が求められる。行動観察によって自閉症スペクトラムかどうかのチェックを行うための診断方法が，これまで欧米でいくつか開発されてきているが，その中で信頼性と妥当性が高く，日本でも翻訳版が出版されているのが CARS（小児自閉症評定尺度）である。CARS は，ショプラーたちが開発したもので，247 ページの表Ⅴ-3 に示すように 15 の尺度から構成されており，この尺度は自閉症スペクトラムに見られる行動特徴をほぼ網羅しているので，観察の基本的観点として参考になる。なお，CARS について詳しくは本章 5 節を参照されたい。

　4）記録方法

　初回は，VTR などの機器を使用することは控えた方がよい。機器使用の打診に対し，保護者は承諾する場合が多いかもしれないが，初回は親子共々緊張しているので，映像を撮られているということに対する圧迫感・緊張感を与えることは避けた方がよいと思われる。

　したがって，観察記録は子どもと関わりをもった者が，観察終了後のできるだけ早いうちに記録をつけることになる。その場合，行動描写法は困難であり，あらかじめ決めておいたチェック項目（CARS の尺度など）について，その行動特徴を簡単にかつできるだけ客観的に記述する。

②　**保護者面接**

　保護者との初回面接は，対象児が幼ければ幼いほど，問題や状態像の把握にとって重要な情報源となる。初回面接で聴取したい項目は以下のとおりである。

　1）**主訴**（保護者が問題だと思っていること）

　2）**家族構成**……ア．両親の年齢と学歴，職業／イ．兄弟姉妹の年齢，通園（学）先と学年／ウ．同居している人々（祖父母など）や同居していない親戚について

　3）**生育歴**……ア．妊娠周産期（在胎時の状況，切迫流産や早産の有無，出生時の妊娠週数，出産時の状況，生下時体重，黄疸の有無，服薬や治療の状況など）／イ．身体・運動状況（体重増加の経過，おすわり・はいはい・始歩などの時期，粗大運動や微細運動の状況）／ウ．言語発達（指さしの出現状況，バイバイなどの身振り言語，始語の時期，語彙，言語理解の状況）／エ．生活面（睡

眠リズム，哺乳や離乳の様子，排泄や身辺自立，食事の問題）／オ．行動特徴（人見知りの時期と様子，呼びかけに対する反応，視線が合うか否か，遊びの様子，対人的な関わり，興味・関心）

4）**既往歴・身体特徴**……けいれんの有無，大きな病気やけがの有無と状況，視力や聴力，運動機能の問題，治療状況
5）**相談歴**……乳幼児健診の結果，集団保育への参加状況，発達相談・医療相談・療育指導の有無と内容

以上の内容をすべて一度に聴取するには時間がかかるので，相談票等に記入してもらい，補足質問するのもよい。保護者にとっての面接は専門家の助言を期待するものであるため，より詳しい情報の聴取は2回目以降に行い，初回では行動観察と面接の結果から，子どもの問題状況の見立てと子育てのアドバイスを行う必要がある。とりわけ，こだわり，パニックなどの問題行動に保護者が疲弊している場合は，行動が生起する前後の状況を詳しく聞いた上で，適切な対処の方法を提示することが望まれる。

(3) 支援過程における行動観察と面接

① 支援過程における行動観察

初回面接から得られたアセスメント結果に基づいて，対象児に対する支援方法の方針が立てられ，支援が開始することとなる。その支援が適切であるかどうかは，毎回の行動観察を通して検討される必要がある。すなわち，支援の目的，目標，方法の仮説的検証のために，行動観察は欠かすことのできない評価方法といえよう。

支援過程における行動観察は，それぞれの支援方法の目的と目標によっておのずと観察項目が決定されるので，それぞれ独自の観察記録用紙を作成する必要がある。記録方法は上述したとおり様々であるが，初回面接と異なる点がVTRなどの機器をできるだけ利用したいということである。

VTRの利点は以下のようなことが考えられよう。1）記録の補足や訂正，2）VTR記録に基づいた精緻な観察記録の作成，3）支援者の働きかけ方や言葉かけが適切であったかどうかの見直し。1），2）は正確な観察記録の作成において，VTR記録は大きな役割をもつことを示している。3）については，支援方法の適切化を図る上で非常に有益である。できれば，支援者だけが見直すのではなく，関係者複数でVTRを見ながらカンファレンスを行い，支援方法の検討を行うことが望ましい。このような支援する側の見直しを重視した支援方法としては，インリアル法（注2）が挙げられる。

② 支援過程における面接

子どもに対する支援が行われると同時に，保護者への面接が並行して行われるのが一般的である。保護者との面接を通して，対象児の家庭などにおける日常生

活の様子，他機関で受けている支援の様子，医療等の専門機関での受診結果，前回の指導から変化した点，保護者の悩み，等を聞き取ることによって，対象児への支援方針の参考資料とするとともに，保護者への助言を行う。また，これらをすべて聴取するのではなく，保護者には日誌のようなものをつけてもらい，毎回持参してもらうこともよいであろう。これは，面接時間の節約になるとともに，保護者が子どもを注意深く観察し，変化を認める上で有効である。さらには，家庭での目標を支援者と相談して決めておくことにより，それが達成したかどうかのチェックのために日誌が利用されることもあろう。

なお，保護者面接では，対象児に関する情報収集が主たる目的であるが，保護者自身の身体的・精神的健康にも留意する必要がある。保護者自身への支援のために，配偶者や親戚及び近隣の友人からのサポートがどのくらい受けられているか，居住地域の子育て環境や様々な社会資源の現状等についても聴取することが必要であろう。また可能な限り，配偶者や他の家族からも情報収集し，適切な支援方法の検討を進めていく。

③ 他機関や関係者からの情報収集

保護者面接の過程で，他機関や関係者からの情報収集が必要となる場合がある。

その一つは，医療などの専門機関で受けた検査結果の照会である。その際に重要なことは，保護者からの了解が得られていること，信頼できる専門家同士での情報交換に限られること，その情報が第三者に漏洩しないこと，等について十分配慮されなければならない。

第二に，対象児が通っている保育・療育や教育機関からの情報収集である。これは，子どもは場面によって姿が異なることが多いので，大変重要である。実際には，支援者が当該機関へ直接訪問して，子どもの様子を観察することが多い。観察後は，対象児の担当者や機関の責任者と話し合いの場を設け，子どもの理解や支援方針に関する情報交換とそれぞれの機関の役割を確認することが大切であろう。この場合も，保護者からの承認，情報漏出防止，等に留意しなければならない。

(注1) **ストレンジ・シチュエーション** (strange situation)……エインズワース（Ainsworth, M.D.S.）によって考案された，母子の愛着の個人差を測定するための実験的手続きである。それは，子どもが新奇な部屋に母親といる場面，そこに知らない女性が加わる場面，ひとりぼっちの場面などを通じて，母親との分離と再会を2回ずつ経験するように，それぞれ3分間の8つの場面から成り立っている。母親との分離後の再会場面における子どもの反応によって，母親への子どもの愛着のパターンが分類される。

(注2) **インリアル法** (inter reactive learning and communication：INREAL)……1974年に米国コロラド大学で開発されたコミュニケーションの支援方法である。語用論の立場にたち，問題をもつ子どものみならず，コミュニケーションの担い手である大人のコミュニケーションの感性をも問うものである。実際には，両者のコミュニケーションの場面をビデオ録画し，大人側の関わり方のトレーニングを中心にビデオ分析を行う。

〈参考文献〉
繁多進（1987）『愛着の発達——母と子の心の結びつき』大日本図書
長崎勤・古澤頼雄・藤田継道編著（2002）『臨床発達心理学概論——発達支援の理論と方法』ミネルヴァ書房
E. ショプラー他著／佐々木正美監訳（1989）『CARS（小児自閉症評定尺度）』岩崎学術出版社
竹田契一・里見恵子編著（1994）『インリアル・アプローチ』日本文化科学社

4 心理検査を中心に

人を理解するにあたって，いわゆる心理検査が利用されてきている。教育・児童相談，精神科・心療内科などの医療相談，職業相談，矯正相談など広い領域で，専門の臨床心理担当者が知能検査や性格検査を実施している。心理検査もいろいろと開発されており，場・対象・問題に応じて利用されている。それらの結果を，診断に，今後の指導指針の作成に，そして指導経過を評価するのに用いている。

(1) 心理検査の種類

① 乳幼児発達検査

自閉症を含む発達障害児の理解にあたって，発達検査は有力な検査といえる。一般的な発達検査としては，遠城寺式乳幼児分析的発達検査法（慶應通信 1967, 1988），新版 K 式発達検査（ナカニシヤ出版，1985）などが挙げられる。乳幼児から中学生を適用範囲とした新版 S-M 社会生活能力検査（日本文化科学社）では，「身辺処理」「移動」「作業」「意志交換」「集団参加」「自己統制」が測定領域となっている。

② 知能検査

1905 年に考案された知能検査（ビネー）はフランスから世界各国に紹介され，広く用いられるようになった。本来，知的障害児の鑑別用として開発されたものであるが，「知能」は定義的にいえば課題を効果的に処理する総合的な力と考えられている。知的活動力には記憶力，学習能力，思考能力など，それを支える基本的認知能力が挙げられる。

代表的な知能検査としては全訂版田中ビネー知能検査（田研出版，1987），鈴木・ビネー式知能検査（東洋図書，1956），そしてウェクスラー式（WPPSI 1967・WISC-Ⅲ 1998・WAIS-R 1990，日本文化科学社）が総合的な個別知能検査法として挙げられる。

なお，集団式の知能検査も多数あるが，自閉性障害児には合わないことが多い。

③ 言語性・動作性検査

総合的な知的水準を測定する以外に特

定の領域の認知活動や治療教育的アプローチについての特別な情報を得るために利用されている心理検査がある。発語のない自閉症児について、ことばによる表現を必要としない心理検査を準備しなければならない。ブロックの組み合わせで模様を作る「コース立方体組み合わせテスト」(大脇義一, 三京房, 1979), 人物像の描出から動作性の知的水準を測定する「グッドイナフ人物画知能検査 (DAM)」(小林重雄, 三京房, 1977), 検査者の発語に対応する絵を子どもが指さしなどで選択する「絵画語彙発達検査法 (PVT)」(上野一彦他, 日本文化科学社, 1978) などが挙げられる。

そして、治療教育の計画を立案するにあたって貴重な情報を提出できる検査として「ITPA 言語学習能力診断検査」(上野一彦他, 日本文化科学社, 1992) や「K-ABC 心理・教育アセスメントバッテリー」(松原達哉他, 丸善メイツ, 1993) が挙げられる。前者は、心理言語行動を聴覚・音声回路と視覚・運動回路に分け、受容・連合・表象レベルの操作, すなわち中枢神経系の処理系列, 処理レベルを押さえ、それぞれの活動水準を数量化することを目的として作られたテストである。後者は情報の処理の方略として同時処理か継次処理のいずれが優位であるかを測定することを中核とした検査である。個人の認知活動の特徴と、これまで蓄積された習得度を評価するものである。いずれの検査も、積極的・計画的な治療教育プログラムの作成にあたって有力な情報を提供する心理検査といえる。

④ 自閉性障害についての心理検査

計画的な治療教育を考える指導担当者は、一般的な心理検査はもちろんであるが、自閉症それ自身の特性を評価する検査を用いることも多い。

行動・学習面で 24 項目を挙げ、それぞれ 5 段階評価をして円形のプロフィールを作り、個人の状況をきちんととらえることを考えた幼児用の「T 式自閉症児チェックリスト (T-CLAC)」(小林重雄, 岩崎学術出版, 1980), 自閉症児の特徴抽出 (Ⅱ) と行動療法による治療教育プログラム作成用と成果の評価 (Ⅲ) を考えた「精研式自閉児の行動評定 (CLAC-Ⅱ, CLAC-Ⅲ)」(梅津耕作ら, 金子書房, 1980), 米国ノースカロライナ州での大規模な実践を伴った大型の医療・教育・行政プログラム (TEACCH) に関連した評価表として「ショプラー：自閉児・発達障害児教育診断検査 (PEP-R)」(茨木俊夫ら, 川島書店, 1995) などが挙げられる。

⑤ その他の心理検査

パーソナリティ検査は、知的水準が比較的高い自閉症の成人については適用可能である。ただし、適用可能ということと、処遇にとって価値ある情報が得られるかどうかは、別問題である。

幼児期にあっては身辺処理などのスキルの発達水準・習得水準, 学齢期には学習のつまずきの分析的評価といった教育評価, 青年期以降については職能スキルも含む社会参加スキルの評価が、上述してきた認知力の評価以外に要請される。

(2) 心理検査の利用

① 留意点1：検査関係づくり

対人関係，検査関係が未成立の場合，通常の心理検査を実施することは不可能となる。一般的な学習態度の形成後に心理検査の導入を考える。「社会生活能力」など養育者に回答してもらう種類の検査は可能であるが，検査者が「不可」と観察した項目についても母親は自信をもって「可」と判断することは多い。

活動や参加は環境との相互作用で規定されるものである（WHO, 2001）から，「Aという場では可能」「Bという場では不可能」ということは当然存在することに留意する。

② 留意点2：測定不能

検査関係が未成立で検査の実施ができなかったり，課題が被験児に対応していない場合に「測定不能」と報告される。一般に「測定不能」は，検査の下方にスケールアウトされた結果として低水準ととらえられる。「測定不能」とは，検査者の未熟または準備不足であることに留意する。

また，自閉症は，他の軽度発達障害と同様またはそれ以上に知能検査に含まれる下位検査間の差（個人内差）が極端に大きい。著しく個性的な認知活動を行っていることが暗示される。ウェクスラー系のWISC-ⅢやWAIS-Rの結果は評価点のレベルでは一応受け入れてよい。しかし，格差の大である評価点を合算して算出されるIQは，通常の意味をもたない。

③ 留意点3：個人内差

自閉症児の認知的活動は個性的である。そのために，ある心理検査を標準化するのに用いられたある年齢集団の平均的レベルと機能間に差がみられることが多い。ウェクスラー系の知能検査においては，言語性IQと比較して動作性IQの優位性が目立ったり，K-ABC検査での情報処理の方略として継次処理と比較して同時処理の得点が高く評価されるといった差異がみられる。

コース立方体組み合わせテスト（大脇式）やウェクスラー系の動作性の下位検査の「積木模様」は顕著な高得点を示したり，人物画検査（DAM）で通過（評価）項目は集めることができ，それなりのMAを算出できるのに人物像としてのまとまりに欠ける描出がみられたりすることがある。検査結果としてまとめる時に十分留意しなければならないことである。

④ 留意点4：高機能

常識的に「高機能」と称した場合には，少なくとも平均よりレベルが高いことを意味する。しかし，医学や特別支援教育の領域でとりあげられている「高機能自閉症」は，知能検査の結果が境界線以上であることが条件とされている。

②で説明したように，IQ自体の信頼性が低い上に常識とは異なる「高機能」の使い方は問題といえる。「自閉」という用語が我が国で問題となりはじめた

1970年頃までは，専門家（医師，心理学者など）でさえも「部屋に閉じこもっている」ととらえている人も多かった。元気に走り回っていて「多動」の目立つ明らかな自閉症児についてさえも，親に「こんな元気に飛び回る自閉症はあり得ない」と断言する専門家が存在した。用語は危険性を伴うことに留意すべきである。境界線レベルの結果を示す者とIQ130～140を得る者はいずれも「高機能」であるが，まったく異なった特別支援計画を立てなければならない。高機能自閉症児が「高機能」のレッテルのために学習活動にほとんど参加できないで学級に放置されているようなことがあってはならない。

以上，知能検査を中心に「心理検査」について述べてきたが，自閉症の行動・学習アセスメントでは心理学的には知能検査によるアプローチによる資料提供が中心といえる。

〈参考文献〉
小林重雄編（2001）『総説臨床心理学』コレール社
松原達哉編（2002）『心理テスト法入門（第4版）』日本文化科学社

5 指導・支援とアセスメント

(1) TEACCHプログラムにおけるアセスメント

アセスメントは，フォーマルアセスメントとインフォーマルアセスメントに二分される。

インフォーマルアセスメントとは，フォーマルアセスメント以外のすべてが入る。自閉症児・者が生活する環境の調査，例えば「家から歩いてどれくらいのところに駅があるのか」「買い物はどういうところへ行っているか」などその自閉症者の地域での生活を知ること，そして調査票による情報収集とか生活地図，生活スケジュール，興味・関心，コミュニケーションの手段，親のニーズなど，様々な情報がインフォーマルアセスメントと考えられる。

もう一つのフォーマルアセスメントは，きちんと標準化された検査のことをいう。知能検査であるとか職業適性検査といったものが一般的にフォーマルアセスメントとして知られているが，TEACCHでは，TEACCHオリジナルの検査がある。

まずは，自閉症であるかどうかを診断するCARS。得点によって，軽度の自閉症，中度の自閉症，重度の自閉症，と分類される。このCARSに関しては，カナー，ラター，クリークなどの基準や

DSMとかICDとかの診断基準をベースにしている。次に，学校教育において個別教育計画の目標を決めるための自閉児・発達障害児教育診断検査PEP-Rがある。心理教育プロフィールと訳されている。そして，青年・成人期の職業的自立及び

表V-3　CARSの下位検査項目

項目と留意点
1．人との関係
　　他人との相互交渉をもつような子どもの行動を評定
2．模倣
　　言語行動と非言語行動の両方の模倣を視点に置いて評定
3．情緒反応
　　快適な場面と不快な場面を設定して反応を評定
4．身体の使い方
　　自己刺激行動や自傷行動などを念頭に置いて評定
5．物の使い方
　　おもちゃ等に示す興味・関心と扱い方を評定
6．変化への適応
　　パターンを変化させる場合の困難さや変化への抵抗
7．視覚による反応
　　奇妙な視覚的関心のパターンを観察する
8．聴覚による反応
　　いろいろな音への子どもの関心に注意する
9．味覚・嗅覚・触覚反応とその使い方
　　これらの感覚を適切に使えるかどうかも確認する
10．恐れや不安
　　同年齢の子どもとの恐れに対する相違を把握する
11．言語性のコミュニケーション
　　語彙数，文法上の構成，音質，声の大きさ，リズムに注意
12．非言語性のコミュニケーション
　　表情，姿勢，ジェスチャー，身体の動きなどに留意
13．活動水準
　　自由な場面と制約された場面で観察する
14．知的機能の水準とバランス
　　一般的な知的水準との相違も検討する
15．全体的な印象
　　生育歴，保護者へのインタビューなどから検討する

学校から職場への移行を検討する際に使用されるAAPEPというものがある。

こういった評価に基づき，今後の指導目標を決めていくわけである。

① CARS（小児自閉症評定尺度）

CARS(Childhood Autism Rating Scale)は，自閉症であるかないかを診断するアセスメントである。下位検査項目は15項目に分かれており，その項目は，表Ⅴ-3（前ページ）のようになっている。

表Ⅴ-3の下位検査項目において，正常な範囲を1点とし，軽度の異常を2点，中度の異常を3点，重度の異常を4点とし，その間のどちらとも判断のつかない中間点に0.5点が設けられている。

よって，1点，1.5点，2点，2.5点，3点，3.5点，4点の7段階の評定となる。

例えば，「模倣」を例にとると，適切な模倣ができた場合1点となるが，その内容は「子どものもつスキルレベルにふさわしいやり方で，適切に音や言葉そして動作の模倣ができる」となっており，2点の軽度の異常では，「手をたたくことや単一音のような簡単な行動ならたいてい模倣する。ときどき再度促されたり，時間が経ってからでないと模倣しないこともある」，3点の中度の異常では，「ごくわずかな模倣しかしないし，それを引き出すために何回もの指示や手助けなど，大変な努力が要求される。模倣はしばしば遅延する」，そして4点の重度の異常では，「こちらからの促しや援助があったとしても，発音や言葉や動作の模倣をめったにあるいは全くしない」などとなっている。

診断の仕方は，全く問題がなく15項目すべて正常であれば15点となり，すべて重度の異常であれば15項目×4点の計60点となる。

CARSでは，15点から29.5点の範囲であれば「自閉症ではない」と診断され，30点から36.5点の範囲で「軽・中度の自閉症」，37点から60点の範囲になると「重度の自閉症」と診断される。

② PEP-R（新訂 自閉児・発達障害児教育診断検査）

CARSが「自閉症であるかどうかの診断アセスメント」であったのに対し，PEP (Psycho Educational Profile) は，自閉症と診断された子どものIEP (Individualized Educational Plan) すなわち「個別教育計画」における教育目標を決めるための教育アセスメントである。PEP-Rは，PEPの新訂版である。対象児の年齢は生後6カ月から7歳の範囲であり，7歳以上12歳未満の児童の場合は，いくつかの発達技能が1年生以下であるときに有用な情報を得ることができる。

PEP-Rでは，尺度基準が発達尺度と行動尺度に二分されており，発達尺度はその下位検査として「模倣」「知覚」「微細運動」「粗大運動」「目と手の協応」「言語理解」「言語表出」に分類されている。

また，行動尺度は「ことば」「人とのかかわりと感情」「感覚」「遊び，物とのかかわり」に四分されている。

PEP-Rにおける発達尺度の採点基準の重要な点は，「合格」と「不合格」の間に「芽生え反応」という基準が設けられていることである。
　「芽生え反応」とは，どうすればよいかはわかっているが完成できないでいる場合や，検査者が何度か実演を繰り返したり，子どもにどうやるかを教えた結果，課題ができた場合などの採点基準となる。
　つまり，全くできない「不合格」とは異なり，何らかのサポートを行えばできるようになるところが「芽生え反応」であり，そこをIEPにおける指導目標に設定することができるのである。
　例えば，「ビンのふたを開ける」という課題では，自分でふたが開けられると「合格」，全くふたを開けることができない，あるいは開けようとしない場合に「不合格」となるが，うまくふたを開けることができないが開けようと努力している場合には「芽生え反応」となるわけである。
　これに対して，行動尺度では「適切」な行動であったか「不適切」な行動であったかが採点基準となり，不適切である場合には「中等度」と「重度」に二分される。
　例えば，感覚（聴覚）課題でカスタネットを鳴らし，「音に対する適切な反応」を調べる課題がある。音に対して適切な反応を示せば「適切」であり，過剰な反応を示したり，全く何の反応も示さなかった場合は「重度」となる。その中間で音への反応が遅かったり，やや不適切な情動反応を示す場合に「中度」となる。

③ AAPEP（青年期・成人期自閉症教育診断検査）

　PEP-RがIEPにおける指導目標を決めるための検査であったのに対し，AAPEP（Adolescent and Adult Psycho Educational Profile）はITP（Individualized Transition Plan：個別移行計画）における職業教育のための就労をめざしたアセスメントである。よって，12歳以上の自閉症者を対象としている。
　尺度項目には「職業スキル」「自立機能」「余暇活動」「職業行動」「コミュニケーション」「対人行動」の6つの領域があり，PEPと同様に合格，不合格の間に「芽生え反応」といった採点基準が設けられている。
　PEP-Rと異なるところは，評価を行う者が単独の「直接観察」だけではなく，「学校／作業所」「家庭」の側面から評価が行われるところである。
　さらに，AAPEPでは基本的な課題がクリアできた場合には，さらにハイレベル項目が設けられている。
　チェック項目をまとめ，図Ⅴ-1（次ページ）のようなプロフィールを作成する。
　AAPEPの記録の仕方は，PEP-Rと同じように，その課題がクリアできていれば「合格」，クリアできていなければ「不合格」，その間の「芽生え反応」と評価していく。
　「芽生え反応」というのは一部できた課題である。この芽生え反応の部分を指

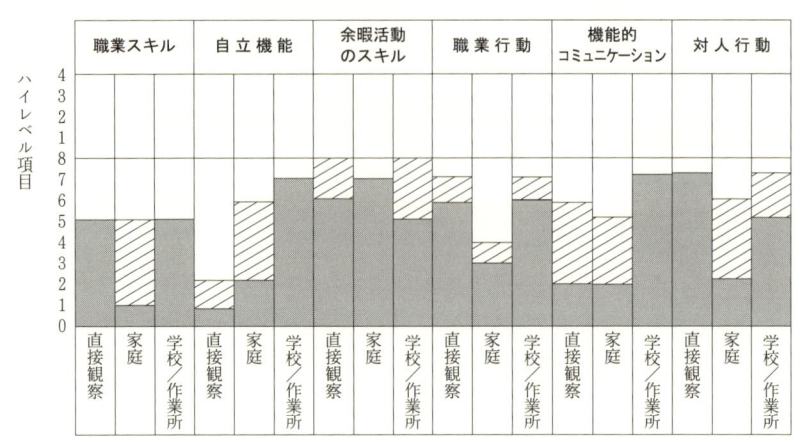

図V−1　AAPEPのプロフィール

導目標にする。できた課題に関しては、すでにできているわけだから指導する必要はない。また、全くできていない課題は、現段階ではまだ早いと考えられるためあえて指導をしない。しかし、一部できたところがある場合は、指導によって伸びていくと考えられる。そういった発想のもとに、「芽生え反応」というところに非常に大きな視点を置いている。

このプロフィールで見ていくと、灰色（アミかけ）のところは全部クリアしている。例えば、職業スキルというところを見てみると、直接観察尺度では5段階までできている。白いところはできなかったところである。そして、斜線の部分が一部できたところ、いわゆる「芽生え反応」のため、ここを指導目標にしていくわけである。このような評価をしていかないと、どこをどのように指導すべきなのかわからないが、この評価の結果、こ

こは指導可能だというところがわかる。6つの領域について見るだけではなく、直接観察尺度と家庭尺度、学校／作業所尺度の3領域を比較していくと、このプロフィールでは家庭尺度が一番低い。よって、家庭ではできることがあるのにやらせていないことがわかる。やらせればできることを、家族がやってあげてしまうために、低い評価になっていると考えられる。

(2) 就労支援におけるアセスメント (Situational Assessment)

ジョブコーチ発祥の地、米国のヴァージニアで実施されている就労場面における行動評価として、Situational Assessment（職場内評価）がある。この評価は、ジョブコーチが実際の職場で行うチェックリストであり、その一部を

表V-4 Situational Assessment（職場内評価）

時間概念
・時間や時計の機能については理解できない
・休憩，昼食はわかる
・1時間単位で理解可能
・時間概念は十分あり

コミュニケーション
・シンボルなら理解可能
・身振りやジェスチャーなら理解可能
・絵カード，文字カード・単語レベルなどの視覚刺激なら理解可能
・言語によるコミュニケーションが可能

変化に対する対応
・変化があるとパニックを起こし，パターン化が望まれる
・変化の受け入れが非常に困難である
・変化の受け入れがやや困難である
・変化に対応できる

表V-4に示す。

　ジョブコーチだけではなく自閉症者が働く職場の上司・同僚にもチェックを依頼するといった多面的な行動観察が可能なのが特徴である。実際の現場での評価であるため，長い文章を書くということが困難である。よって，自閉症者が職場で必要とされる行動問題をチェックすることにより，職場での支援方法を見つけるための評価となっている。

〈参考文献〉
古屋輝雄（1986）「AAPEPについて」『自閉児教育研究』Vol.8，p.40-133
日本AAPEP研究会編（1997）『青年期・成人期自閉症教育診断検査』川島書店
Schopler, E., 茨木俊夫（1998）『新訂 自閉児・発達障害児教育診断検査』川島書店
Schopler, E. & Reichler, R.J. & Renner, B, R. (1986) "The Childhood Autism Rating Scale". Irvington Publishers.（佐々木正美監訳（1992）『CARS小児自閉症評定尺度』岩崎学術出版社）
梅永雄二編著（2004）『自閉症の人のライフサポート——TEACCHプログラムに学ぶ』福村出版
梅永雄二（2000）「援助付き雇用におけるアセスメント」小川浩・志賀利一・梅永雄二・藤村出『ジョブコーチ実践マニュアル』p.18-42，エンパワメント研究所

VI

関　連

1 障害児・者の栄養管理

　人間の生活行動の中心は「食生活」であり，食生活の適否が健康を左右するといっても過言ではない。我が国の食生活は，戦後の食糧難の時代から昭和30～40年代の経済の高度成長期における食事の洋風化を経て，近年は外食・中食産業の進展を中心に食の簡易化・外部化の傾向が強まっている。

　そのような食生活の変化に伴い，疾病構造も大きく変化した。障害児に多発している「脂肪肝」については，長年にわたり臨床の場で数多くの栄養食事指導を行ってきたが，初めて栄養食事指導の依頼を受けたのは昭和56年頃であった。その当時はきわめて珍しい症例であったが，その後患者数は激増し，近年，さらに若年化が進んでいる。

　摂食障害者が増加の傾向にある昨今，正しい食行動がとれるような知識や技術の習得が望まれる。特に，障害児は肥満傾向にあり，その約13%は脂肪肝，その他の疾病を合併することが少なくないので，そうした観点からの栄養管理について述べる。

(1) 栄養と食の意義・目的

　毎日食べる食物は，ただ単に"腹を満たす"というだけでなく，次の3つの条件を満たすことが大切である。

　① 身体に必要なエネルギーを供給する（主に炭水化物・脂質），② 身体の骨や筋肉をつくり，その消耗を補充するために必要な成分を供給する（主にタンパク質），③ 摂取した食物が，胃や腸で消化・吸収・分解され，エネルギーや身体の各部で利用しやすい形に変えていくための潤滑油のような働きをする成分を供給する（主にビタミン・ミネラル）。一方，食物は目（視覚）で食べ，鼻（嗅覚）で食べ，口（味覚）で食べるといわれている。つまり，これらの感覚を満たすことにより，バランスのとれた食事をとることができるものと思われる。

(2) 障害者の栄養管理の実際

　日常・食生活において特別の対応を必要とする身体及び精神障害者の主な摂食機能障害には視覚障害，運動機能障害，咀嚼・嚥下障害，その他の口腔障害・内臓機能障害，老年痴呆などが挙げられる。

　したがって，障害者のエネルギー及び各栄養素の給与量，給与方法は，各対象者の性，年齢，生活活動などを基本に，障害の程度に対応した栄養管理が望まれる。

① 常食（固形食）の食事摂取基準の食品構成例

常食とは，健康食に準じたもので特に食品の質や量に特別な制限はないが，濃厚な脂や甘味など味の濃すぎるものは好ましくない。

食事摂取基準と食品構成例は表Ⅵ－1，表Ⅵ－2に示すとおりである。

表Ⅵ－1 常食・食事摂取基準

エネルギー	糖 質	タンパク質	脂 質
2,000kcal 前後	300g 前後	75g 前後	50g 前後
（エネルギー比）	（60%）	（15%）	（25%）

表Ⅵ－2 常食・食品構成例

主な栄養素	食品群（名）	給与量(g)	備　考
糖質源	米　　飯	660	精白米
	い　も　類	100	じゃがいも40g, 里芋40g, やまといも20gの平均
	果　物　類	200	りんご100g, みかん50g, バナナ50gの平均
タンパク質源	魚　介　類	80	あじ20g, たら・さけ各15g, いか・かじき・たらこ各10gの平均
	肉　　類	60	豚肉30g, とり肉30gの平均
	卵　　類	50	
	大豆とその製品	100	とうふ70g, 納豆・がんも・油揚各10gの平均
	乳　　類	200	市乳
脂質源	油　脂　類	15	植物油
ビタミン源ミネラル	緑黄色野菜	100	ほうれん草30g, こまつな・かぼちゃ・人参各20g, ピーマン10gの平均
	その他の野菜	200	だいこん・キャベツ各50g, たまねぎ・きゅうり各30g, はくさい・かぶ各20gの平均
	海　藻　類	2	わかめ
調味料	砂　　糖	30	
	み　そ	15	
	食　塩	10	
栄養価	エネルギー	2,024kcal	
	糖　質	305.6g	
	タンパク質	77.3g	
	脂　質	46.7g	

② キザミ食・ブレンダー食(ミキサー食)他

1) キザミ食

軟菜食や常食の副菜食を，対象者の咀嚼力や料理の硬さなどを考慮し，食べやすい大きさ・形に刻んだ食事。

2) ブレンダー食

軟菜食や常食の副菜食をミキサーにかけて，流動状にした食事で，形態的には流動食であるが，利用的には軟食・常食と変わらない。

3) その他

ゼリー食は，流動食・キザミ食・ブレンダー食などが入った液体をゼラチンまたは寒天でゼリー状にした食事である。嚥下障害の人には体温で溶けるゼラチンゼリーがよい。

トロミ食は汁物や流動食にトロミをつけたり，あんをかけたり，あんをからめたりして，口当たり・のどごしをよくした食事である。

食卓で簡単に利用できる各種増粘剤も市販されている。

③ 疾病予防・改善のための栄養管理

1) 肥満症

肥満とは，摂取エネルギーが消費エネルギーを上回り，脂肪組織に脂肪が異常に沈着した状態で，その基準についてはいろいろな説があるが，一般的には適正体重に対して考えられることが多い。適正体重の算出方法もいろいろあるが，厚生省（現厚生労働省）から出された「年齢別身長別体重表」または 適正体重の標準＝[身長(m)]^2×22 より求めたものが多く用いられている。

適正体重は 18.5≦～＜30，25≦～＜30 以上を肥満症として治療を要する。肥満度が増してくると糖尿病，高血圧症，心臓疾患，動脈硬化症，関節障害，痛風などを誘発すると同時に，それらの障害を悪化させる。

肥満の治療の基本は減食療法であり，補助療法として運動不足を改善することが望ましい。したがって，正しい減食療法が重要である。この減食療法の原則は必要な栄養素は減少させずに，エネルギーだけを減らし，健康増進を図ることを目的としたものでなければならない。

ア．食事療法の基本方針

ア) 量の問題

量とは1日に何カロリーとればよいかという「摂取エネルギー」のことである。この値は性・年齢・身長・体重・労働量などによって異なる。また，体重減少の速度をどの程度のペースで行うかによっても違ってくる。この減少速度については個人の様々な病態に応じて決定すべきである。一般に，1カ月に2～4kg程度の減少が，肉体的にも心理的にも無理のないペースと思われる。例えば，月に4kg，週1kgの体重減少を実施する場合には次のような計算になる。体重1kg中には約20％の水分が含まれているため，1kgの減量のためには800gの体脂肪を消費すればよい。脂肪1gは約9kcalのエネルギーで燃焼するので，800gの体脂肪を燃焼するには

800g×9kcal=7200kcal

が必要である。つまり，1週間に7200cal，1日に約1000kcalのエネルギーの不足状態をつくればいいわけである。

イ）質の問題

質とはタンパク質・脂質・炭水化物・ミネラル・ビタミンなどの栄養素を過不足なく，バランスよくとることにある。

総エネルギーに対し，タンパク質エネルギー比は15％前後，脂質エネルギー比25％前後，炭水化物エネルギー比60％前後とする。

イ．食品の選択のポイント

減食療法を長続きさせるためには，まず空腹感を満たすことが大切である。こんにゃく，しらたきをはじめ，わかめ，のり，こんぶ，ひじき，寒天などの海藻類や，しいたけ，まつたけ，なめこ，しめじなどのきのこ類を上手に利用するとよい。これらは季節感，ボリューム感を与え，風味を引き立たせる上においても大切な食品であるばかりでなく，食物繊維，ビタミン，ミネラルの供給源としても欠くことはできない。また，便秘予防，高脂肪血症予防の点からも必要量を十分とることが効果的である。

タンパク質性食品としては，プロテインスコア（タンパク価）の高い動物性食品からバランスよくとることが大切である。肉類では，ささみ，手羽肉，子牛の肉，牛のヒレ肉，もも肉，かた肉，豚のヒレ肉，赤身肉，鶏・牛・豚のレバーなどを用い，脂質含有量の多いものは避ける。魚類では，あじ，あゆ，あんこう，いさき，かれい，かつお，かます，きす，このしろ，こち，さわら，ひらめ，したびらめ，しらうお，すずき，たい，たちうお，とびうお，はぜ，ふぐ，まぐろの赤身，わかさぎ，いか，えび，しゃこ，かき，たこ，なまこ，貝類などは比較的エネルギーが低く，タンパク質の多いものを使用するとよい。大豆及びその製品では，豆腐，焼き豆腐，高野豆腐，ゆば，納豆，うのはななどを使用し，揚げてあるものは控えめにする。乳及びその製品では，スキムミルク，ヨーグルト，牛乳などを用い，生クリーム，チーズ類は控えめにする。卵類では，鶏卵，うずらの卵などを利用し魚卵は避けた方がよい。

糖質性食品としては，主食となるご飯，パン，めん類，いも類，砂糖類（砂糖を含む飲み物，菓子類も含む），果物類などすべて制限する。アルコール類は食欲を促進し，少量で高エネルギー（7kcal/g）となるので，原則として禁止する。

ウ．栄養基準と食品構成例

表Ⅵ－3　肥満症の食事摂取基準例

エネルギー	タンパク質	脂　質	糖　質
1,200kcal 前後	60g 前後	40g 前後	150g 前後

表Ⅵ-4　肥満症の食品構成例

栄養素	食品群(名)	給与量(g)
主に糖質源	米　　　　飯 パ　　　　ン 果　物　類	270 60 150
主にタンパク質源	鶏　　　　卵 肉　　　　類 魚　介　類 大　豆　製　品 乳　製　品	60 60 80 140 200
主に脂質源	油　脂　類	10
主にビタミン ミネラル源	緑黄色野菜 その他の野菜 海藻・きのこ類	100 200 適量
主に調味料	み　　　　そ 砂　　　　糖 食酢・香辛料	12 6 適量

エ．調理法の工夫

　食材の使用にあたって注意すべきことは，その調理法によって，同じ食品でもエネルギーが高くなったり，低くなったりすることである。

　例えば，魚料理においてはてんぷら，フライなどより，さしみ，塩焼，蒸し魚レモン添えなどにした方が低エネルギーですむ。肉料理ではから揚げ，カツ類にするより，網焼，塩蒸，酢のものなどに，また，ビーフシチューよりコールドビーフ，とりわさなどにした方が，ずっとエネルギーは低くなる。野菜料理においても魚・肉料理の場合と同様，精進揚げ，油炒めより，煮物ひたし，酢のもの，和えものなどに，また，マヨネーズサラダ，フレンチサラダより生野菜の盛り合わせにして，レモン酢やうす塩をふりかける方がエネルギーは低くなる。こうした場合は野菜の切り方，色の取り合わせに工夫し，視覚的に満足感を与えるようにすることが大切である。ことにビタミン，ミネラルの供給源として新鮮な季節の野菜は欠くことのできない食品であるだけに，調理法の工夫が望まれる。生食は栄養価の損失が少ないうえ，同じ量でもボリューム感があり，よく嚙んで食べると満足感も得られるので季節の新鮮な生野菜のもつ風味を味わうようにするとよい。

　一方，香辛料は食欲を増進させるので，その使用はできるだけ控え，香りのある，例えばレモン，しその葉，三葉などを調

味料や薬味がわりに利用するとよい。また、ぞうすい、スープ煮、鍋物など水分の多い料理法を利用することも、風味を味わう上からも、また、量的に満腹感が得られるなどの点で有効である。

その他、肥満症に適した主な一品料理として、ちらしずし、山菜めし、たけのこめし、煮込みうどん（野菜、海藻、きのこ類をたくさん入れる）、コーンフレーク（牛乳のみかける）、うの花ずし、そばずし、おでん（こんにゃく、こんぶ、だいこん）、どびん蒸し、しいたけのホイル焼、まつたけのゆずじょうゆ和え、わかめのしょうがじょうゆ和え、こんぶと切り干しだいこんの酢じょうゆ和え、こんにゃくのひじき和え、野菜の寒天寄せ、ミルクゼリー、フルーツゼリー（季節の果物を寒天でかためる）、ところてんなどが挙げられる。

オ．盛りつけの工夫

同じ分量でも骨付き肉、頭付き魚などを用い、スープ類やすまし汁のような低エネルギーの汁物などを添えて、できるだけ皿数を多くし、薬味を何種類も組み合わせて添えるなど盛り付けを賑やかにし、量的にも色彩的にも豊かさを感じさせる工夫も大切である。

カ．食習慣の改善

肥満の改善にあたり、食事療法とともに「食習慣」も決して軽視できない問題である。また、減食療法と相まって次の点にも注意すべきである。

キ．食事回数

「肥満は食べすぎから」とよくいわれているので、食べなければよいと単純に考え、1日2食、あるいは1食などという極端な食事のとり方をしている人もいるようである。また、朝食抜きで運動・通学をする人も多いようである。国民栄養調査の中の「欠食の有無と皮下脂肪厚」報告によると、欠食者に肥満者の多いことが示されている。朝食を抜いて、その分昼食と夕食で腹いっぱいとるというような食形態になると、1回にとる量が増えることのほかに、体が飢餓状態に対応するようになって摂取エネルギーを無駄なく使うようになり、肥満の後押しをする結果になるとされている。また、摂取エネルギーの一部は「食事をとる」という行為そのものにも消費されるので、1日の食事の量・質が一定なら、回数は多いほど消費エネルギーが高くなる。

したがって、回数を減らしてやせようとする考えは逆効果である。1日3食を基本とし、平均的に分散して食べた方がやせるためには有効である。

ク．食べ方

今までの食習慣で、「早めし」は美徳の一つとされていた時代もあったが、早めし、特に大食はインスリンの分泌を高め、糖質を脂肪組織に送りこむ働きを活発にし、肥満の誘因にもなりかねないといわれている。したがって、こうした食習慣を改め、適量をよく嚙むことは消化によいばかりでなく、満腹感を得る上においても必要なことである。一口食べては箸をおいて休み、また箸をとって一口食べる、というように時間をかけてゆっ

くり食べるようにするとよい。

　一方，ご飯と副食を交互に食べるという食べ方より，減食の場合，低エネルギーの汁物や生野菜などを先に食べ，ある程度の満腹感を得たのち，ご飯とタンパク質源の主菜を交互に食べるようにすれば，比較的ご飯の制限量が守られやすい。

ケ．**間食・夜食に注意**

　間食も食事のうちである。1日の食事量の範囲内でならよいが，その場合，糖質の多いものを摂りすぎる傾向が多いので，量と質の適切な選択が望まれる。

　また，夜食も肥満の原因として見逃すことのできない問題である。昼食と違い，夜食のあとは寝るだけなので消費エネルギーが低い。したがってトータルエネルギーのとりすぎにつながることが多いので控えた方がよい。

2）**脂肪肝**

　障害児の脂肪肝は過栄養性脂肪肝が多い。したがって，その予防・改善は肥満症の栄養管理に準ずる。

(3) おわりに

　障害の種類や程度は千差万別なのでひとまとめに論ずることはできないが，適切な栄養管理は，医療と共に重要な役割を果たす。つまり，障害の進行や悪化を予防し，快方に向かわせる可能性を秘めている。

　一方，重度障害児にとっての食生活による栄養状態は，生命に関わる重要な問題で，特に対象者に見合った調理法や給与法の知識・技術の向上が望まれる。

〈参考文献〉
落合敏・鈴木啓二編著（1978）『病院栄養士実務必携』医歯薬出版
小越章平・落合敏他（1979）『流動食のすべて』医歯薬出版
須永清・落合敏（1991）『現代看護学基礎講座Ⅲ　栄養学』真興交易医書出版部
落合敏他編著（2005）『栄養教育論』医歯薬出版

2　医療機関の有効活用をめざして

　自閉症児が健やかに成長するためには家庭生活を中心として教育や医療，福祉などがうまく連携し合うことが大切である。本節では，医療機関の中でも特に治療が困難となりやすい歯科医療機関を上手に活用できるようにするための支援の方法や注意点，関わり方などについて述べる。

(1) 口の病気や異常が及ぼす影響

　一般的に口の病気や異常として，むし

歯や歯肉炎、歯周病、口内炎、歯並びの異常（歯列不正）や咬み合わせの異常（不正咬合）などがある。このような病気や異常からひき起こされる問題の中には自閉症児の生活や行動に強く影響を及ぼすものもある。普段と異なり急に情緒が不安定になったり、問題行動が多く見られるようになった場合には、口の中を調べることも大切である。

① 痛みによる影響

口の中は繊維や毛髪などの異物を瞬時に認識できるほど、感覚が鋭い器官である。そのため、むし歯や歯肉炎、歯周病、口内炎などの痛みも敏感に感じて日常生活に様々な支障を来たすことがある。

1) 情緒の不安定……食事や会話、睡眠時に繰り返される痛みによって気分や感情が不安定となりやすい。
2) 集中力の欠如……痛みや不快感によって注意が散漫になりやすく、課題や作業、運動に集中しにくくなる。
3) 食欲の低下……食事中の痛みにより食欲が低下する場合がある。
4) 口の機能の低下……咀嚼や会話、嚙み締めなど、口の機能を一時的に低下させる場合がある。

自閉症児には、痛みの原因やその対処方法、口の中の状況、食事との因果関係などを認識することが難しく、突然の痛みによってパニックとなり、頭を叩く・顎を打つ・手を嚙むなどの自傷行為が見られることもある。本人ばかりでなく、介護者の負担も大きくなり、問題行動の固定化や重症化を防ぐためにも口の健康管理は大切である。

② 細菌による影響

むし歯や歯周病などがある場合や口の中が不潔な場合には、口の中の細菌が異常増殖したり、外部からの病原菌（ピロリ菌など）が口の中に棲みついて増殖したりする場合がある。その影響として、以下のようなことが挙げられる。

1) 呼吸器への影響……食べ物や唾液と一緒に細菌を気管や肺の中に誤嚥することによって気管支炎や肺炎をひき起こすことがある。
2) 消化器への影響……胃潰瘍や胃がんの発生に関係しているといわれている。
3) 家族内感染の可能性……生活を共にしている人へむし歯菌などが一時的に感染することが知られている。

③ 慢性炎症による影響

歯の根（歯根）の先端に膿が蓄まっていたり、歯周病で歯肉から膿が出ていたりするような慢性の病気がある場合、口以外の臓器に二次的な病気をひき起こすことが知られている（歯性病巣感染という）。二次的な病気として心内膜炎や腎炎、紫斑病、リュウマチ熱などがある。

④ 口臭による影響

口臭は対人関係に支障を来たすことがある。特に学校や施設などで集団生活を送る場合、唾液を指で練ったり、衣服や家具、玩具などによだれの臭いがしみ込んで異臭が漂ったり、生活環境としては好ましい状況とはいえない場合がある。口臭はむし歯や歯周病の重症化や消化器系の病気の存在を知らせるサインである

ので早急に適切な対処が必要である。
⑤ 見ばえによる影響

　むし歯で前歯が欠けていたり，歯周病で歯肉が腫れていたり，出血していたりすると，見ばえの点で相手に好ましくない印象を与えることになる。普段の健康管理が行き届いていないことや障害のある人たちのイメージを悪くしてしまうことにもつながる。清潔感や健康感は社会生活を送る上で大切な要因である。
⑥ 歯の崩壊による影響

　むし歯による歯の崩壊や欠損は歯並び（歯列不正）や咬み合わせ（不正咬合）の異常を起こすことがある。さらに，歯並びなどの異常は顎の関節の異常へと波及していくこともある。
⑦ 歯周病による影響

　最近の研究から重度の歯周病が心臓病（心内膜炎，心筋梗塞，狭心症等）や高血圧，糖尿病の発症や症状の増悪に関係していることが判明している。
⑧ 感覚の異常やこだわりによる影響

　自閉症児の一部に，感覚の異常（触覚や味覚）や特定の感覚刺激にこだわりをもつ事例に遭遇することがある。例えば，介護者の歯磨きを嫌がったり，食べ物で硬いものやフライのころものようなザラザラした感触を嫌ったりする場合がある。時間をかけて脱感作しながら適応範囲を広げていくことが大切である。

　以上のように，自閉症児にとって口の中の病気や異常は，日常生活を情緒的に不安定にしたり，パニックや自傷，こだわりなどの行動をひき起こしたりする可能性があり，自閉症児の健康管理の大切さを理解することが必要である。

(2) 医療機関とうまく連携するためには

　自閉症児が医療機関とよい関係を築いていくためには，初めて受診した際（初診時）に医療機関や医療者に対してよいイメージをもつことが大切である。

　そのためには，本人に代わって介護者や支援者等が適切な情報を医療者へ提供できるかどうかが重要な鍵となる。

　ここでは，歯科医療機関受診時に医療者への情報提供として必要と思われる項目について記載する。
① 全身状態と合併症の有無について

　自閉症という基礎疾患以外にてんかんや視聴覚障害などの合併症の有無，かかりつけ医師の氏名と連絡方法，服用薬剤の種類と服用方法などを把握しておく。
② 基本的信頼関係の確立について

　子どもが保護者や教諭，職員など特定の人と信頼関係をもつことができるかどうかは，医療者への信頼関係の確立にとって重要な情報である。子どもがどのくらいの期間で，どのような人とどのような方法で信頼関係を築けたのかを把握しておく。
③ 感覚の特異性について

　自閉症児の中にはある種の感覚刺激に対して特異的に反応する場合があり，歯科治療や予防指導をする際に感覚の特異性を把握しておくことが大切となる。

例えば，掃除機の音やインターホンの音，赤ちゃんの泣き声などに対して耳塞ぎやパニック，自傷などをひき起こす事例がある（聴覚刺激）。また，薬剤の味（味覚刺激）や臭い（嗅覚刺激）に敏感に反応したり，口唇や口の中を触れられること（触覚刺激）に対して拒否したり，警戒したりする者もいる。さらに，先の尖った器具を見せると過去の体験と合わさって異常に怖がる子どももいる。

歯科治療を円滑に進めたり，歯磨きやうがい，食行動の指導を効果的に進めるためには，子どものもつ感覚の特異性を把握することが非常に重要である。

④ 不安や恐怖について

子どもがどのようなものに不安や恐怖を抱くのか，また抱くようになった原因を知ることは診療を行う上で重要な情報となる。例えば，注射を怖がることについて，以前にたった一度だけ予防注射をしたことによって怖がるようになったのか，何回か歯科治療で麻酔や治療を受けるようになってから注射を怖がるようになったのかなど，子どもが不安や恐怖につながりやすい傾向があるかどうかを推測することができる。

⑤ コミュニケーション能力について

子どもが嫌な場所から離れたい時や出された課題をやりたくない時，あるいは戸棚の上のおもちゃを取ってほしい時やおやつが食べたい時，むし歯やお腹が痛い時など，どのような意思伝達の能力をもっているかを知ることが大切である。

また，指示や課題を出す場合に言語指示に比べて動作指示や絵カードがどの程度効果的なのかを医療者へ伝えることも大切である。

⑥ 日常生活動作の自立度について

日常生活動作（ADL）の自立状況は，子どもの総合的な能力を理解する上で大切な項目である。例えば，食事の場面を理解して（場面や状況認知）全員が食卓に着くまで待つことができたり（忍耐力や自制心），食器の使い方や食べ方が適切に行えたり（対物認知），たとえ言葉がなくても一連の動作が獲得されている場合は理解力や認知機能がある程度獲得されていることが推測できる。

ADLの自立度が高い子どもほど，適切な関わりや対応方法で歯科治療が上手にできるようになる場合が多い。

⑦ 行動特徴について

パニックや自傷，他害行動，固執（生活パターンや道順，食べ物や衣服，物の配置や状態等へのこだわり），常同行動（ロッキングや手振り等），反響言語（即時型・遅延型）など，自閉症児がいつ，どこで，どんな状況で，どんな経過をたどるのか，などの行動特徴を把握しておくことが大切である。

医療機関の独特な雰囲気や不安・緊張の中で問題行動をひき起こす可能性が高いため，事前に事故や混乱を防止するためにも医療者へ適切に情報提供できるようにしておくことが必要である。

さらに，関わり形成を円滑にするために子どもの好きな物事や興味を医療者へ伝えておくことも大切である。

(3) 上手に医療機関を受診できるようにするためには

① 家庭や学校での考慮点

自閉症児が医療機関で上手に診療できるようになるためには，家庭や学校，施設での関わりや養育が非常に大切である。

1）静止維持の大切さ

歯科治療場面は，身体や頭部を動かさず（静止維持），一定時間口を開けていなければならない（開口維持）。そのため，普段介護者が行っている仕上げ磨きは身体や口の静止維持訓練につながる。また，10数えて（10カウント法）我慢させることも大切である。その他にも日常生活習慣の中で，爪切りや耳のお掃除，入浴時に一定時間湯船に入っていられるように我慢させて忍耐力や自制心を少しずつ育てることも重要である。

2）感覚刺激の大切さ

口は身体の中で最も感覚が鋭いところであり，毎日の仕上げ磨きを通して口の中を刺激し，他人が触れることに慣れさせることも大切である。

3）絵カード等による練習

絵カードや写真を用いて歯磨きやうがいの方法を確認したり，歯科治療や予防指導の流れなどを事前に確認して来院し，治療時に同じカードを用いて進めたりすることで比較的治療や予防指導が上手にできる場合がある。

4）生活リズムの大切さ

空腹時や疲労時，眠い時や便秘で不快な時などは情緒的に不安定になりやすく，指示も通りにくく，意欲や集中力も低下し，課題を最後まで達成することが難しくなる。同様に，歯科治療は身体や口の静止維持と様々な感覚刺激（音や振動，薬剤の味や臭い，痛み等）でいろいろなストレスがかかりやすく，治療時においては特に体調や機嫌，生理的な状態が整っている時の方が上手にできる場合が多い。そのため，普段からできるだけ生活リズム（睡眠・食事・排泄・運動など）を規則正しくすることが，医療機関の受診ばかりでなく，健康管理や心身の発達のためにも大切な事項である。

② 通院時の注意点

歯科医療機関へ通院する場合の注意点について述べる。

1）介護者の不安や緊張の軽減

医療機関や歯科医院を受診する際，保護者や介助者が緊張し，いろいろな心配事を抱えて来院する場合が多いようである。付き添う人の緊張や不安は子どもにも影響を与えること（感情移入）が多いので，極力平常心で臨むように心がけることが大切である。

2）条件付きは最低限に

歯科治療を何とか受けさせようとして，嘘を言って連れ出したりする場合が時々見受けられるが，かえって歯科治療がいつまでも上手にならない要因になるので注意が必要である。また，来院時にご褒美の約束をしてくる場合があるが，褒美の内容や形を適宜に変えて，いつも同じ物や同じパターンにしないようにするこ

とが大切である。例えば，毎回絵本を買って帰るとか，ケーキを買って帰るとかが続いてしまう結果，治療が上手にできたという達成感が育たず，帰りの褒美に関心が向いてしまい，褒美の内容やこだわりがパターン化したり，エスカレートして満足できない場合はパニックや自傷をひき起こしたりして重症化になる場合もある。

基本的には物による褒賞から少しずつ言葉や感情交流を主体とした満足感や達成感を共感することによって課題が上手にできるようになることが大切である。

③ 待合室での注意点

1）待つ時間への対処方法

待合室で適切な課題や関わりもないまま何もせずに待つことは不安や緊張を増し，多動（探索行動も含めて）や常同行動（ロッキングや布・糸くず遊び等）を起こす場合がある。また，治療中の子どもの泣き声や治療器具の音が聞こえてきてパニックや自傷を始めたりすることもある。このような場合，子どもの特性をふまえて駐車場の車の中で本を読んだり，医院や医療機関の付近を散歩したり，待合室で歯磨きをしたり，絵カードを再度確認したりして，適切な課題を提示して対処することが望ましい。

2）儀式的あるいは同一性保持への対処

待合室に入室してから必ず毎回トイレに行ったり，診療室の入口のドアを開けたり，プレイルームの片隅に座り込んだり，常に同じ行動を繰り返す場合がある。そのため，その分の時間をあらかじめ調整して来院することも大切である。同時に，少しずつ慣れてきたならば，徐々に行動パターンを修正していくような関わり方も大切である。

④ 診療室への入室時

1）診療室入室時の注意点

診療室への入室を嫌がる子どもの場合は，介護者が医療スタッフと一緒に同時にたくさんの指示や言葉かけをして性急に催促しないことが大切である。子どもと介護者等が待合室でいつまでも押し問答しているとパニックや自傷，他害行動につながる場合もあり，子どもが踏ん切りをつけやすいように毅然とした態度や表情で対応することも大切である。

2）パターン化を心がける

また，入室に際してはいつも医療スタッフや言葉かけの内容，入室方法や流れなどを常に同じくしてパターン化や構造化を図ることも大切である。

3）日常的な雰囲気から導入

初診の場合はいきなり非日常的な歯科用治療いすへ座らせようとせず，できるだけ普通の日常的ないすに座らせて面接から始めるようにしてもらう。その理由として，まず医療者へ子どもの状態や生活行動，ADLの自立度などの情報を提供して子どもの特徴を理解してもらうこと。もう一つは，介護者と医療者が和やかに，笑顔を交えて話し合っている状況を子どもに見せることによって，子どもの不安や緊張を軽減させ，医療者への警戒心を取り除き，親近感をもたせるような働きかけができることである。

⑤ 診療時の注意点

1）見守ることの大切さ

子どもの治療に立ち会うことができる場合は，入室時の注意点と同様，できるだけ治療中の子どもに不必要に話しかけせずに優しく見守ることが大切である。つまり，治療している医療者が動作を交えながら（動作指示），言葉と視覚の両面から働きかけしている場合に，介護者からの声かけによって混乱してしまう場合がある。さらに医療者の話しかけのタイミングが狂わされてしまうことがあるので治療中は十分注意する必要がある。

2）基本的な対応方法を理解する

医療者が自閉症児に対して治療中に行っている対応方法についてもある程度理解して治療時の雰囲気を乱すことがないように注意する。なお，これらの基本的対応法は普段の生活の中でも応用することができるので，より詳細については専門書や別章で確認していただきたい。

一般的に行われている対応方法としては以下のものがある。

ア．TLCアプローチ……Tender Loving Care の略で，対象者に「優しく愛情をもって関わる」という意味である。表情，声かけ，しぐさ，身体への触れ方など優しく丁寧に愛情を込めて世話や看護をすることである。療育や医療における基本的な接遇態度である。

イ．TSD法……Tell Show Do の略であり，患者や対象者にこれから行おうとしていることを事前に『説明し（Tell），見せて（Show），実際に行う（Do）』ことである。自閉症児に対して言葉だけで抽象的に理解させるよりも視覚的に具体的に説明することが理解しやすく，低年齢児や知的障害児などに広く応用されている。なお，TSDの中に実際に指などに触れさせる（Touch）という操作を入れて Tell Show Touch Do を行うと一層体験学習が容易となる。

ウ．10カウント法……この方法は育児の中でよく使われているもので子どもを一定時間我慢させ，一つの課題の区切りを理解しやすくさせるための方法である。医療者が呼吸を整え，子どもに向かって静かに，優しく，ゆっくり10数えることによって子どもが徐々に泣きやみ，落ち着きが出たり，医療者や器具の方に関心を示したり，10数え終わるまで待つことができるようになる。ここで大切なことは10数えている途中で少しでも泣きやみ，落ち着きや関心がみられるようになったら，すぐにほめることである。もちろん，10数え終わった時点で十分ほめることも一つの条件付けとして大切な行為である。10カウント法は言語発達の研究の中で取り上げられている同調現象を利用したものである。

エ．ボイスコントロール……普段，子どもへ話しかける際には優しく，短く，ゆっくり，落ち着いてはっきりした言葉で話すことが基本である。そして，ほめるときは子どもにわかりやすいように声のトーンや表情，身振りを交えて行うのが一般的である。この方法は通常の話しかけとほめる時や注意する時の

話しかけとをはっきりメリハリをつけて使い分けすることが大切である。ただし，自閉症児によっては声のトーンや大きさで耳塞ぎが出たり，叱責や注意の言葉でかえってパニックや自傷をひき起こしたりする場合があるので注意して対処する必要がある。

オ．**激励と賞賛**……課題や指示に対して子どもに少しでもよい行動が見られた場合，時間をあけずにすぐにほめたり，励ましたり，子どもによいことであるということをわかりやすく伝えることが大切である。

カ．**モデリング法**……不安や恐怖の対象となっている器具や機械に慣れさせるために，そばにいる歯科衛生士や介護者をモデルとして，実際に器具等に触れているところを見せる方法である。

キ．**刺激の質と量**……自閉症児の中には感覚刺激に対して様々な反応をする場合がある。そのため，初めての刺激や嫌な刺激に対しては，刺激の質として日常的に見慣れている物（歯ブラシなど）から非日常的な見慣れていないものへ徐々に移行することが大切である。また，刺激の強さも弱いもの（歯ブラシなど）から徐々に強いもの（切削器具や吸引器など）へ，刺激時間も短時間から少しずつ長くし，刺激頻度も初めは少なく徐々に回数を重ねていくなど，刺激の質や量を考えて慣らしていくことが大切である。普段の生活場面においても初めてのものに慣れさせていく際に使われる方法である。

ク．**TEACCH法**……歯科診療の場面では，自閉症児に絵カードや写真を見せて治療の内容や流れなど見通しをつけさせたり，担当するスタッフや診療に使用する器具や機材を実物や写真で視覚的に理解させたりしながら診療を進めていく方法である。可及的に部屋の配置や人員，使用する言葉，診療の時間帯や流れ，使用する器具・機材等をいつも同じようにパターン化することが大切である（構造化）。そのため，急に内容や流れ，予定を変えたりしないよう事前に十分検討しておく必要がある。この方法も普段から家庭や学校等で介護者が絵カードや写真を用いてやり慣れておくことが大切である。

⑥ **診療後の注意点**

治療は少なからずストレスを与えることになる。治療後は十分ストレスを取り除くことが大切である。治療後の関わり方によってその後の受診態度に大きく影響するので注意が必要である。

1）**気持ちを込めてしっかりほめる**

治療が終わったら介護者をはじめとして周囲のスタッフがすぐに十分ほめることが大切である。

2）**気分転換や場面の切り替えが大切**

医療機関からの帰宅時や帰宅後は子どもの好きな遊びや落ち着くような課題を提示して気分転換できるようにすることが必要である。パニックや自傷が現れた場合は慌てず，落ち着いて，黙って手首をつかんだまま目を見つめたり，小さな声で話しかけたり，場所を変えたり（落ち着く小部

屋に移動したり），好きな音楽を小さな音で聞かせたり，太鼓などの楽器を一緒に叩いたりして気分を変えるように心がける。

3）咬傷への対応について

局所麻酔を使って治療した際に，しびれ感や麻痺の感覚を気にして下口唇を咬んだり，吸ったりして唇を傷つけてしまうことがある。この場合も，場所や場面を切り替えたり，好きな本やカードに集中させたり，外科用絆創膏で下口唇を咬ませないように牽引したり，特殊な器具（バイトブロック等）を咬ませたりして対処しなければならない。特に，介護者への注目要求行動を示す子どもの場合は無視することも一法である。

4）治療後の状況説明の大切さ

治療後の帰宅途中や帰宅後に落ち着いていたか，問題行動が生じたかなど，診療後の様子を次回受診時に医療者へきちんと報告することも大切である。

(4) 最後に

自閉症児にとって，歯科診療をはじめとして医療機関での診療は，医療スタッフとの対人関係の難しさ，言語指示よりも視覚的・動作的指示の有効性，治療時の様々な感覚刺激に対してのアンバランスな感覚反応，診療に対する見通しの立ちにくさ，診療室の配置や器具・機材の位置，手順などの変化に対する不安や抵抗など，様々な問題をクリアしなければならない。そのためには日頃から生活をともにしている保護者・介助者（介護者）の協力が重要であり，医療者とのチームワークが非常に大切となる。

3 非言語性能力と自閉症の認知特性

(1) 非言語性能力

近年，非言語性能力あるいは非言語性学習能力についての関心が高くなってきている。高機能自閉症者の音楽，絵画の能力について報告されているし，非言語性の視覚性記憶，視覚刺激弁別能力が高く，漢字，数字を早くから書いたり，コンピュータに関心を示し，ゲームに熱中する幼児も知られている。

非言語性能力についての研究は，言語性能力に比べて関心が低かった。人は言語を用いて理解し，話し（聴覚性言語）読み，書く（視覚性言語）ことにより，情報を広く，正確に一般化する。したがって言語性能力は，社会生活を営む人としての基本的な能力であり，言語学習は，読み・書きの文化をもつ人の社会で，基本的な学習として位置づけられてきた。

言語性能力に対して，非言語性能力は学習の枠外に考えられてきた。この学習の枠外に置かれていた非言語性学習の重要性について関心が高くなってきた理由としては，以下の2つが挙げられる。

①脳科学の進歩並びに神経心理学・生理心理学の介入があり，成人の研究では後天性の脳障害により生ずる脳の部位と認知能力，行動の症状についての多くの研究が挙げられる。ウェクスラーによる知能検査の考え方は長い豊富な臨床経験によるものであり，言語性と非言語性の分類に下位項目が設定され，その双方を知能とし，国際的に広く臨床で用いられてきた歴史がある。成人から始まったウェクスラーの検査（WAIS）は，発達段階にある児童を対象としてWISCが標準化され，個人の特性を示す検査として，国際的に最も広く使用される認知能力の検査であり，現代の発達臨床心理学の柱となっている。

②LD（学習障害）の治療教育の視点より重要性を指摘された，非言語性学習能力に問題をもつ軽度発達障害といわれるLD，AD/HD，高機能自閉症，アスペルガー障害，協調運動困難を示す子どもたちに関心が広がってきたのは，微細脳障害（MBD）の概念が定着してからであり，自閉症の多くは微細能障害といわれた時代でもあった。微細脳障害といわれた子どもたちの主症状は多動，注意障害（現AD/HD）をもつ現在でいう高機能自閉症であり，発達性から，脳障害，自閉症が混在し，幼児期では確定診断が困難であった。当時（1960年代初期），障害児と健常児の枠からはずれた，狭間にある子どもたちへの教育的対応を提唱したマイクルバスト，カークらのシカゴを中心とした動きは，親を含めて全米に広がっていった。この中には，言語性の読み障害（ディスレキシア）をはじめとする書き障害，算数障害と非言語性障害が入っていた。非言語性障害の中には，AD/HD，視覚認知協応運動困難（不器用児），状況理解困難，社会適応困難が入れられていた。高機能自閉症，アスペルガー障害もまた，DSM-Ⅲ-R以前には非言語性LDの範疇に入り，教育を前提とした対象と考えられていた。

　非言語性学習能力の重要性があらためて問題となったのは，言語性LDの治療教育プログラムを進める過程で確認されたものであった。言語性LDは，決して知的能力全体が低くない。また，発達性に統合されていない段階で困難を生じた発達性言語性LDの多くは，思春期までに個性の範疇に入るものもあれば，またパソコンの使用で問題解決が可能な例（書字障害）もあった。しかし，なかには読み，書き，計算のスキルはもてても，青年期，成人への過程で自立が困難な例が見出されるようになり，LDの問題は単に対症療法的対応では解決しないことも明らかになってきた。

これらのグループは，実は非言語性の問題があり，就学前からその問題は見出されていた。読み・書き・計算の学習以前に，子どもは非言語的に対人認知の発達が進み，人との関係の成立のあり方を学習する。ことばをもつ以前に人との関係の中で適応行動の能力を獲得し，自分の置かれている状況を理解し，学習を重ねていく。したがって，文字は読めても文章の理解ができない子，漢字は書けても，自分の考えや感情を文字で表現できない子どもの中に，非言語性の経験が十分に育っていないことに気がついたマイクルバスト(1967)，ルーケ(1989)によって，言語学習の前提に非言語性の学習が重要であることが指摘された。

このような問題をもつものには，非言語性LD (NLD)，AD/HD，高機能自閉症，アスペルガー障害などが挙げられる。

人は動物であり，社会の中でことばを用いて生きる動物といえる。非言語性学習は，社会の中で生きるための基本的な能力でもある。

(2) 自閉症児・者の非言語性能力と教育的対応

自閉症の基本的な学習能力の障害は，心の理論 (theory of mind) の発達の障害としての教育的支援が進められるようになってきた。ここでいう心の理論とは，他者の立場を理解する認知能力であり，社会生活の中で生きていく上での適応行動に連続する能力といえる。この能力は乳児期にその兆しがみられ，人との関係の中で育っていく。しかし，高機能群の自閉症の多くは運動発達もよく，親をはじめとする養育者は見落としてしまう傾向が強かった。これらの子どもたちの中には，特定の視覚性刺激，聴覚性刺激に反応し，高い能力を示したりすると，その問題性に気づかず，高い能力を長所とする傾向があった。

ことばを話すアスペルガー障害や非言語性LDも同様に，ことばをコミュニケーションとしてのことばではなく，一方通行の表出であっても，言語の本質的な意味を取り違えて，ことばの発達に問題がないと考える傾向があった。ことばは表出のみを発達させるものではなく，意味理解が前提でなければならない。特に知能検査のIQのみで診断する傾向のある日本では，言語を語彙のみの検査で結果を出しているのは問題である。

自閉症，アスペルガー障害，LDの中には，言語性能力に対して非言語性の音楽，芸術，運動などに高い能力をもち，高い関心を示し，個人やグループによる音楽を用いてのプログラムにより，適応行動の学習が効果を上げている子どもがいる。学習を前提とするとき，言語学習を想定するが，自閉症の子どもたちこそ，将来の自立のために非言語性の学習を，個人の喜び，情緒の安定のために表出のスキルとして学習させたい。また，食事・睡眠・運動を主とする規則的な日常生活は最も大切であり，非言語性の学習をさせる場である。早期からの対応は，このような

兆しを発見された子どもたちがもし自閉症でなくとも，必要であると考える。

(3) 自閉症児に対する音楽治療教育の適用

① 基本的考え方

自閉症スペクトラムの子どもたちの主な認知・行動上の問題として，感覚的刺激に過敏性を示し，コミュニケーションの発達や社会的適応に問題を示すことなどが挙げられる。

音楽治療教育は，マイクルバスト(Myklebust, H. R 1967)の心理神経学的学習理論に基づき，音楽の発達心理学の視点より，作成したプログラムである。音楽的認知・行動を非言語性学習の視点からとらえる時，発達水準として，1)「感覚器官における刺激のインプット(音・音楽)から表象化」，2)「象徴化から概念化」の過程が想定される。言語理解の未成熟な重度の障害の場合，1)の発達段階での問題が考えられ，高次の認知能力をもつ自閉症スペクトラムの場合には，2)の発達段階にある問題が考えられる。音楽治療教育は，子どもたちの音や音楽への豊かな感性を非言語性・言語性学習の発達的視点から理解し，音楽的思考と社会的認知の発達との関連性の中で，子どもの自発性を尊重し，進めるものである。その目的を次に述べる。

② 音楽治療教育の目的

1) 集中力の質を高め，行動のコントロールを促しながら，学習への興味を広げる。

2) 指導者や他児との相互作用の中で，自発性・持続性を高めながら，非言語性→言語性のコミュニケーション能力に広げる。

3) 音楽的思考の発達過程としての聴覚性・視覚性シンボルの学習を通して，音楽的イメージ(非言語性象徴機能)の明確化を図り，音楽的構造の理解と表現の質を高める。

③ 音楽治療教育の方法

1) ヴァイオリン，ピアノなどの生演奏による音楽作品を聴くことを通して，音楽への興味を高めると同時に，演奏者(指導者)との良好な協調関係を築き，適切な治療教育への導入を図る。

2) 子どもが受容しやすいメロディー，リズム，ハーモニーの構成をもつ音楽を指導者との相互作用を通して形成し，表現する中で，視線，表情，身体の動きなどの行動の反応性(応答性)を高めていく。

3) 子どもの自発性を尊重しながら，音楽のメロディー，リズムのイメージ(聴覚性)を徐々に明確化する中で，楽器の演奏やリズム運動を通して，粗大・微細な協応運動経験を広げる。

4) 楽譜の理解へと発展するシンボルの学習を段階的に進める中で，音楽のリズム，メロディーについての理解を深め，ハーモニー進行の美しさへの意識を高める。

5) 子どもたちと指導者とのグループによる合奏を行い，自己統制や他者との調和を図る。

④ 対象児のエピソード

　音楽治療教育の対象は，幼児期，学童期，及び青年期に達する広い年齢範囲に及んでいる。最近は，日本の家庭や社会の教育・文化的環境が整ってきたためか，質の高い即興的音楽遊びの成立する自閉症の幼児の症例も経験する。白百合女子大学発達臨床センター開設以来，長期にわたり継続し，社会適応の良好な高機能自閉症の女児についての例が，第2回日本自閉症スペクトラム学会（2002年）で報告された。この症例は，8歳の時から12年あまりの継続の中で，20歳を過ぎて創造的音楽作品をピアノにより演奏し，周囲を驚かせた経緯がある（緒方 2005）。この他，ヴァイオリンによる音楽治療教育を続けながら，成長する過程で嵯峨錦の美しい作品を織り続け，周囲を感動させている症例など，印象深い事実を経験する。

⑤ まとめ

　音楽治療教育は，自閉症スペクトラムの子どもたちの認知・行動の特性に応じたプログラムを進め，効果を上げている。それは，生きた音楽に触れながら子ども自身の内発的な意識を尊重し，創造的表現への可能性を広げる中で，対人認知や適応行動の発達を援助するものである。

　発達心理学の領域で，トルヴァーセン（Treverthen 2001）は，音楽的行動の発達を乳幼児期に生得的に内在する固有の音楽的社会的意識の視点から論じている。それは，新生児期の音楽音の特徴に対して生じる発声や視線の姿勢反応に見られる選択的定位に始まるものであり，非言語的・言語的コミュニケーションの発達につながる音楽性の概念である。音楽的認知が社会的認知との関連で発達の初期から明らかになることは，音楽治療教育の早期的対応に重要な意味を示唆するものと考えている。

(4) 自閉症児・者の描画能力

① 自閉症児・者の描画能力

　これまで，自閉症児・者の能力については，言語とコミュニケーションの研究が中心であった。しかし，自閉症児・者が周囲の事物をどのように理解し，非言語的な表現のスキルを獲得していくのかという観点からの研究も重要である。物を描くということは，対象の象徴的な表現であり（Arnheim, R. 1969），描かれた作品を分析することは，彼らの能力を別の側面からとらえることを可能にすると考えられる。

　自閉症児・者が言語の理解や表出，社会性の発達に比べ絵画において優れた表現を示すことは，これまでにも報告されてきている（今村ら 1969, 浜谷ら 1990, 寺山 1992, 1995）。自閉症児の描画能力の発達のプロセスについての縦断的な検討（寺山 1996）では，限られた対象物がかなりの期間継続して描かれる傾向があることが示された。しかし，その範囲内でも形態は少しずつ変化し，細部がより正確に描かれるようになり，また長期間には対象物の移行も見られた。これらは，

対象児の固有の認知発達や興味・関心の変化を示すものと考えられる。

また，セルフェ（Selfe, L. 1977）は，ある自閉症児（女児ナディア）を観察して，成熟の遅れと学習の遅滞を示しながらも，描画には驚くほどの表現力をもっていたことを報告している。この報告についてアルンハイム（Arnheim, R. 1980）は，ナディアが本の挿絵から直接，描画意欲を刺激されて，機械的にコピーしていると述べているが，これは，モデルの構造を正確に把握し，よく保存していたということでもある。また，1993年に我が国に紹介された，当時19歳の英国の自閉症の画家ウィルシャーは，瞬間的な映像記憶力とデッサン力によって注目を集めた（Wiltshire, S. 1993）。

このように自閉症児・者の絵画を理解するには，知的水準との関係や一般の発達からのずれとの関係からの解釈だけでは十分とはいえない。むしろ，自閉症児・者の独特な認知・思考・記憶の特徴とその発達的側面，並びに経験や指導等の環境的な側面を考慮することが必要と思われる。

② 自閉症児・者の描画作品

ここでは，描画とは，「描く材料を用いて，自分の意志により紙面などに表出された形態」と規定した。寺山・東條（1998）により収集した作品を，1）「限られた対象への関心の強さ」，2）「独特な描画表現のあるもの」，3）「イメージの合成・展開のあるもの」という自閉症児・者の認知や思考の特徴を反映している3群に，4）「描画指導と関係するもの」を加えた4群に分類した。今回はこれに加え，5）「感情を表出したもの」を加えて5群とし，6作品を紹介したい。

1）限られた対象への関心の強さ

自閉症児・者の作品で多いのが，「限られた対象への関心の強さ」に分類される作品である。「ボトル」「セスナ機」「ロボット大集合」の作品はかなり長期にわたり描かれている。これらの作品は，同じ題材が選ばれて描かれているが，時間の経過に従って，作品として完成してきている。

作品1「ボトル」

作品2 「セスナ機」

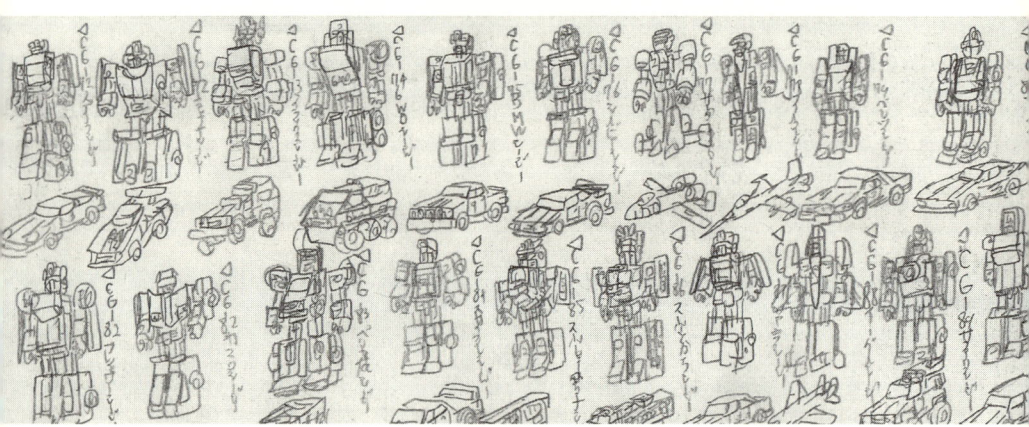

作品3 「ロボット大集合」

2）独特な描画表現のあるもの

　作品4の「はな」は，全体を単純化・簡略化して，細部の特徴のみ際立たせるといった，視覚認知の特徴を反映していると推定される独特な表現となっている。細部へのこだわり，意図的ではない細部の捨象などが独特な表現となって生まれてきたものと思われる。これらは言語に支えられない視覚認知面の特徴かもしれない。

作品4 「はな」

274　Ⅵ 関　連

３）イメージの合成・展開のあるもの
　作品5は，視覚イメージの合成・展開を主とする映像的思考を反映していると推定される作品である。

作品5「コマーシャル」

４）描画指導と関係するもの
　自閉症児の特徴に応じた描画指導を通して達成されたと想定される作品群である。
５）感情を表出したもの
　作品6は，日常生活の中ではほとんど感情の表出のない自閉症児が，悲しい状況，あるいは怒りの状況となったときに描かれた作品群の一つである。とても好きだった担任の先生と別れた時期に描かれたものである。

作品6「別れ」

③ 描画からみた非言語性能力

　以上，寺山・東條（1998）による分類に「感情を表出したもの」を加え，6作品を紹介した。作品6「別れ」を描いた子どもは，ほとんど感情の表出がなく，緊急の事態にはパニックになっていた。しかし，作品には涙を流して泣いている姿がはっきりと描かれ，悲しみが表現されている。特に悲しい状況や怒りの状況のときには，周囲が描画作品からそれらを読み取り，環境の改善を図ることが求められよう。

　自閉症児の発達は，多面的に観察・理解されるべきであり，描画能力もその一つである。言語に遅れがみられる自閉症児の認知・思考活動を理解し，またそれを促進していく手立てとして描画活動に注目することは，十分に意義のあることである。

〈参考文献〉

Arnheim, R.(1969) Visual Thinking. University of California Press／関計夫訳（1974）『視覚的思考』美術出版社

Arnheim, R. (1980) The puzzle of Nadia's drawings, The Art in Psychotherapy

Gardner, H. (1982) Art, Mind and Brain／仲瀬律久也訳（1991）『芸術・精神そして頭脳』黎明書房

Goodnow, J.(1977) Children's Drawing. Harvard University Press／須賀哲夫訳（1979）『子どもの絵の世界』サイエンス社

浜谷直人・木原久美子（1990）「自閉症児の特異な描画技法の発達過程」『教育心理学研究』38（1）

今村重孝・藤沢逸恵他（1969）「自閉症児の描画に関する研究」『小児の精神と神経』9（1）

Kellogg,R. (1969) Analizing Children's Art／深田尚彦訳(1971)『児童画の発達過程——なぐり描きからピクチャーへ』黎明書房

Selfe, L. (1977) Nadia, a case of extraordinary drawing ability in an autistic child. London, Acadeic Press

寺山千代子(1996)「自閉症児の描画能力の発達」『国立特殊教育総合研究所研究紀要23巻』

寺山千代子・東條吉邦（1998）「自閉症児・者の描画表現の特徴」『国立特殊教育総合研究所研究紀要25巻』

寺山千代子編(1999)『風の散歩』コレール社

Wiltshire, S. (1993) Stephen Wiltshire's American dream. Michael Joseph, London

「自閉症スペクトラム支援士」の資格をとる人のために

　学会認定資格「自閉症スペクトラム支援士」を取得するためには，自閉症スペクトラム学会の会員であることと，以下の要件を満たすことが必要になります。

自閉症スペクトラム支援士資格認定要件

	STANDARD	ADVANCED	EXPERT
資格認定講座	5領域（教育・福祉・医療・心理・アセスメント）8ポイント以上	5領域 28ポイント以上 教育，福祉各5ポイント以上 医療，心理，アセスメント各2ポイント以上	5領域 28ポイント以上 教育，福祉各5ポイント以上 医療，心理，アセスメント各2ポイント以上
研究大会	8時間以上（1回分）	24時間以上（3回分）	24時間以上（3回分）
実践歴	1年以上の実践（職歴），または実習48時間以上	5年以上の実践（職歴），または関連分野での修士以上の学位と傑出した実績	10年以上の実践（職歴），または傑出した実績
研究歴		本学会での発表（口頭・ポスター・シンポ等）または，研究紀要への掲載をあわせて2回以上	本学会での発表（口頭・ポスター・シンポ等）及び，研究紀要への掲載をあわせて3回以上。または，書籍出版
講師歴			10時間以上（学外での勉強会，研究会での事例発表等も含む）
終了試験	講座受講後，終了試験を受けて合格すること	講座受講後，終了試験を受けて合格すること	面接試験を受けて合格すること

　資格認定講座のポイントを取得するためには，6領域（教育・福祉・医療・心理・アセスメント・関連）の中から要件に合う講座（1講座1ポイント）を受講していただくことになります。開講される講座を順次受講していけば，要件のポイントはほぼ満たされるようになっています。講座を受けられた方には受講証を発行します。STANDARD・ADVANCED希望の方は，講座受講後，終了試験を受けていただき合格することも要件に含まれます。講座終了ごとにではなく，一度だけ合格すれば結構です。合格者には合格証をお送りします。研究大会は，毎年夏季に本大会が2日間にわたって行われます。大会に両日参加していただければ8時間以上となり，STANDARDの要件は満たされます。参加された方には大会参加証を発行します。STANDARD希望で職歴が1年未満の方には，実習先をいくつかご紹介しますので，そちらで実習を行ってください。

　要件を満たされた方は，必要書類を整えて申請してください。次の回の資格認定委員会にて認定の可否が審査されます。

　ご質問等がございましたら，日本自閉症スペクトラム学会資格認定委員会事務局へお尋ねください。

日本自閉症スペクトラム学会　資格認定委員会事務局
　〒180-0012　東京都武蔵野市緑町2-1-10-3F
日本自閉症スペクトラム学会ホームページ　http://www.autistic-spectrum.jp/

執筆者・編集委員一覧 (五十音順)　＊…編集委員

石井　哲夫	日本自閉症協会会長
石川　恭子	世田谷区立船橋小学校教諭
市川　宏伸	東京都立梅ヶ丘病院院長
伊藤　良子	東京学芸大学教育実践研究支援センター教授
内山　登紀夫	大妻女子大学教授・よこはま発達クリニック院長
梅永　雄二	宇都宮大学教授
＊大久保　道子	武蔵野東教育センター部長
＊太田　昌孝	心の発達研究所所長
＊大南　英明	帝京大学教授
＊大屋　滋	旭中央病院脳外科部長
緒方　千加子	白百合女子大学非常勤講師
奥野　宏二	檜の里あさけ学園施設長
落合　敏	茨城キリスト教大学教授
柿沼　美紀	日本獣医畜産大学教授
黒川　君江	文京区立小日向台町小学校教諭
＊小林　重雄	名古屋経済大学教授
近藤　弘子	前おしま学園施設長
今野　義孝	文教大学教授
佐々木　敏宏	ワークセンターけやき施設長
＊佐々木　正美	川崎医療福祉大学特任教授
杉山　登志郎	あいち小児保健医療総合センター保健センター長
園山　繁樹	筑波大学教授

＊高木　徳子	京都女子大学非常勤講師	
＊高橋　　晃	しいの実社顧問	
辻川　圭乃	辻川法律事務所弁護士	
＊寺山　千代子	目白大学客員教授	
＊東條　吉邦	茨城大学教授	
砥拵　敬三	足立区立興本小学校校長	
＊中根　　晃	横浜市西部地域療育センター児童精神科医	
＊野村　東助	東京学芸大学名誉教授	
芳賀　　定	芳賀デンタルクリニック院長	
＊計野　浩一郎	武蔵野東教育センター副所長	
長谷川安佐子	新宿区立天神小学校教諭	
平林　計重	千葉市立真砂第四小学校校長	
松浦　俊弥	千葉県立四街道養護学校教諭	
宮崎　英憲	東洋大学教授	
武藤　直子	全国療育相談センター心理相談員	
森永　良子	白百合女子大学発達臨床センター顧問	
諸岡　啓一	諸岡クリニック院長	
＊谷口　　清	文教大学教授	
山崎　晃資	臨床児童精神医学研究所所長・目白大学客員教授	
山邉　雅司	全国情緒障害教育研究会参与	
＊吉田　昌義	明治学院大学・帝京学園短期大学非常勤講師	
吉野　邦夫	西多摩療育支援センター施設長	

※本書では，個々の執筆分担は示しておりません。本書の著作権及び本書の内容に関する責任は，日本自閉症スペクトラム学会に帰属します。

自閉症スペクトラム児・者の理解と支援
―― 医療・教育・福祉・心理・アセスメントの基礎知識 ――

2005年10月17日　初版第1刷発行
2014年 2月10日　初版第7刷発行

編　者	日本自閉症スペクトラム学会©
発行者	小林　一光
発行所	教育出版株式会社

〒101-0051　東京都千代田区神田神保町2-10
電話　03-3238-6965　振替　00190-1-107340

Printed in Japan　　　　　　　　　　　　印刷　モリモト印刷
落丁・乱丁はお取替いたします。　　　　　製本　上島製本

ISBN978-4-316-80120-9　C3037

［特別支援教育ライブラリー］
特別支援教育への招待
宮城教育大学特別支援教育総合研究センター　編

［特別支援教育ライブラリー］
個別の教育支援計画の作成と実践
特別なニーズ・気になる子どもの支援のために
香川邦生　編

自立活動の指導
香川邦生・藤田和弘　編

わが国の障害者福祉とヘレン・ケラー
日本ライトハウス21世紀研究会　編

親・教師・保育者のための
遅れのある幼児の子育て
自閉症スペクトラム、ADHD、LD、高機能自閉症、アスペルガー障害児の理解と援助
寺山千代子・中根　晃　著

学級担任のためのLD指導Q&A
上野一彦　編

教育出版